저희 가정은 예수님을 닮아 자라가길 소망하며 '자란다 홈스쿨'을 운영하고 있습니다. 십수 년간 학교와 교회와 가정에서 가르치고 함께 배우며 성품 교육의 중요성을 깊이 느꼈습니다. 전에도 교회와 가정에서 성품 교육을 했었지만, 이 책을 통해 성품 교육을 더 구체적으로 이해하기 쉽게 지속할 수 있을 것 같아 기쁘고 감사합니다. 그리스도인은 평생 하나님을 힘써 알아가고 예수님의 성품을 닮아 자라갑니다. 우리는 부족하지만 선하신 하나님을 붙들 때, 부모와 자녀, 교사와 아이들 모두 주님 안에서 함께 자라갈 것입니다. 그 행복한 여정에 이 책이 귀한 도구가 되어줄 것이라 기대합니다. 온 가족이 함께 하는 행복한 성품 교육을 꿈꾸는 모든 분들에게 이 책을 추천합니다.

김한나 _ '자란다 홈스쿨' 운영, 날마다교회 집사

우리는 종종 같은 단어를 보면서도 서로 다른 의미를 떠올립니다. 각자의 삶의 경험과 배경이 다르기 때문입니다. 이 점은 신앙의 언어에서도 마찬가지입니다. 신앙생활에서 사용하는 단어들도, 세상에서 통용되는 단어들과 동일해 보이지만 그 의미는 종종 전혀 다릅니다. '죄'나 '은혜' 같은 단어들이 대표적입니다. 이러한 언어의 혼란은 자칫 우리의 신앙을 피상적으로 만듭니다.

이 책의 의미는 바로 여기에 있습니다. 『행복하고 성숙한 삶을 위한 성품사전』은 성경의 문맥 속에서 하나님의 성품을 바탕으로 그리스도인의 성품을 길러냅니다. 세상과 같은 단어를 사용하지만, 세상과는 다른 깊이와 진리를 보여줍니다. 단순한 개념 정의를 넘어 그 의미를 함께 '길러가는' 여정을 제안합니다. 저자의 안내를 따라가다 보면 독자는 단어 이상의 세계로 들어가게 됩니다. 하나님의 성품을 더 깊이 알아갈 뿐 아니라, 성경 속 하나님을 어떻게 읽어야 하는지도 자연스레 익히게 됩니다. '사전'이라는 제목이 붙었지만, 이 책은 전통적인 사전처럼 딱딱하거나 무미건조하지 않습니다. 오히려 은혜롭고 따뜻합니다.

이 책은 24가지 성품을 중심으로, 그리스도인의 인격과 삶을 다시 돌아보게 합니다. 또한 피상적이고 자기만족적인 신앙을 넘어, 우리에게 하나님의 사랑의 성품을 본받아 세상 속에서 선교적 매력을 발산하는 삶을 독려합니다. 기독교와 교회에 대한 세상의 평가가 추락한 이 시대에, 본질적인 회복을 향한 실마리를 제시합니다.

읽는 내내 성도를 향한 저자의 깊은 애정이 느껴졌습니다. 감사의 마음을 담아 이 책을 기꺼이 추천합니다.

배준영_ 동광교회 목양 기획, 교구 담당 목사

이사야 선지자는 '우리의 죄'가 아닌 '우리의 의'가 다 '더러운 옷과 같다고 말했습니다(사 64:6). 우리의 의가 더러운 옷과 같다는 것은, 사람의 성품이 타인과의 관계에서가 아닌 하나님 앞에서 자신의 불결함을 인식하는 것으로부터 시작해야 함을 의미한다고 볼 수 있습니다. 이러한 의미에서 본 저서는, 성품을 다룰 때 자신으로부터 먼저 시작해야 한다는 순서에 아주 충실하게 접근하고 있습니다. 그리스도인의 성품이 인간관계 이전에 하나님의 백성다움임을 진지하게 알고자 하는 모든 이에게 이 책을 권해 드립니다.

소진희_ 고신대학교 기독교교육과 교수

농사를 짓던 시절 우리 선조들은 24 절기를 매우 중요시했습니다. 절기에 맞추어 언제 밭을 갈고, 씨를 뿌리고, 추수를 해야 할지를 알았지요. 인생의 절기에도 이같이 중요한 24가지 성품이 있습니다. 어떤 성품으로 나를 돌아보고, 타인을 돌봐야 하는지를 알아야 합니다. 성품은 타고나는 기질과는 다릅니다. 사람과 책을 통해 배우고 익혀야 하는 것입니다. 그런 의미에서 『행복하고 성숙한 삶을 위한 성품사전』은 모든 그리스도인에게 꼭 필요한 책입니다. 이 책을 통해 성경에 기초한 성품을 하나하나 배워가다 보면 어느덧 예수님과 닮아있는 나를 발견하게 될 것입니다.

이기룡_ 고신총회교육원 원장, 고신대학교 겸임 교수

집집마다 사전 하나쯤은 대부분 구비되어 있습니다. 하지만 자주 손에 들려지지 못합니다. 필요할 때만 찾아보는 애물단지 같은 존재가 바로 사전이거든요. 그런데 이 책은 그러한 우려(?)를 넘어서 각 가정과 교회에서 가장 많이 펼쳐볼, 손때 묻을 사전이 되리라 확신합니다. 그리스도인이라면 누구나 '나는 예수님을 닮아가고 있을까?'라고 고민하기 때문이지요. 성품은 순간의 행동이나 결심이 아닌, 매일의 시간 속에서 촘촘히 세워지기에 지속적으로 배우고 구체적인 적용으로 초점을 맞추어가는 것이 중요합니다. 이 책은 독자들에게 각 성품의 성경적 의미를 설명하고 나눔 질문을 통해 그것이 삶에서 어떻게 나타나야 하는지를 생각해 보도록 합니다. 자녀들과 함께 읽으며 대화의 물꼬를 트기에도 안성맞춤입니다. 성경적 성품 교육을 원하는 모든 교회와 가정에 이 책을 추천합니다.

이소영_ 크리스천 독서모임 '오마이북' 운영, 열린교회 집사

루시에게
별처럼 빛나는 성품의 사람이 되기를 소망하며

'훌륭한 성품은 금보다 더 값지다'
- 無名 -

행복하고 성숙한 삶을 위한

성품
사전

지우

겸손하고 선한 그리스도인들을 위한
좋은 책을 만듭니다.

행복하고 성숙한 삶을 위한 성품사전

초판 1쇄 발행 2025년 4월 25일
초판 2쇄 발행 2025년 7월 16일

지은이 안정진
펴낸이 박지나
펴낸곳 지우
출판등록 2021년 6월 10일 제399-2021-000036호
이메일 jiwoopublisher@gmail.com
인스타그램 instagram.com/jiwoopub
페이스북 facebook.com/jiwoopublisher
유튜브 youtube.com/@jiwoopub

ISBN 979-11-93664-09-4 03230

ⓒ 지우

- 이 책의 저작권은 저자 및 저자와 독점 계약한 지우에 있습니다.
- 신저작권법에 따라 보호를 받는 저작물이므로 무단 전재와 무단 복제를 금합니다.
- 이 책의 전부 또는 일부를 이용하려면 반드시 저자와 지우의 동의를 받아야 합니다.
- 잘못 만들어진 책은 구입하신 서점에서 교환해 드립니다.

행복하고 성숙한 삶을 위한

성품사전

24가지 덕목으로
완성하는
그리스도인의 삶

안정진

지우

- ♥ 감사의 글   10

- ♥ 포용, 그대로 받아들이라   13
- ♥ 경청, 상대방의 가치를 보여주라   23
- ♥ 긍휼, 상처가 낫도록 무엇이든 하라   34
- ♥ 존중, 섬기기 위해 자유를 제한하라   46
- ♥ 정의, 옳은 일을 하라   59
- ♥ 정돈, 다시 제자리로 가라   70
- ♥ 검약, 꼭 필요한 것만 쓰도록 하라   82
- ♥ 자원 선용, 작은 것에서 쓸모를 찾으라   91
- ♥ 충성, 헌신을 다하라   106
- ♥ 근면, 온 힘을 다해 완수하라   119
- ♥ 기쁨, 좋은 태도를 유지하라   132
- ♥ 유연성, 하나님의 마음에 맞추라   144

차례

- 후함, 하나님의 목적을 위해 사용하라   156
- 책임감, 기대하는 바를 마땅히 행하라   165
- 신뢰성, 끝까지 사명을 완수하라   179
- 담대함, 참되고 옳고 바른 것에 대한 확신을 가지라   189
- 안정, 영원한 것에 삶의 중심을 두라   200
- 열성, 내 영혼의 기쁨을 표현하라   211
- 순종, 말씀 앞에 기꺼이 굴복하라   222
- 과단성, 하나님을 선택하고 뒤돌아보지 말라   231
- 용서, 서로 사랑의 통로가 돼라   243
- 설득력, 올바른 길로 인도하라   254
- 신실함, 투명한 동기로 온전히 따르라   268
- 감사, 표현하라   282

- 행복하고 성숙한 삶을 위한 성품기도문   296

💟 감사의 글

성품에 대하여 관심을 가지게 된 것은, 2013년 한 기독교 대안학교 설립에 관여하면서, '성품 세미나'에 참여한 것이 계기가 되었습니다. 그 후로 거기서 배운 것과 여러 경로로 모은 자료들[1]을 가지고 자녀들에게 틈나는 대로 적용하고 실천해 보았습니다. 또한 목회하는 교회 현장에서도 나름대로 정리한 '로직'을 가지고 가르쳐 왔습니다. 여기에 수록된 24가지 성품은 그때 가르친 내용을 기초로 만들어진 것입니다. 처음에는 50가지의 성품을 다룰 계획이었지만, 원대한 계획과는 달리 반환점만 겨우 돌았습니다.

  이 책 안에는 익숙하고 다소 반복적으로 보이는 주제와 성경 구절이 등장합니다. 각각의 성품은 독립적으로 존재하

---

1 한국성품훈련원(IBLP-Korea)에서 출판한 『진정한 성공의 길』, 『진정한 성공을 위한 능력』, 그리고 매월 보내주신 성품 자료와 성품 달력.

는 것이 아니라, 서로 다른 성품들과 긴밀하게 연결되어 있기 때문입니다. 각각의 성품을 배우는 일, 하나의 성품이 또 다른 성품과 어떻게 연결되는지를 깨달아 가는 일, 그리고 훌륭한 성품의 사람이 되기를 결심하는 일은 대단하고 즐거운 일이 될 것이라 확신합니다. 효과적인 읽기를 위해 아래의 팁을 드립니다.

- 각 성품의 '정의'를 숙지하십시오.
- 각 성품의 '반대말'이 무엇인지를 확인하고 기억하십시오.
- 각 성품을 이해하기 위해 주어진 성경 본문을 읽고 묵상하십시오.
- '나의 결심'과 '5가지 실천 사항'을 소리 내어 읽고, 암기하고, 기도의 제목으로 삼으십시오.
- 각 장 끝에 제시된 '생각하고 나눌 질문'을 활용하십시오.

성품 주제로 책을 내는 것은 부담스러운 일입니다. 제가 제시한 기준에 미치지 못하는 사람이라는 것을 잘 알기 때문입니다. 그럼에도 용기 내어 졸저를 출판하는 것은, 예수 그리스도를 닮아가는 그 길이 우리가 마땅히 가야만 하는 길이기 때문입니다. 그 길이 어려운 길이며, 한 번도 가보지 않은 낯선 길이라 할지라도, 우리 주님과 함께 그 길을 우직하게 걸어가기를 소망합니다.

늘 힘이 되어주는 사랑하는 아내 성희, 기쁨을 주는 세 딸 송희, 시은, 유진이에게 사랑을 전합니다. 또한 성찬의 식탁에서 천국의 교제를 누리는 서초동교회 가족들에게 심심한 감사를 드립니다. 이 책이 나올 수 있게 된 것은 여러분의 경청 덕분입니다. 끝으로, 이 책이 나오기까지 산파 역할을 해주신 지우에게 감사를 드립니다. 우리 모두의 협력을 통해 오직 하나님께서 영광 받으시기를 소원합니다. Soli Deo Gloria!

2025년 부활절에
저자 안정진

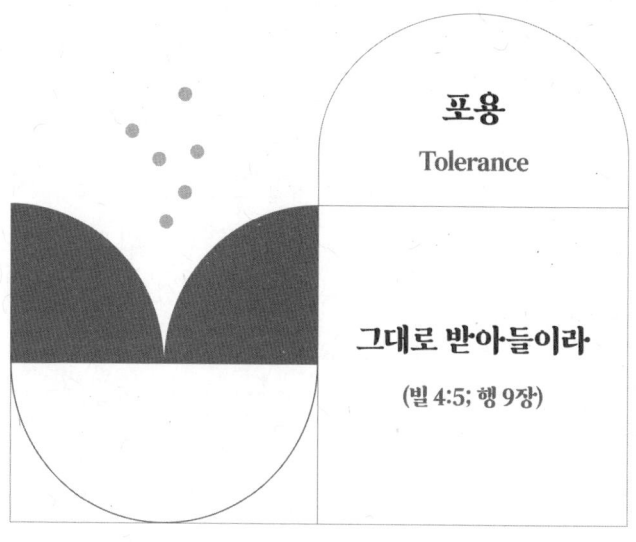

포용
Tolerance

그대로 받아들이라

(빌 4:5; 행 9장)

자기 생각, 신념, 성향이 일치하는 사람이나 정보만을 취하고, 반대되는 것을 무시하며 살아가려는 사고방식을 '확증편향'이라고 합니다. 그런 사람들은 종종 자기 중심적으로 혹은 자신에게 유리한 방향으로 사실이나 정보를 왜곡하기도 합니다. 최근 컴퓨터 알고리즘의 영향으로 이런 성향이 심화되고 있는데, 어느 누구도 예외는 아닌 것 같습니다. 이런 시대에 포용은 참으로 필요한 성품입니다. **포용이란 사람마다 각기 다른 수준에서 성품이 자라고 있음을 깨닫고 받아들이는 것인데, 그 반대는 편견(Prejudice)입니다.**

주님의 너그러움

예수님은 어린이들을 좋아하셨습니다. 그들을 환영해 주시고 축복하며 기도해 주셨습니다(마 19:15). 제자들에게는 "너희가 어린 아이들과 같이 되지 아니하면 결단코 천국에 들어가지 못"할 것이라 하셨고, "누구든지 내 이름으로 어린 아이 하나를 영접하면 곧 나를 영접"하는 것이라고 하셨습니다(마 18:3, 5). 주님은 어린 아이들만 좋아하신 것은 아니었습니다. 멸시를 받는 사람들, 창기와 세리 같은 죄인들을 품어주시고 또 용서해 주셨습니다. 나병과 같은 지독한 병에 걸린 사람들과 귀신 들려 삶이 황폐해진 사람들을 치유하시고, 그들에게 새로운 삶을 주셨습니다. 주님은 남녀노소 차별하지 않고 어떤 형편, 어떤 상황에서든지 그들을 조건 없이 받아 주셨습니다. 주님의 너그러움은 그분의 포용적인 성품을 잘 보여줍니다.

예수님은 우리가 '너그러운 사람' 곧 포용적인 성품의 사람이 되기를 원하십니다. 성경에는 '포용'에 대한 말씀이 많습니다. 사도 바울은, "너희 관용을 모든 사람에게 알게 하라 주께서 가까우시니라"라고 했습니다(빌 4:5). 주님의 재림을 기다리는 성도는 무엇보다 너그러운 관용의 사람이 되어야 한다는 것입니다. 바울은 특히 교회의 직분자들에게 관용을 강조했습니다. 디모데전서 3장을 보면, 감독은 "술을 즐기지 아니하며 구타하지 아니하며 오직 관용하며 다투지 아니하며 돈을 사랑하지 아니하며"(딤전 3:3). 또한 "아무도 비방하지 말며 관용하며 범사에 온유함을 모든 사람에게 나타내게 하라"(디도서 3:2)고 말합니다. 야고보 사도는 위로부터 오는 지혜를 언급하면서, 첫째가 성결이며, 다음이 화평과 관용이라고 했습니다(약 3:17). 너그러운 마음은 성도가 품어야 할 마음이며, 직분자가 반드시 품어야 할 성품입니다.

순종으로 받아들이기

사도행전 9장은 바울의 유명한 회심 사건을 기록하고 있습니다. 사울은 바울이 사도가 되기 전의 히브리식 이름입니다. 그는 다메섹 도상에서 부활하신 예수님을 만나기 전에는, 예수 믿는 사람을 박해하는 일에 누구보다 열심이었습니다. 바로 그날도 예수 믿는 사람을 결박하기 위해 다메섹으로 가고 있었습니다. 그런데 홀연히 하늘로부터 눈부신 광채가 나타나 비추자 그만 시력을 잃고 땅에 엎드러지고 말았습니다. 하늘로부터 "사울아 사울아 네가 어찌하여 나를 박해하느냐"는 음성이 들렸습니다. 사울이 "주여 누구십니까"하고 묻자 "나는 네가 박해하는 예수라"는 음성이 들립니다. 그날 사울은 그 사건으로 삶이 송두리째 바뀌고 말았습니다. 사울은 사흘 동안 앞을 볼 수 없이 다메섹에 머물게 되었습니다. 그때 그곳에 아나니아라 하는 주님의 제자가 있었습니다.

주님은 환상 중에 아나니아를 부르시고 그에게 바울을 찾아갈 것을 말씀하셨습니다(행 9:11).

아나니아는 이미 사울에 대한 좋지 않은 소문을 듣고 있었습니다. 그래서 주님께 그에 대한 소문과 평판을 토로했습니다(행 9:13-14). 사울은 스데반 집사를 돌로 쳐 죽이는 일에 적극 가담했고, 그 후로 지금까지 성도들을 박해하는 일에 앞장서 왔습니다. 그리고 그 소문이 다메섹에 있는 아나니아에게까지 들렸던 것이죠. 그런데 주님께서 그를 찾아가서 안수하여 그의 눈을 뜨게 하라고 지시하시니, 아나니아는 주님의 명령을 선뜻 받아들일 수 없었습니다.

여러분에게도 현재 받아들이기 힘든 사람이 있을 것입니다. 무례한 사람, 공동체 안에서 이기적인 사람, 성가신 사람, 화나게 하는 사람. 혹은 자기 기준이나 정치적 신념, 성향이 맞지 않는 사람을 받아들이기 힘들다고 생각합니다. 그런데 내가 예수 믿고 교회 다닌다는 이유만으로 나를 미워하고 감옥에 넣으려고 하는 사람이 있다면 어떻겠습니까! 아나니아는 그런 사울을 쉽게 받아들일 수 없었습니다. 그러나 그는 주의 말씀을 듣고 그를 찾아갔습니다. 그를 포용하기로 한 것입니다. 주님이 그에게 이렇게 말씀하셨기 때문입니다. "주께서 이르시되 가라 이 사람은 내 이름을 이방인과 임금들과 이스라엘 자손들에게 전하기 위하여 택한 나의 그릇이라 그가 내 이름을 위하여 얼마나 고난을 받아야 할 것을 내가 그에게 보이리라"(행 9:15-16). 아나니아는 주님의 말씀에 순종했고 사울을 형제로 받아들이기로 했습니다. 그가 복음을 위해 주님이 택하신 사람이라는 것을 알게 되었고, 무엇보다 하나님이 그의 삶 속에 일하고 계심을 깨달았기 때문이었습니다(행 9:17-19). 아나니아는 말씀에 순종하여 포용을 실천했습니다.

편견을 버리기

그날 이후 사울은 다메섹에서 복음을 전하기 시작했습니다. 하지만 여전히 사람들은 사울에 대한 편견 때문에 그를 의심하고 두려워했습니다. 주님의 제자들 역시 사울을 두려워했습니다. 이번에는 바나바가 등장하여 다시 사울을 받아 주었습니다(행 9:27). 이렇게 바나바가 사울을 너그럽게 받아 준 그 결과에 대해 성경은 이렇게 기록합니다. "그리하여 온 유대와 갈릴리와 사마리아 교회가 평안하여 든든히 서가고 주를 경외함과 성령의 위로로 진행하여 수가 더 많아지게 되었다"(행 9:31). 아나니아와 바나바가 편견을 버리고 주님의 말씀을 듣고 사울을 포용해 주었기에 초대 교회는 주님의 평안과 위로, 큰 부흥을 경험 할 수 있었습니다. 주님은 우리도 포용적인 성품의 사람이 되기를 원하십니다. 어떻게 해야 너그럽고 관대한 성품을 가질 수 있을까요?

성숙도의 차이를 이해하기

먼저 사람마다 성숙도가 다르다는 것을 인정해야 합니다. 다시 사울의 이야기로 돌아가 봅시다. 사울은 주의 제자들에 대해 여전히 위협과 살기가 등등하여 … 예수 믿는 사람을 만나면 남녀를 막론하고 결박하여 예루살렘으로 잡아가려 했습니다(행 9:2 참조). 이는 사울이 다메섹 도상에서 부활하신 주님을 인격적으로 만나기 전의 상태였습니다. 그러나 주님을 만난 후로 그는 다른 사람이 되었습니다. 즉시로 예수가 하나님의 아들이심을 전하기 시작했고, 예수를 그리스도라 증언했으며, 예루살렘에 가서 주님의 제자들과 교제하면서 주님이 사용하시기 합당한 그릇으로 변화되어 갔습니다. 결국 사울의 성장은 온 교회의 성장으로 나타났습니다. 이 지점에서, 우리는 서로가 성장의 수준과 속도가 달라도 하나님의 은혜와 말씀 가운데 여전히 자라가고 있음을 깨닫습니다. 이것을 꼭 기억해야 합니다. 우리 안에 하나님이 일하고 계시기 때문입니다. 이것이 아나니아가 사울을 받아들인 이유였습니다. 아나니아는 주께서 그를 택하시고, 그의 삶 속에 일하고 계시다는 것을 알았고, 그를 형제로 받아들였습니다.

이처럼 포용이란 사람마다 각기 다른 수준에서 성품이 자라고 있음을 인정하고 받아들이는 것입니다. 누구는 아직 자신만 생각하지만, 또 누군가는 주변을 돌보고 보살핍니다. 성품과 성숙도가 서로 다르기 때문입니다. 분명한 것은 하나님이 각기 다른 수준의 사람들 안에서 동일하게 일하신다는 사실입니다. 비록 속도는 달라도 우리는 지금 자라가고 있는 중입니다. 이를 알면, 우리는 상대의 '있는 모습 그대로'(비록 미숙해도)를 받아들일 수 있게 됩니다. 보이는 것이 전부가 아니기 때문입니다. 보이는 것 너머를 볼 수 있는 힘, 곧 '통찰'(insight)이 생깁니다. 그런 힘이 있으면 너그러운 마음이 생기고, 서로에게 필요한 것이 무엇인지 알고 도와 줄 수 있게 됩니다.

부모가 자녀들을 바라볼 때 이점을 적용할 수 있어야 합니다. 자녀들은 완성된 사람이 아닙니다. 성장의 수준도 속도도 다릅니다. 하지만 꾸준히 성장해 갑니다. 부모도 마찬가지입니다. 자녀들이 보기에 부모가 강하고 완벽한 것처럼 보이지만 그렇지 않습니다. 부모 역시 부단히 성장하는 중입니다. 가정에서 부모와 자녀가 이 사실을 깨닫게 되면 서로 화를 그치고 서로를 너그럽게 받아 줄 수 있는 여유가 생길 것입니다. 부모와 자녀가 지금 있는 모습 그대로 서로를 받아주는 너그러움은 그 어떤 것보다 귀한 선물입니다.

있는 모습 그대로 받아주기

길을 가다 종종 '공사 중'이라는 푯말을 볼 때가 있습니다. 언젠가 이 표지판이 은혜가 된 적이 있습니다. 나도 여전히 공사 중임을 깨달았기 때문이었습니다. 우리는 죽는 날까지 주님을 닮도록 '공사 중'인 사람입니다. 직장이나 교회에서 여러분을 힘들게 하는 사람들이 있나요? 여전히 공사 중이기 때문이라 여깁시다. 나 자신도 마찬가지입니다. 나의 연약함과 미숙함 때문에 사람들이 실망하고 낙심한다면, '공사 중이어서 죄송합니다'라고 양해를 구합시다. 우리 모두, 주님 안에서 여전히 자라가고 있음을 인정하고 받아들인다면, 나 자신과 타인을 대할 때 있는 모습 그대로를 포용할 수 있을 것입니다.

성도의 성장판은 언제나 열려 있습니다. 우리는 사는 날 동안 성장통을 겪습니다. 예수 그리스도를 닮아가는 데는 생각보다 시간이 오래 걸립니다. 평생에 걸쳐 이루어지는 일입니다. 하지만 하나님이 나와 다른 사람들을 여전히 '리모델링하고' 계신다는 사실을 깨닫고 인정하면, 넉넉한 마음으로 나 자신과 다른 사람을 포용할 수 있게 됩니다. 하나 포용과 타협은 구분해야 합니다. 포용은 사람을 사랑하고 용납하고 받아들이는 것이지만, 타협은 자신도 죄를 지으면서, 죄짓는 사람도 용납하는 것을 말합니다. 우리는 죄와 싸우는 사람들을 받아들이며 그가 죄의 속박에서 벗어나도록 기도하며 도와주어야 합니다. 그러나 죄짓는 일에 동참하면 안 됩니다. 죄에 대해서는 언제나 단호하게 맞서야 합니다. 주님처럼, 사람은 끝까지 사랑하되, 죄는 단호하게 물리쳐야 합니다.

우리는 여전히 자라고 있습니다. 아직 부족하고 완성되지 않았기에 서로 이해하고 기다려 주는 너그러움이 필요합니다. 우리는 성숙의 속도도, 성장의 질도 다릅니다. 하지만 하나님이 일하고 계심을 믿는다면, 지금 있는 모습 그대로를 받아들일 수 있게 될 것입니다. 포용은 타협이 아닙니다. 죄는 거절하되, 그 사람 자체를 사랑하고 품는 너그러움이야말로 우리가 서로에게 줄 수 있는 가장 깊은 사랑일지 모르겠습니다.

나의 결심

사람마다 다른 수준에서
성품이 계발되고 있음을 깨닫고 받아들이겠다.

- 눈에 보이는 것 너머를 보겠다.
- 사람을 있는 그대로 받아들이겠다.
- 다른 사람의 성품이 자라도록 돕겠다.
- 나 자신을 먼저 살피겠다.
- 인기 있는 것을 옳은 것으로 혼동하지 않겠다.

생각하고 나눌 질문

1. 나는 어떤 유형의 사람을 받아들이는 데 어려움을 느끼고 있습니까? 그 이유는 무엇이며, 그 사람을 있는 그대로 받아들이기 위해 내가 할 수 있는 첫걸음은 무엇일까요?

2. 누군가가 나의 미숙한 부분을 너그럽게 품어주었던 경험이 있습니까? 그 경험이 내 삶에 어떤 영향을 주었는지 돌아보며, 나도 그런 사람이 되고 있는지 생각해 봅시다.

3. 나는 '성숙의 차이'를 인정하며 사람들을 바라보고 있습니까? 상대의 성장을 기다려 주는 여유가 내 안에 있는지, 혹은 성급한 판단으로 상처를 주고 있지는 않은지 점검해 봅시다.

4. 최근에 '공사 중'인 누군가에게 포용의 손을 내민 적이 있습니까? 그때 어떤 마음이 들었고, 어떤 변화가 있었습니까? 다시 한번 그런 용기를 낼 수 있을까요?

5. 포용과 타협을 어떻게 구분하고 있습니까? 내가 다른 사람을 사랑하고 품을 때, 진리를 지키면서도 관계를 놓치지 않는 지혜가 내게 있었는지 돌아봅시다.

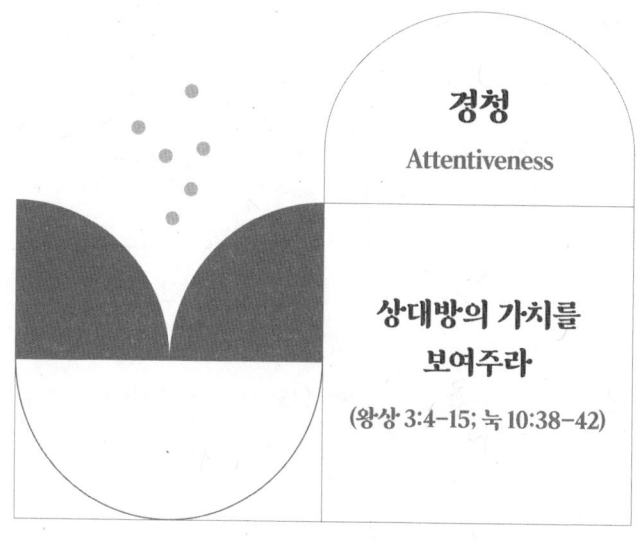

경청
Attentiveness

상대방의 가치를 보여주라

(왕상 3:4-15; 눅 10:38-42)

누구든 자신의 말과 감정에 주의를 기울여 주는 사람에게서 존중받고 있음을 느낍니다. **경청은 상대방이 나에게 얼마나 가치 있는 사람인지를 보여주는 귀한 성품입니다.** 단순히 듣는 것이 아니라, 마음을 다해 듣는 것은 상대를 인정하고 존중하는 행위입니다. 경청하는 태도는 신뢰를 쌓고 건강한 관계를 형성하는 기초가 됩니다. 상대방이 말할 때 눈을 맞추고, 적절한 반응을 보이며, 진심으로 관심을 보일 때, 대화는 단순한 정보 교환을 넘어 깊은 연결의 시간이 됩니다. 이때 상대방은 '내가 소중한 존재'라는 감정을 느끼게 되고, 이는 관계를 더욱 단단하게 만듭니다. 반대로 경청하지 않는 태도는 상대방에게 무시당하고 있다는 인식을 심어줄 수 있습니다. 대화 중 스마트폰을 보거나, 반응 없이 무심하게 듣는 태도는 상대의 가치를 폄하하는 것으로 비칠 수 있습니다. 그러므로 경청은 단순한 예의를 넘어, 상대에 대한 존중과 사랑입니다. 결국 경청은 관계를 세우는 강력한 도구이며, 나아가 하나님의 사랑을 실천하는 방법이지요. 내가 상대방의 말을 경청할 때, 그는 위로를 받고 존중받는다는 느낌뿐만 아니라, 그 안에서 진정한 사랑을 경험하게 될 것입니다.

마리아의 경청

예수님은 마르다의 집으로 초청을 받으셨습니다. 그녀에게는 오빠 나사로와 여동생 마리아가 있었습니다. 예수님은 이 가족을 사랑하셨습니다. 마르다는 예수님이 오시고 난 후 할 일이 많아 분주했습니다. 그런데 일을 할수록 즐겁기는커녕 마음이 불편했습니다. 집안일을 돕지 않고 예수님의 말씀을 듣고 있는 마리아의 모습이 못마땅했기 때문이었지요. 그래서 예수님께 말했습니다. "주여 내 동생이 나 혼자 일하게 두는 것을 생각하지 아니하시나이까 그를 명하사 나를 도와주라 하소서"(눅 10:40).

사실 이런 종류의 불평은 형제자매들 사이에선 아주 흔

한 일입니다. 예수님께서 말씀하셨습니다. "마르다야 마르다야 네가 많은 일로 염려하고 근심하나 몇 가지만 하든지 혹은 한 가지만이라도 족하니라 마리아는 이 좋은 편을 택하였으니 빼앗기지 아니하리라"(42절). 예수님이 누군가의 이름을 두 번 부르시는 때는 중요한 말씀을 하시기 위함입니다. 주님은 일에 분주한 마르다보다 자기 말을 경청하고 있는 마리아가 좋은 쪽을 택했다고 하시며 그것을 빼앗기면 안 된다고 하셨습니다.

예수님은 자신을 위한 마르다의 수고를 외면하거나 평가절하 하셨을까요? 아닙니다. 다만 마리아가 예수님께 보여준 태도를 칭찬한 것입니다. 마리아는 예수님의 말씀을 경청함으로 예수님의 가치를 보여주었습니다. "주의 발치에 있어 그의 말씀을 듣더니"(39절). 그녀는 주님의 말씀을 계속 들었습니다. '듣더니'(헬. akouo)는 미완료 동사로 반복되거나 진행되는 동작을 나타냅니다. 마리아는 예수님의 말씀을 듣기 위해 주의를 집중했습니다. 이렇듯 상대의 말뿐 아니라 감정에도 주의를 기울이는 태도가 '경청'입니다. 마리아는 주님의 말씀을 경청했고, 주님이 자신에게 얼마나 가치 있는 분인지를 보여주었습니다.

경청, 성품의 출발점

한편 마르다는 준비하는 일이 많아 마음이 분주했습니다. '분주했다'(distracted)는 말은 '산만했다'는 뜻입니다. 산만한 사람은 잘 집중하지 못합니다. 많은 일 때문에 그럴까요? 그럴 수도 있겠지만 더 근원적인 이유가 있었습니다. 주님이 그녀의 이름을 두 번 부르신 이유도 이것 때문이었습니다. "마르다야 마르다야 네가 많은 일로 염려하고 근심하나 몇 가지만 하든지 혹은 한 가지만이라도 족하니라"(41절). 마르다는 많은 일로 염려하고 근심했습니다. 염려와 근심이 그녀를 산만하게 만들었고, 그래서 주님을 제대로 섬길 수 없었습니다. 어머니 자궁에서 가장 먼저 만들어지는 아기의 기관이 '귀'라고 합니다. 놀랍게도 죽을 때 가장 나중에 끊어지는 감각도 '청력'이라고 합니다. 경청은 모든 성품의 출발점입니다. 경청이 되지 않으면 다른 성품을 배우기 힘듭니다. 부모는 자녀가 한 살이라도 어릴 때 경청하는 자세를 훈련하고 길러주어야 합니다. 경청 없이는 하나님의 말씀은 물론이거니와 어떤 사람들의 지시를 제대로 수행할 수 없습니다. 경청하지 못하면 성공의 가능성이 대체로 낮습니다.

듣기를 싫어한 죄

경청에도 우선순위가 있습니다. 하나님의 백성은 하나님의 말씀을 먼저 들어야 합니다. 구약 시대에, 하나님은 주로 선지자들을 통해 말씀하셨습니다. 신약 시대에, 하나님은 목사의 설교를 통해 말씀하십니다. 목사는 성경을 해석하고 그 시대의 상황에 적용함으로써 하나님의 말씀을 설교합니다. 설교 외에도 우리는 성경을 읽고 묵상함으로 하나님의 뜻을 깨닫습니다. 바울은 디모데에게 "모든 성경은 하나님의 감동으로 된 것으로 교훈과 책망과 바르게 함과 의로 교육하기에 유익하다"라고 말합니다(딤후 3:16). 성경은 우리의 믿음과 생활의 표준입니다. 하나님의 말씀을 들음으로써 우리의 마음에 믿음이 일어납니다(롬 10:17).

성경에는 말씀을 경청하지 않아서 비참한 결말을 맞은 사람들의 사례가 많습니다. 그 출발선에 인류의 조상 아담과 하와가 있습니다. 하나님은 그들에게 에덴동산 중앙에 있는 선악과를 먹지 말라고 하셨고, 먹으면 정녕 죽으리라고 명하셨습니다. 그 이유는 그들이 진심으로 하나님을 사랑하기 원하셨기 때문이었지요. 하지만 아담은 하나님의 말씀보다 뱀의 말에 귀를 기울였습니다. 그렇게 죄가 세상에 들어오고 죽음이 이 세상에서 왕 노릇하게 되었습니다. 인류의 타락 이후에 하나님은 가인에게 죄가 문 앞에서 너를 삼키려고 하니 너는 죄를 다스리라고 하셨습니다(창 4:7). 그럼에도 가인은 자기 형제를 살해했습니다. 그 이후, 죄와 죽음이 온 세상을 지배하게 되었습니다. 이스라엘의 역사도 비슷합니다. 이스라엘은 광야에서 불순종했고, 약속의 땅에 들어간 후에도 여전히 하나님의 말씀을 거절했습니다. 그 결과 바벨론에 끌려가 70년간 종살이를 했습니다. 스가랴 7장은 그 이유를 이렇게 설명합니다. "그들이 듣기를 싫어하여 등을 돌리고 듣지 아니하려고 귀를 막으며 그 마음을 금강석 같게 하여 율법과 만군의 여호와가 그의 영으로 옛 선지자들을 통하여 전한 말을 듣지 아니하므로 큰 진노가 만군의 여호와께로부터 나왔도다"(슥 7:9-12). 얼마나 하나님의 말씀을 듣기 싫어했는지를 적나라하게 보여주는 구절입니다. 사실 듣는 것은 귀가 아닌 마음의 문제입니다. 솔로몬이 일천 번제를 드리자 하나님은 '네가 무엇이든 원하는 대로 구하라'고 하셨습니다. 그러자 솔로몬은 '듣는 마음'(히, shama)을 구했습니다. "누가 주의 이 많은 백성을 재판할 수 있사오리이까 듣는 마음을 종에게 주사 주의 백성을 재판하여 선악을 분별하게 하옵소서"(왕상 3:9). 하나님은 솔로몬의 소원을 기뻐하셨고 '듣는 마음'뿐 아니라 지혜와 부, 명예도 함께 주셨습니다(왕상 3:10-13).

또 다른 예로 어린 '사무엘'(하나님에 대해 들음, Heard of God)의 일화가 있습니다. 사무엘이 지성소에 누워 있을 때 하나님께서 그를 부르셨습니다. 사무엘은 엘리 제사장이 자신을 부른 줄 알고 "내가 여기 있나이다"하고 밤중에 달려갔죠. 모두가 자고 있는 한밤 중에 부모님이 자녀의 이름을 부르면 어떤 반응이 나타날까요? 저의 경험상 좋은 일이 일어나진 않습니다. 그런데 사무엘은 신속히 달려옵니다. 하지만 엘리 제사장은 사무엘을 불렀던 적이 없었습니다. 같은 일이 반복되자 엘리는 하나님이 사무엘을 부르셨을지도 모른다고 생각하고, 만일 다시 부르거든 네가 말하기를 "여호와여 말씀하옵소서 주의 종이 듣겠나이다 하라"라고 지시합니다. 예상대로 다시 하나님께서 사무엘을 부르셨고 사무엘은 시키는 대로 했습니다. "말씀하옵소서 주의 종이 듣겠나이다"(삼상 3:10). 사무엘이 준비가 되자 하나님께서 앞으로 행하실 계획을 보여주셨습니다. 그 후로 사무엘은 평생 하나님께 쓰임을 받았습니다. 이처럼 '듣는다'는 행위는 귀가 아닌, 마음의 태도입니다. 그러므로 우리는 마음을 열고 들어야 합니다. "말씀하옵소서, 종이 듣겠나이다" 이렇게 말이죠.

영적으로 어두운 시대에 이런 들음의 자세는 참으로 귀합니다. 여러분은 하나님의 말씀 앞에서 어떤 자세와 태도를 가지고 있습니까? 성경을 읽고 공부하는 일에 시간을 할애하고 있습니까? 혹시 말씀을 읽을 시간이 없을 만큼 일이 많은가요? 그 많은 일로 염려하고 근심하고 있습니까? 산만함(Distraction)을 일으키는 염려와 걱정을 주님께 내려놓고 하나님께 집중해 봅시다. 하나님이 나에게 얼마나 귀하고 가치 있는 분인지를 우리의 삶으로 보여준다면 나에게 어떤 일이 일어날까요?

주님의 섬김

마르다와 마리아의 이야기를 다시 상기해 봅시다. 이 이야기엔 두 가지 섬김이 있습니다. '마르다의 섬김'과 '주님의 섬김'입니다. 마르다는 예수님을 섬기기 위해 주님을 자기 집으로 초대했고 그 일에 몰두했습니다. 하지만 동생 마리아를 향한 불만이 커지자 감정이 폭발하고 말았습니다. 우리 역시 비슷한 실수를 합니다. 주님을 섬기기 위해 열심을 내지만 이상하게도 자기만족에 빠지거나 타인을 정죄합니다. 왜 그럴까요? 마르다의 집에 오신 예수님은 손님이 아니십니다. 예수님은 섬기기 위해 이 땅에 오셨습니다. "인자가 온 것은 섬김을 받으려 함이 아니라 도리어 섬기려 하고 자기 목숨을 많은 사람의 대속물로 주려 함이니라"(마 20:28). 예수님은 그 집에서도 섬기셨습니다. 우리가 예수님을 귀하게 섬기려 한다며 먼저 주님의 섬김을 받아야 합니다. 이것이 예수님이 마리아를 칭찬하신 이유입니다. 마리아는 주님의 '섬김을 받는', 곧 말씀을 듣는 좋은 편을 택했습니다. 예수님은 그것을 빼앗기지 말아야 한다고 하셨습니다. 무엇이 좋은 편입니까? 주님의 섬김을 받는 것이 좋은 편입니다. 주일예배에서 '설교와 성찬'

은 주님의 섬김을 받는 은혜의 시간입니다. 우리는 주님의 섬김에 내 모든 감정과 주의를 집중하여 주님이 나에게 얼마나 가치 있고 존귀한 분인지를 보여주어야 합니다.

경청과 주기도문

예수님은 마르다의 집에서 나오신 후에 한 장소로 가셨고 거기서 기도하셨습니다. 그리고 나서 제자들에게 주기도문을 가르쳐 주셨습니다. "예수께서 한 곳에서 기도하시고 마치시매 … 너희는 기도할 때 이렇게 기도하라…"(눅 11:1-2). 예수님의 기도와 또 제자들에게 가르치신 주기도문은 '경청'이라는 주제와 연결됩니다. 예수님은 하늘 아버지께서 우리의 기도를 듣고 계신 분, 곧 경청하시는 분임을 강조합니다. "구하라 그러면 너희에게 주실 것이요 찾으라 그러면 찾아낼 것이요 문을 두드리라 그러면 너희에게 열릴 것이요 구하는 이마다 받을 것이요 찾는 이는 찾아낼 것이요 두드리는 이에게는 열릴 것이니라"(눅 11:9-10).

사실상 우리의 기도가 가능한 것은 하나님의 '들으심'(경청) 때문입니다. 하나님은 우리의 신음에도 귀를 기울이십니다(출 6:5; 시 38:8). 경청은 하나님의 성품입니다. 그 성품이 나의 성품과 인격이 되도록 힘써봅시다. 상대방의 말과 감정에 모든 주의를 집중해서 그 사람의 가치를 보여준다면, 당신은 주님을 닮은 사람입니다.

우리는 하나님과 사람의 말을 경청할 때 비로소 지혜롭게 행할 수 있습니다. 하나님의 말씀을 듣고 순종하는 것이 믿음의 핵심이며, 이웃의 말을 귀 기울여 듣는 것이 사랑의 실천입니다. 경청은 단순한 소통의 기술이 아니라, 하나님이 원하시는 삶의 태도입니다. 하나님께서 우리의 말을 들으시듯, 우리도 그분과 이웃의 말을 듣는 자가 되기로 다짐합시다.

나의 결심

상대방의 말과 감정에 모든 주의를 집중하여
그 사람의 가치를 보여주겠다.

- 내게 말하는 사람을 똑바로 쳐다보겠다.
- 이해할 수 없으면 질문하겠다.
- 똑바로 앉고 똑바로 서겠다.
- 다른 사람의 주의를 끌지 않겠다.
- 다른 사람의 방해에도 집중력을 잃지 않겠다.

생각하고 나눌 질문

1. 나는 누군가 이야기할 때, 그 말을 제대로 듣고 이해하려고 노력하나요? 아니면 머릿속으로 다른 생각을 하고 있지는 않습니까? 상대방이 말할 때, 내가 가장 많이 하는 행동은 무엇입니까? (예: 대답 준비하기, 끼어들기, 조언하기, 공감하기 등)

2. 하나님의 음성을 듣는 것이 어렵게 느껴지는 이유는 무엇일까요? 내가 기도할 때, 하나님의 음성을 듣기보다는 내 생각과 감정만 쏟아내고 있지는 않은가요? 성경을 읽거나 예배를 드릴 때, 하나님이 나에게 말씀하시는 걸 놓치고 있지는 않나요?

3. 내가 누군가의 이야기를 '경청'했던 경험은 언제였을까요? 내 주변 사람 중에 나의 경청이 정말 필요했던 사람이 있었을까요? 내가 진심으로 들어줬던 경험이 있다면, 그때 상대방의 반응은 어땠는지 생각해 봅시다.

4. '경청하는 태도'가 나의 인간관계에 어떤 영향을 미칠까요? 친구, 가족, 동료들과의 관계에서 내가 더 경청하는 태도를 가진다면 무엇이 달라질까요? 혹시 나는 말하는 것에만 집중하고, 듣는 것에는 소홀하지 않았나요?

5. 하나님과 사람의 말을 더 잘 듣기 위해 오늘부터 할 수 있는 작은 변화는 무엇일까요? 내가 대화할 때 가장 먼저 고쳐야 할 습관은 무엇일까요? (예: 핸드폰 보면서 듣기, 끼어들기, 반박하기 등)

경청, 상대방의 가치를 보여주라

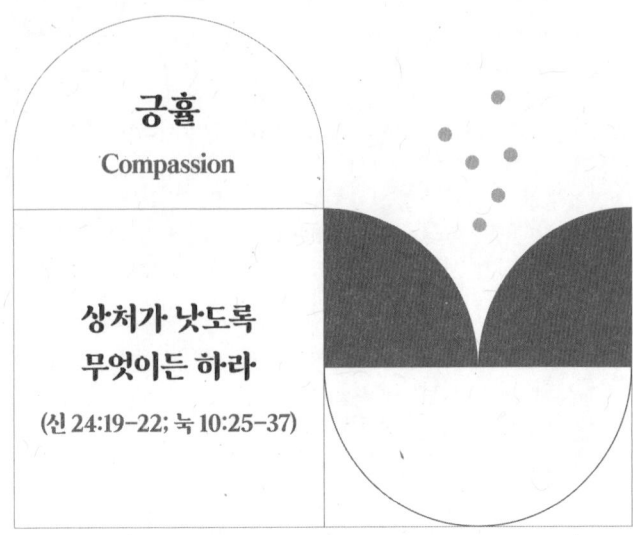

긍휼
Compassion

상처가 낫도록 무엇이든 하라

(신 24:19-22; 눅 10:25-37)

적십자사라는 단체를 아실 것입니다. 흰 바탕에 빨간 십자가를 심벌로 하는 이 비영리단체는 전쟁에서 부상을 당한 병사들의 상처를 치료하고, 그들을 도우려는 마음에서 탄생했습니다. 이렇게 **상처받고 고통당하는 사람들을 도우려는 마음**을 일컬어 긍휼이라고 합니다.

긍휼은 내어줌이다

사복음서 중에서, '긍휼'이라는 단어가 가장 많이 나오는 성경은 누가복음입니다. 누가는 예수님께서 상처받은 사람들을 불쌍히 여기시며 그들을 도와주신 일에 특별히 주목합니다. 주님은 이 땅에 계시는 동안 가난한 자에게 복음을 전하셨고, 상한 마음을 치유하셨고, 죄와 사망과 마귀에 포로 된 자에게 자유를 선포하셨습니다(눅 4:18). 이 땅에서 예수님의 삶은 길지 않았습니다. 하지만 자신을 믿고 따르는 사람들에게 귀한 본을 보여주셨고, 주님은 우리가 당신의 사역을 계속 이어나가기를 원하십니다. 예수님은 우리가 상처받은 사람들, 고통당하는 사람들을 돕기 원하십니다. 우리가 어떻게 그들을 도울 수 있을까요?

몇 해 전 예상치 못한 수해로 서울 일대가 큰 피해를 입었습니다. 특히 저지대 반지하에 사시는 분들이 적지 않은 피해를 입었고, 그 가운데 목숨을 잃은 분들도 계십니다. 최근에는 산불로 인해 많은 사람들이 터전과 생명을 잃었습니다. 이렇게 안타까운 상황을 보고서 마음 아파하며 딱하게 여기는 것을 '동정'이라고 합니다. 여기서 한 걸음 더 나아가 다른 사람의 고통을 자신의 고통으로 느끼는 감정을 '공감'이라고 하지요. 공감 능력을 가리켜 EQ(Emotional Quality)라고 하는데, 이는 다른 사람의 입장에 서서 그들의 마음을 헤아리는 능력입니다. 부모, 자녀, 친구, 동료들의 마음을 헤아릴 줄 아는 것이 공감입니다. 여기서 멈추지 않고, 고통당하는 사람을 위해 무엇인가를 행하는 실천적인 행동이 바로 '긍휼'입니다. 힘든 하루를 보낸 어머니의 어깨를 주물러 주거나, 넘어져 무릎 팍이 까진 동생에게 약을 발라 주거나, 마음에 상처를 입은 친구에게 위로의 편지를 써 주는 것 등이 긍휼의 실천이라고 할 수 있습니다. 이처럼 **긍휼은 다른 사람의 상처를 낫게 하는데 필요하면 무엇이든지 내어주는 것**입니다. 누가복음 10장에서, 예수님은 긍휼이 무엇인지를 보여주는 감동적인 이야기를 들려주십니다.

한 사람이 예루살렘에서 여리고로 내려가는 길에서 강도를 만났습니다. 강도들은 그 사람의 옷을 벗기고 심하게 때렸습니다. 그 후 반쯤 죽은 그를 버리고 가버렸죠. 얼마의 시간이 지난 후, 제사장 한 사람이 그 길을 지나가게 되었고, 그는 피를 흘리며 신음하는 그 강도 만난 자를 보았지만 외면하고 서둘러 그 자리를 피했습니다. 조금 있다가 지나간 레위 사람도 마찬가지였습니다. 이후 한 사마리아인이 그 길을 지나가다가 강도 만난 사람을 보았고 그를 불쌍히 여겨 가까이 가서 기름과 포도주를 그 상처에 붓고 싸매고 자기 짐승에 태워 주막으로 데려가 돌보아 주었습니다. 그리고 다음 날, 그는 떠나면서 주막의 주인에게 돈을 더 주고 그 사람을 돌보아 줄 것을 당부합니다. 비용이 더 든다면 돌아올 때 갚겠다는 약속도 잊지 않았죠. 사마리아인은 혈통적으로 순수한 유대인이 아닌 혼혈인이었습니다. 그 때문에 유대인들은 그들을 경멸했습니다. 이 이야기 속에는 순수한 혈통의 유대인, 특히 종교 지도자들과 그들이 멸시하는 사마리아인이 등장합니다. 예수님은 세 사람 중에 누가 강도 만난 자의 이웃이냐고 물으십니다. 이 비유는 자비를 베푼 사마리아인이 강도 만난 자의 참된 이웃이며, 강도 만난 그 사람이 우리가 사랑해야 할 대상이라고 가르쳐 줍니다. 비유 속 등장인물 중에서, 어떤 사람과 자신이 동일시되나요? 대체로 사람들은 사마리아인을 못 본체한 무정한 제사장과 레위 사람, 아니면 선한 사마리아인을 자신과 동일시합니다. 그런데 선한 사마리아인이 예수님이라고 생각하면, 조금 다른 그림이 보입니다. 강도를 만나 폭력과 구타로 거의 죽게 된 그 사람이 다름 아닌 나라는 것을 깨닫게 됩니다. 이 비유는 우리 죄인들에게 자비와 긍휼을 베푸시는 하나님의 사랑을 보여줍니다. 우리가 긍휼을 베풀어야 하는 이유는 우리가 긍휼하심을 입은 존재이기 때문입니다. 우리에게 긍휼을 베푸신 주님은, 우리가 누군가에게 긍휼을 베푸시기를 기대하십니다.

긍휼의 시작

긍휼의 시작은 하나님의 은혜를 기억하고 감사하는 것입니다. 모세는 하나님의 백성들이 어떻게 긍휼을 베풀어야 하는지 한 사례를 말합니다. "밭에서 곡식을 벨 때에 … 나그네와 고아와 과부를 위하여 남겨두라 … 감람나무를 떤 후에 … 객과 고아와 과부를 위하여 남겨 두며 … 포도원의 포도를 딴 후에 … 객과 고아와 과부를 위하여 남겨두라 너는 이집트 땅에서 종 되었던 것을 기억하라 이러므로 내가 네게 이 일을 행하라 명령하노라"(신 24:19-22). 이는 은혜를 기억하고 갚으라는 말씀입니다. 구원받아 하나님의 백성이 되었다면 변화되어 남을 도우면서 살라는 것입니다.

미국 미시시피 주 휴스턴이라는 작은 마을에 자동차 세일즈맨을 하다가 실직을 하고 낡은 차 안에서 겨우 연명하며 지내던 래리 스튜어트라는 사람이 있었습니다. 어느 날 그는 너무 배가 고파 무작정 식당으로 들어가 음식을 주문했습니다. 허기를 채웠지만 돈이 없었습니다. 그래서 지갑을 잃어버린 것처럼 주머니를 뒤적이며 시간을 끌고 있었죠. 그 모습을 본 식당 주인은 그의 처지를 파악하고 자기 지갑에서 20달러짜리 지폐 한 장을 꺼내 래리의 테이블 쪽으로 가서 슬쩍 떨어뜨렸습니다. 그리곤 그걸 다시 주워 래리에게 건넸습니다. '선생님, 이 돈을 찾고 계셨군요. 선생님께서 떨어뜨린 것 같은데요' 아무 말도 할 수 없었던 래리는 식당을 나오면서 뜨거운 눈물을 흘렸습니다. 그리고 기도했습니다. '주님, 저도 남을 도울 수 있는 처지가 된다면 꼭 돕겠습니다. 저를 불쌍하게 여겨 준 저 식당 주인처럼요' 그후 래리는 열심히 일하여 돈을 벌었고 첫해에 400달러를 이웃들에게 나누어 주었는데, 그때 그의 은행 잔고는 600달러 뿐이었다고 합니다. 그는 겨울마다 춥고 배고픈 사람들을 찾아서 돕기 시작했습니다. 오랜 시간이 지나 그 식당 주인을 찾아갔습니다. 식당 주인은 이미 은퇴한 후였습니다. 래리는 자신이 힘들었을 때 주인이 준 20달러가 당시에는 만 달러 같이 느껴졌다며 정확히 그만큼을 그에게 돌려주었다고 합니다. 받은 은혜를 되돌려 준 것입니다. 이 감동적인 이야기는 '은혜를 기억해야 감사하며 보답할 수 있다'는 교훈을 줍니다. 래리는 죽을 때까지 많은 돈을 기부했다고 합니다. 사람들은 그를 '캔자스 시티의 비밀 산타'로 불렀습니다.[2] 우리도 하나님으로부터 얼마나 많은 것을 받았는지 항상 기억해야 합니다. 기억하지 못하면 감사할 수 없습니다. 하나님의 사랑을 기억하면 그 사랑을 타인에게 나눌 수 있습니다. 배은망덕한 사람은 은혜를 기억하지 못하고 감사하지 않습니다.

긍휼의 실천

신명기 24장에서 하나님은 나그네와 고아와 과부를 위하여 행한 선행에 대해 "그리하면 네 하나님 여호와께서 네 손으

---

2 손병관, 26년간 남몰래 12억 기부 … '비밀 산타' 별세, 오마이뉴스, 2007.01.13, https://m.ohmynews.com/NWS_Web/Mobile/at_pg.aspx?CNTN_CD=A0000385960#cb

로 하는 모든 일에 복을 내리시리라"(19절)고 말합니다. 곡식을 남겨두는 일, 감람나무 과실과 포도나무의 포도를 남겨두는 것이 어쩌면 손실처럼 보일 수 있습니다. 하지만 그렇지 않습니다. 하나님이 기억하시기 때문입니다. 하나님께서는 "네 손으로 하는 모든 일에 복을 주시겠다"라고 약속하셨습니다. 우리가 선을 행하면 하나님이 복을 주신다는 믿음의 확신이 있어야 합니다.

미국 유학 시절에 생활비와 학비가 모자라 어려울 때가 있었습니다. 그런데 어떤 미국 분들이 익명으로 저희를 도와주셨습니다. 밀린 아파트 렌트 비용을, 또 저의 학비 중 일부를 대신 내주셨습니다. 나중에 그분들이 누구인지를 알게 되었습니다. 그때의 고마움을 표현하니, 하나님께서 '너의 가정이 딱하니 도와주라' 하셨다는 겁니다. 그들은 자신들의 자원을 아끼지 않고 저를 위해 내어주었습니다. 하나님께서 우리에게도 그런 마음을 주실 때가 있습니다. 누군가를 돕고 싶은 마음 말이지요. 그때는 이것저것 재지 말고 도와주세요. 우리가 남을 도울 때, 하나님은 우리를 도우십니다. 우리가 남을 도울 때, 놀랍게도, 내 마음의 상처가 치유되고, 내 고통이 사라지는 은혜를 경험하곤 합니다.

긍휼의 반대말, 냉담(Indifference)

타인의 고통에 대해 무심하고 도울 마음이 생기지 않는다면 어떻게 해야 할까요? 다윗은 자신의 마음을 넓혀 주시기를 기도했습니다(시 119:32). 긍휼의 마음을 가지는 방법은 기도하는 것뿐입니다. 사도 요한은 "누가 이 세상의 좋은 것을 가지고 있으면서 자기 형제가 궁핍한 것을 보고도 동정하는 마음을 닫아 그를 피하면 어찌 하나님의 사랑이 그 속에 거하겠느냐"라고 말했습니다(요일 3:17). 주님은 말세의 특징 중의 하나가 '사랑이 식어지는 것'이라 하셨습니다(마 24:12). 우리가 하나님의 사랑을 깊이 체험할수록 그분을 향한 사랑이 자라나고, 남을 불쌍히 여기는 긍휼을 실천할 수 있게 됩니다. 긍휼은 꼭 물질을 나누어 주는 것만은 아닙니다. 사랑과 관심이 필요한 사람들의 말에 귀를 기울이고, 아픔과 상처를 가진 사람들의 처지를 공감하고 그들에게 위로를 건네는 것은 물질을 나누는 것 이상으로 귀하고 아름답습니다. 세상의 어떤 위로의 말보다, 하나님의 말씀으로 위로하는 것이 가장 힘이 될 것입니다. 어떤 성경 말씀으로 위로할 수 있을까요? 다음 구절들을 활용해 봅시다.

> "여호와는 압제를 당한 자의 요새이시오 환난 때의 요새시로다"(시 9:9)

"여호와는 나의 힘이요 방패이시니 내 마음이 그를 의지하여 도움을 얻었도다"(시 28:7)

"환난 날에 여호와께서 네게 응답하시고 야곱의 하나님의 이름이 너를 높이 드시며 성소에서 너를 도와주시고 시온에서 너를 붙드시리로다"(시 20:1-2)

고난을 통해 학습

고난은 긍휼의 마음을 배양합니다. 고난과 고통을 경험한 사람은 타인의 고통을 더 잘 이해하고 위로해 줄 수 있습니다. 그래서 하나님은 다른 사람을 향해 긍휼의 마음을 가지도록 우리에게 종종 고난과 고통을 주십니다.

〈내 모든 시험 무거운 짐을〉(찬송가 337장)이라는 찬송을 지은 호프만(E. A. Hofman)은 빈민가에 어려운 사람들을 섬기는 목사였습니다. 어느 날 가난하고 병든 한 여인의 집을 방문했습니다. 고통과 절망으로 가득 찬 그녀가 말했습니다. '목사님, 이제 나 어떡해요, 어떡하면 좋아요?' 호프만은 그녀의 아픔과 슬픔을 충분히 느낄 수 있었습니다. 자신도 몇 해 전에 아내를 잃고 깊은 슬픔에 빠졌기 때문이었습니다. 그래서 그녀를 위해 진심으로 위로하며 함께 기도하고 마지막에 이렇게 말했습니다. '모든 근심을 예수님께 드려야 합니다. 그것이 가장 좋은 방법이에요.' 그러자 그녀는 얼굴이 환해지면서, '맞아요! 예수님께 말씀드리면 되지요'라고 답했습니다. 훗날 호프만은 그분의 집에서 나오면서 자신이 기쁨으로 찬란한 얼굴의 환상을 보았고 집으로 돌아오는 길에 '주 예수께 아뢰어라, 주 예수께 아뢰어라'는 음성을 들었다고 합니다. 집에 도착하자마자 그는 머릿속에 떠오른 악상을 적고, '주 예수 앞에 아뢰면 우리를 불쌍히 여겨 구원해 주실 은혜의 주님 오직 예수'라는 후렴구를 지었습니다.[3] 긍휼이 많으신 하나님의 사랑을 잘 표현한 이 찬송은 이렇게 탄생하게 되었습니다.

우리는 하나님의 긍휼하심으로 사랑을 받고 용서받았습니다. 여러분이 받은 사랑을 기억하면서 다른 사람들에게도 그 사랑을 나누어 주기를 바랍니다. 하나님은 그러한 사랑의 말과 행위를 기억하시고 그 손이 행하는 모든 일을 형통하게 하실 것입니다.

우리는 모두 하나님의 긍휼하심을 힘입어 살아갑니다. 우리는 그 십자가의 놀라운 사랑을 받은 자들입니다. 그러므로 이제 우리도 받은 긍휼을 실천하며 살아가야 합니다. 우리의

---

[3] Elisha A. Hoffman, 〈내 모든 시험 무거운 짐을〉, 블로그, 2023.06.04. https://www.korailhs.com/13741647

작은 선행이 누군가에게는 인생을 바꾸는 따뜻한 손길이 될 수 있습니다. 선한 사마리아인처럼, 우리가 긍휼의 눈으로 이웃을 바라볼 때 세상은 조금씩 변화될 것입니다. 하나님께서 우리에게 긍휼을 베푸셨듯이, 우리도 다른 이들을 긍휼히 바라보고 긍휼을 실천해 봅시다. 그것이야말로 우리가 진정한 하나님의 자녀임을 나타내는 길이며, 복음이 이 땅에 실현되는 모습입니다. 오늘, 내가 실천할 수 있는 작은 긍휼의 행동을 고민하고 실천하기를 간절히 소망해 봅니다.

나의 결심

다른 사람의 상처를 낫게 하는데 필요하면 무엇이든 내주겠다.

- 하던 일을 멈추고 돕겠다.
- 남이 말하고 싶어할 때 귀를 기울이겠다.
- 도움이 필요한 사람에게 내 자원을 나누어 주겠다.
- 장기적인 해결책을 찾겠다.
- 인종, 성별, 신념, 나이 국정을 가리지 않고 사람들을 위로하겠다.

생각하고 나눌 질문

1. 선한 사마리아인의 비유에서 제사장과 레위인은 왜 강도 만난 사람을 외면했을까요?

2. 긍휼과 동정의 차이는 무엇이며, 우리는 어떻게 긍휼을 실천할 수 있을까요?

3. 하나님께서 신명기 24:19-22에서 나그네와 고아와 과부를 위해 곡식을 남겨두라고 하신 이유는 무엇일까요?

4. 긍휼을 실천하는 데 있어 가장 큰 장애물은 무엇이며, 이를 극복하기 위해 우리는 무엇을 해야 할까요?

5. 내가 최근에 긍휼의 마음을 가지고 누군가를 도운 경험이 있다면 잠시 나눠봅시다. 그때 어떤 변화가 있었나요?

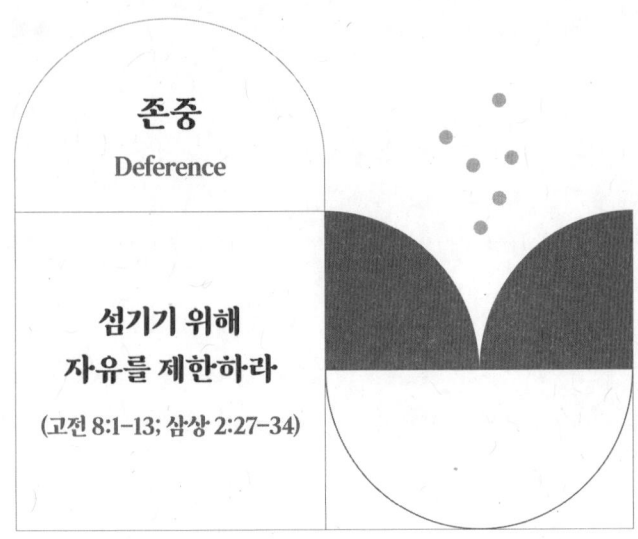

존중
Deference

섬기기 위해 자유를 제한하라
(고전 8:1-13; 삼상 2:27-34)

검소한 사람들은 할인 코너를 자주 찾습니다. 첫 세기의 신자들도 다르지 않았습니다. 그들은 시장에서 최상급 고기가 최저가에 팔릴 때 구매했습니다. 하지만 가격이 저렴한 건 그만한 이유가 있었습니다. 신전에서 우상에게 제물로 바쳤던 음식을 돈으로 바꾸기 위해 시장에 값싸게 내놓은 것이었습니다. 그런데 이방 신전 제사를 거부하고 그리스도인이 된 사람들은, 기존 신자들이 이런 '바쳐진' 음식을 사 먹는 것을 목격하고 마음이 상했습니다. 신생 교회였던 고린도교회도 이 문제로 갈등이 생겼습니다. 우상에게 바쳐진 제물을 먹어도 되는지를 두고 교회 안에 반목이 심해졌고 결국 예루살렘 공회가 중요한 결정을 내렸습니다. "우상의 더러운 것과 음행과 목매어 죽인 것과 피를 멀리하라"(행 15:20). 그리고 바울은 성령의 영감으로 장문의 편지를 고린도교회에 보냅니다.

신자의 자유

이 민감한 사안에 대해, 바울은 음식을 먹지 않는다고 해서 못하는 것도 아니고 먹는다고 해서 잘하는 것도 아니라고 하면서, "너희의 자유가 믿음이 약한 자들에게 걸려 넘어지게 하는 것이 되지 않도록 조심하라"라고 말합니다(고전 8:9). 심지어 "음식이 내 형제를 실족하게 한다면 나는 영원히 고기를 먹지 아니하여 내 형제를 실족하지 않게 하리라"고도 말했습니다(13절). 자신이 좋아하는 것이 있지만 그로 인해 형제가 넘어진다면 기꺼이 그것을 포기하겠다는 것입니다. 이러한 태도는, 형제를 존중한다는 것이 무엇인지를 보여줍니다. **존중은 다른 사람들을 위해 내게 주어진 자유를 제한하는 것입니다.** 하나님은 그리스도 안에서 우리에게 놀라운 자유를 주셨지만, 그것이 내가 원하는 것을 무엇이든지 할 수 있다는 의미는 아닙니다. 하나님은 부모와 위정자들을 포함하여 우리가 마땅히 공경하고 섬겨야 할 사람들을 주셨습니다. 하지만 사람마다 다양한 기호가 있습니다. 메뉴를 고를 때, 여행지를 정할 때, 심지어 가구 하나를 배치하는 문제에서조차 우리의 기호는 모두 다릅니다. 그런데 서로 자기의 방식만을 고집한다면 어떻게 될까요? 내 생각이 더 효율적이고 좋아 보여도 그것을 내려놓고 상대방의 선택과 기호를 귀하게 여기는 태도가 존중입니다. **존중은 상대를 나보다 우선시하고 내가 그에게 복이 되려는 마음입니다.** "형제를 사랑하여 서로 우애하고 존경하기를 서로 먼저 하라"(롬 12:10).

존중의 반대말, 무례함(Rudeness)

무례한 사람을 좋아하는 사람은 극히 드뭅니다. 무례한 사람은 자기중심적이며 사려 깊지 않습니다. 예를 들어 지하철이나 버스와 같은 공공장소에서 큰 소리로 통화하거나, 자기 뒤에 오는 사람을 고려하지 않고 문을 닫아 버립니다. 또한 다른 사람들과 상의도 없이 일방적으로 일정이나 생각을 정합니다. 이런 것들을 조율하려고 하지 않습니다. 그들은 함부로 말하고 행동하기 때문에 타인에게 상처를 주고, 걸림돌이 되어 다른 사람을 넘어지게 합니다. 그래서 무례한 사람들은 어디에서든 환영받지 못합니다. 하나님은 우리가 존중하고 존중받는 사람이 되기를 원하십니다.

하나님을 존중하라

하나님께서는 무례한 사람을 좋아하시지 않습니다. 하나님은 "나를 존중히 여기는 자를 내가 존중히 여기고 나를 멸시하는 자를 내가 경멸하리라"라고 하셨습니다(삼상 2:30). 하나님을 존중하는 방식은 무엇일지 생각해 봅시다.

먼저 하나님을 존중하는 사람은 하나님을 존중하는 방식으로 예배를 드립니다. 예배 시간을 엄수하고, 용모를 단정히 하고 바른 자세로 예배에 임합니다. 설교를 경청하는 것은 하나님을 존중하는 중요한 태도입니다. 하나님을 존중하는 사람은 당연히 하나님의 말씀 또한 존중하기 때문입니다. 예배 시간에 옆 사람과 이야기하거나 예배당을 들락거리면 안 됩니다. 물도 미리 마시고, 화장실도 미리 다녀와야 합니다. 요즘은 예배 시간 내내 핸드폰을 만지작거리는 사람들이 늘고 있습니다. 물론 그가 새가족이라면 이해할만 하지만, 그렇지 않다면 그런 행동은 자제해야 합니다. 나도 모르게 하나님께 무례한 사람이 될 수 있습니다. 또한 연소한 나이의 교역자들을 하대하면 안 됩니다. 교역자들을 존중하는 것은 그들이 존중을 받아 마땅한 자질이 있기 때문이 아닙니다. 하나님과 하나님의 말씀을 존중하기에, 그들이 하나님의 말씀을 전하는 자들이기 때문에 존중하는 것입니다.

또한 하나님을 존중하는 사람은 '소득의 십 분의 일'(십일조)을 드립니다. 십일조는 내가 누리는 모든 혜택이 하나님께로부터 왔음을 인정하는 믿음의 고백입니다. 사람은 떡이 아닌 하나님의 입에서 나오는 모든 말씀으로 사는 존재입니다(신 8:3; 마 4:4). 하나님이 나를 먹이시고 입히시고 나를 존재하게 하시기에 그 하나님을 인정하고 의지하는 행위로써 십일조를 드리는 것입니다. 이렇게 주님을 위하여 내 시간과 보화를 드릴 때 하나님은 나의 마음 중심을 통해 당신을 존중하고 있음을 보십니다.

사사 시대에 홉니와 비느하스라는 '금쪽이들'이 있었습니다. 이들은 성전에서 일하는 여인들과 음행을 하고, 제사를 더럽히는 등 악행을 일삼았습니다. 그 소문은 이스라엘 깊숙이 퍼져갔습니다. 하지만 엘리는 하나님보다 자식들을 더 중하게 생각했기 때문에 필요한 징계를 취하지 않았습니다. 결국 하나님은 선지자를 보내어, "네 아들들을 나보다 더 중히 여겨 내 백성 이스라엘이 드리는 가장 좋은 것으로 너희들을 살지게 하느냐 … 나를 존중히 여기는 자를 내가 존중히 여기고 나를 멸시하는 자를 내가 경멸하리라"(삼상 2:29,30)라고 말씀하심으로 엘리 가문의 파멸을 선언하셨습니다. 하나님에 대한 존중은, 주일 하루에만 국한되지 않습니다. 삶의 전 영역에서 하나님을 존중해야 합니다. 하나님은 우리의 시간과 보화, 우리의 손과 발, 심지어 생명을 드려도 전혀 아깝지 않은 분이십니다. 하나님은 우리를 위해 자신의 사랑하는 아들, 독생자를 아끼지 않고 내어주셨습니다. 우리가 하나님을 존중하면 하나님도 우리를 더욱 귀하게 여겨 주실 것입니다.

부모를 존중하라

부모님은 하나님이 우리에게 섬기라고 명하신 분들입니다. "자녀들아 주 안에서 너희 부모에게 순종하라 이것이 옳으니라 네 아버지와 어머니를 공경하라 이것은 약속이 있는 첫 계명이니 이로써 네가 잘되고 땅에서 장수하리라"(엡 6:1-3). 이 땅에서 잘 되고 오래 사는 비결은 부모를 공경하는 것입니다. 그 어떤 것보다 부모 공경을 가르치고 실천하도록 해야 합니다. 부모는 자녀들이 잘되기를 바랍니다. 부모는 자녀들을 위해 늘 무언가를 해 주고 싶어 합니다. 그것은 좋은 것입니다. 하지만 거기에서 멈추면 안 됩니다. 진정 자녀를 위하는 부모는 하나님의 말씀을 믿고 자녀가 부모를 위해 수고하도록, 자녀가 부모를 공경하도록 가르쳐야 합니다. 이러한 태도는 하나님과 타인에 대한 존중의 시작이자 기본입니다.

자녀를 존중하라

예수님은 "누구든지 나를 믿는 이 작은 자 중 하나를 실족하게 하면 차라리 연자 맷돌이 그 목에 달려서 깊은 바다에 빠

뜨리는 것이 나으니라"라고 하셨습니다(마 18:6). 어린 자녀들의 양심은 매우 민감합니다. 어른들은 세월 속에 양심이 굳어져서 무감각하게 느끼는 말과 행동이 어린이에게는 큰 아픔과 상처가 되기도 합니다. 그러므로 가정에서 부모는 자녀들을 존중해야 합니다. 교회에서도 어른들은 어린 자녀들의 마음이 상하지 않도록, 그들이 걸려 넘어지지 않도록 늘 언행을 조심해야 합니다. 예수님은 이렇게 경고하셨습니다. "실족하게 하는 일들이 있음으로 말미암아 세상에 화가 있도다 실족하게 하는 일이 없을 수 없으나 실족하게 하는 그 사람에게는 화가 있도다 만일 네 손이나 네 발이 너를 범죄하게 하거든 찍어 내버리라 장애인이나 다리 저는 자로 영생에 들어가는 것이 두 손과 두 발을 가지고 영원한 불에 던져지는 것보다 나으니라 만일 네 눈이 너를 범죄하게 하거든 빼어 내 버리라 한 눈으로 영생에 들어가는 것이 두 눈을 가지고 지옥 불에 던져지는 것보다 나으니라 삼가 이 작은 자 중의 하나도 업신여기지 말라 너희에게 말하노니 그들의 천사들이 하늘에서 하늘에 계신 내 아버지의 얼굴을 항상 뵈옵느니라"(마 18:7-10).

남을 존중하라

바울은 로마서 14:20-21에서 "음식으로 말미암아 하나님의 사업이 무너지게 하지 말라 … 무엇이든지 네 형제로 거리

끼게 하는 일을 아니함이 아름답다"라고 말합니다. 즉, 신앙은 나만을 위해서가 아닌 언제나 남을 위해야 한다는 것입니다. 나는 어떤 것도 먹을 수 있고, 무엇이든 할 수 있고, 어디에나 갈 자유와 권리가 있지만, **다른 사람을 위해 내 자유를 제한하는 것이 성숙한 신앙입니다.** 그래서 바울은 연약한 성도가 고기를 먹는 문제로 실족한다면 그를 위해 고기를 먹지 아니하겠다고 다짐했습니다. 이것이 성도를 존중하는 방식이며, 하나님이 우리에게 요구하시는 성품입니다.

정부를 존중하라

로마서 13장에서, 바울은 "각 사람은 위에 있는 권세들에게 복종하라 권세는 하나님으로부터 나지 않음이 없나니 모든 권세는 다 하나님께서 정하신 바"라고 말합니다. 바울이 언급한 권세는 로마제국과 가이사의 권세입니다. 계시록에 따르면, 로마제국은 성도들을 박해하고 죽이는 짐승의 권세입니다. 그런데 그 권세를 왜 존중하라고 했을까요? 그것도 하나님이 주셨기 때문입니다. 따라서 우리는 국가와 위정자들을 존중하는 것이 마땅합니다. 예수님도 "가이사의 것은 가이사에게, 하나님의 것은 하나님에게 바치라"라고 하셨습니다(마 22:21). 세상의 정권은 계속 바뀝니다. 내 마음에 들 수도 아닐 수도 있습니다. 하지만 신자들은 주님의 말씀대로 정부를 존중해야 합니다. 그런데 우리는 선택적으로 존중하려고 합니다. 내 편이 아닌 반대 진영은 적으로 간주하고 제거해야 할 대상으로 생각합니다. 우리는 혐오와 갈등의 시대를 살고 있습니다. 그리스도인은 어떻게 해야 합니까? 비록 불의하고 폭력적인 정권이라도 우선은 존중하는 태도를 가져야 합니다 그렇지 않고 만일 폭력과 불법적인 방식으로 맞선다면 어떻게 되겠습니까? 주님은 "칼을 가지는 자는 다 칼로 망하느니라"라고 하셨습니다(마 26:52). 우리는 "모든 경건과 단정함으로 고요하고 평안한 생활"을 위하여, 정부와 위정자들을 존중하고 그들을 위하여 기도해야 합니다. 이렇게 기도하고 예배할 때 교회는 가장 교회답고, 가장 '정치적'입니다. 이것이 하나님 앞에 선하고 받으실 만한 것입니다(딤전 2:1-3 참조).

존중은 성육신의 정신

허드슨 테일러는 중국 선교의 아버지라고 불립니다. 그는 중국내륙선교회를 만들어 중국 깊숙한 곳에 들어가 복음을 전했고 많은 이들이 그리스도께로 돌아오게 했습니다. 그가 뿌린 복음의 씨앗은 많은 열매를 맺었습니다. 오늘날 중국의 그리스도인 숫자는 남북한 인구를 합한 것보다도 많다고 합니다. 여기에는 허드슨 테일러의 역할이 큽니다. 그는 중국 사람들을 존중했습니다. 중국 사람들이 입는 옷을 입고, 중국 사람들의 언어와 풍습을 존중했습니다. 사람들은 그를 좋아했고 그가 전한 예수님도 좋아하게 되었습니다.

하나님은 우리를 존중하고 사랑하시기에 우리와 같이 사람이 되셨습니다. 우리의 죄를 용서하시고, 우리를 자녀 삼아 주시고, 우리의 형제가 되어 주시고자 사람이 되셨습니다. 다른 사람을 진심으로 존중하려면 하나님이 우리를 얼마나 존중하시는지를 먼저 깨달아야 합니다. 성도는 하나님의 사랑과 존중을 받은 사람입니다. 하나님은 우리가 사랑하고 우애하고 존경하기를 서로 먼저 하라고 하십니다. 아래와 같은 질문을 해봅시다.[4]

- 나는 차별하는 말을 해서 상처를 주지는 않는가?
- 나는 나와 다른 사람들을 수용하려고 하는가?
- 나는 다른 나라 사람들의 음식과 풍습을 존중하려고 하는가?
- 나는 세금을 잘 납부하고 있는가?
- 나는 말이나, 행동, 옷차림에서 다른 사람을 존중하는가?
- 나는 내가 좋아하는 일이라면 다른 사람들이 그로 인해 실족하게 되고 믿음이 약해져도 전혀 상관하지 않고 즐기는가?

---

4 IBLP편집부, 『진정한 성공을 위한 능력』(아이피엘피코리아, 2020), 160.

- 나는 자녀에게 잘못된 욕망을 부추기고 있지 않는가?
- 나의 가정에 자녀들을 실족하게 할 물건이 있지 않는가?

마땅히 존중해야 할 사람들을 존중하지 않으면 어떻게 될까요? 우리가 존중을 표현하지 않거나 그 표현이 부족하면 그 사람뿐 아니라 그 주변의 연약한 사람들에게까지 상처를 주게 됩니다. 결과적으로 나로 인해 사람들이 하나님께 등을 돌리게 됩니다. 혹시 주위에 나에게 상처받고 실족한 사람이 없는지 돌아보고, 있다면 겸손히 용서를 구합시다. 하나님은 겸손히 자신을 낮추는 사람에게 은혜를 주십니다(벧전 5:5). 하나님을 존중하고, 주위 사람들을 존중함으로써 하나님께 영광을 돌리기 바랍니다.

이 땅에 오셔서 사람이 되신 하나님, 예수 그리스도를 기억합시다. 그분의 사랑은 단순한 감정이 아닌, 친히 우리에게 오셔서 섬기시고 희생하신 사랑이었습니다. 존중은 단순한 예의가 아니라, 하나님의 성품을 닮아가는 것입니다. 반드시 실천해야 할 삶의 태도입니다. 우리가 하나님을 존중할 때, 하나님도 우리를 귀하게 여겨 주실 것입니다. 부모를 존중하고, 자녀를 존중하고, 성도를 존중하며, 사회와 정부를 존중하는 삶을 살아갈 때, 우리의 삶은 하나님이 기뻐하시는 거룩한 제물이 될 것입니다. 존중을 실천할 때, 하나님께서는 우리를 통해 이 땅에 사랑과 화평을 이루실 것입니다.

스스로에게 물어봅시다. 나는 하나님과 사람을 존중하는 삶을 살고 있는가? 혹시 나의 말과 행동이 누군가를 실족하게 하지는 않았는가? 하나님 앞에서 다시금 우리를 돌아보며, 존중을 실천하는 삶을 살아갑시다. 우리의 작은 실천이 결국 하나님의 영광을 드러내는 귀한 도구가 될 것입니다.

나의 결심

하나님이 섬기도록 명하신 사람들의 기호를
거스르지 않기 위해 내 자유를 제한하겠다.

- 주변 사람들을 의식하겠다.
- 다른 사람의 감정을 존중하겠다.
- 거친 말을 하지 않겠다.
- 공공장소에서 음악을 크게 틀지 않겠다.
- 옷차림에 유의하겠다.

생각하고 나눌 질문

1. 나는 하나님을 존중하는 삶을 살고 있나요? 혹시 내 삶의 태도에서 하나님을 가볍게 여기고 있지는 않았나 돌아봅시다.

2. 나의 말과 행동이 가족, 성도, 친구들에게 존중을 표현하고 있는지, 아니면 상처를 주고 있는지 돌아보고 있었다면 함께 나누며 회개합시다.

3. 나는 나보다 연약한 자들을 배려하고 있었는지, 혹시 나의 자유를 주장하며 다른 이들을 실족하게 하지는 않았는지 돌아봅시다.

4. 나는 정부와 사회의 권위를 존중하며 하나님의 명령을 따르고 있는지 돌아봅시다.

5. 존중하는 삶을 살아가기 위해 오늘 내가 실천할 수 있는 구체적인 행동은 무엇인가요?

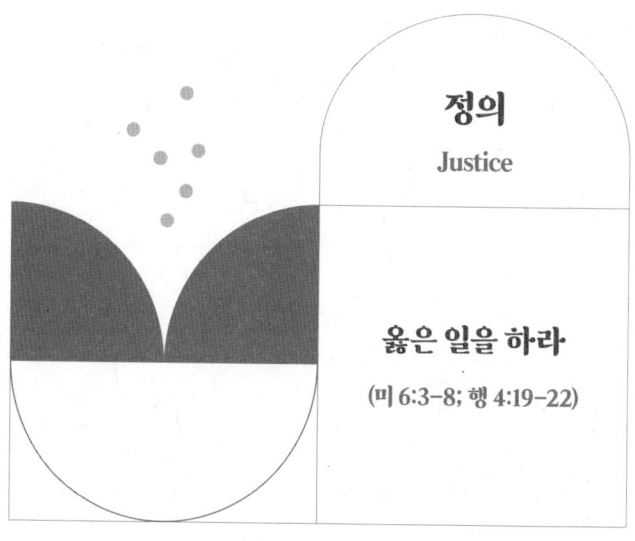

정의
Justice

옳은 일을 하라
(미 6:3-8; 행 4:19-22)

하나님은 의로운 분이십니다. 그리고 정의(반대말: 부패, Corruption)는 하나님나라의 기초입니다. "의와 공의가 주의 보좌의 기초라, 인자함과 진실함이 주 앞에 있나이다"(시 89:14; 사 9:7 참조). **하나님은 우리가 의를 구하고, 옳은 일을 행하기를 원하십니다.** "그런즉 너희는 먼저 그의 나라와 그의 의를 구하라, 그리하면 이 모든 것을 너희에게 더하시리라"(마 6:33). 즉, 하나님나라는 하나님의 의(공의, 정의)를 추구하는 것과 밀접한 관련이 있습니다. 우리가 의를 사랑하고, 책임감 있게 '옳은 일'을 행할 때, 하나님나라가 이 땅에 이루어집니다.

하나님나라의 기초

마이클 센델의 세계적인 베스트셀러 『정의란 무엇인가』라는 책이 있습니다. 흥미롭게도 이 책은 미국에서 약 10만 부가 팔린 반면, 한국에서는 200만 부 이상 팔린 것으로 예상됩니다. 이는 한국인이 정의에 대해 상대적으로 더 높은 관심을 가지고 있다는 의미일 수 있습니다. 그러나 이는 특정한 나라만의 관심사가 아닌, 인류 사회의 공동 관심사입니다. 우리나라의 공식적인 영어 명칭은 'Republic of Korea'입니다. 우리나라뿐만 아니라 많은 나라가 'Republic'(공화제)을 채택하고 있습니다. 'Republic'은 라틴어 '레스푸블리카'(res publica)에서 유래했는데, 이것은 '공공의 것' 곧 '시민의 공동 사안'이라는 뜻입니다. 그렇다면 이 공동의 관심사는 무엇입니까? 바로 정의입니다.[5] 인류는 고대부터 지금까지 정의의 구현을 간절히 원해 왔습니다. 하나님께서 아브라함을 통해 세우고자 하신 나라도 정의로운 나라였습니다. "여호와의 도를 지켜 의와 공도를 행하게 하려고 그를 택하였나니"(창 18:19). 하나님이 세우시려는 나라는 의와 공평의 나라입니다.

미가의 정의

다윗과 솔로몬 시대에 정의는 부분적으로 실현되었고, 하나

---

5 클라우스 헬트, 『지중해 철학기행』(효형출판, 2007), 134.

님나라도 부분적으로 임했습니다. 그 후 이스라엘은 남과 북으로 분열되었고, 북이스라엘은 선지자들의 경고를 무시한 채 악행을 거듭하다가, 결국 주전 722년 앗수르 제국에 의해 멸망하고 말았습니다. 이때 하나님은 미가를 통해 다시금 정의를 말씀하셨습니다. 그는 북이스라엘이 멸망한 직후, 주전 700년경 남유다에서 활동했던 선지자입니다. 그는 유다 역시 하나님의 심판을 받을까 염려했습니다. 왜냐하면 유다도 북이스라엘과 같은 죄악을 저지르고 있었기 때문입니다. 당시 제사장들은 부패했고(Corrupt), 지도자들은 이기적이었으며, 선지자들은 거짓 평화를 말하며 종교를 이용해 노골적으로 이득을 취하고 있었습니다. 결국 백성들마저 하나님을 떠나고 있었습니다. 이 가운데 미가는 홀로 하나님의 메시지를 전했습니다. 미가서 6장은 하나님의 질문과 유다 백성의 대답으로 구성되어 있습니다. 먼저, 하나님께서 묻습니다. "내 백성아, 내가 네게 무엇을 행하였으며, 어떤 일로 너를 괴롭게 하였느냐? 너는 내게 증언하라"(미 6:3). 그러자 미가가 답합니다. "내가 무엇을 가지고 여호와 앞에 나아가며, 높으신 하나님께 경배할까 내가 번제물로 일 년 된 송아지를 드리면 될까 여호와께서 천천의 숫양이나, 만만의 강물 같은 기름을 기뻐하실까 내 허물을 씻기 위해 내 맏아들을, 내 영혼의 죄 때문에 내 몸의 열매를 드려야 하는가"(미 6:6-7).

유다 백성들은 하나님과 거래하려 했습니다. 값비싼 제물로 하나님의 은총을 사려고 했습니다. 심지어 자기 아들을 제물로 바치는 사람도 있었습니다. 그러나 이것은 하나님께 대한 모욕이었습니다. 이방 종교는 인간과 신들이 서로 '주고받는'(give and take) 사이클 속에서 형성됩니다. 인간은 신을 위해 무언가 바치고, 신이 감동하면 인간에게 복을 베풉니다. 유다 백성들은 창조주 하나님을 마치 우상처럼 대한 것입니다. 지금도 하나님과 흥정하려는 사람들이 있습니다. 나는 어떤 동기와 마음으로 무언가를 드리며 주님께 나아가고 있습니까? 혹시 다른 숨은 동기는 없습니까? 혹시 하나님의 진노가 두려워서입니까? 아니면 그분의 복을 얻고 싶어서입니까? 만일 하나님의 진노가 두려워서라면, 걱정할 필요가 전혀 없습니다. 예수님께서 이미 우리 대신 하나님의 진노를 담당하셨기 때문입니다. 과거의 죄가 마음에 걸린다면 그것 또한 염려할 필요가 없습니다. 예수님께서 여러분의 죗값을 온전히 지불하셨기 때문입니다. 인간의 어떠한 노력, 선행, 예물로도 은혜를 얻고자 하나님의 마음을 움직일 순 없습니다. 하나님의 은혜는 값없이 주어지는 선물이기 때문입니다. 그렇다면 구원의 은총을 받기 위해 우리가 해야 할 일은 무엇입니까? "사람아, 주께서 선한 것이 무엇임을 네게 보이셨나니, 여호와께서 네게 구하시는 것은 오직 정의를 행하며, 인자를 사랑하며, 겸손하게 네 하나님과 함께 행하는 것이 아니냐?"(미 6:8). 하나님은 유다 백성에게 정의를 행하고, 자비를 사랑하며, 하나님을 믿으라고 합니다. 하지만 옳은 일을 행하는 것이 생각처럼 쉽지는 않습니다. 오해를 받고, 모함을 당하며, 때로는 박해를 받을 수 있기 때문입니다.

사도들의 본

사도행전 4장에는 옳은 일을 하다가 미움과 박해를 받은 두 사도의 이야기가 나옵니다. 베드로와 요한은 성전 미문에 있던 앉은뱅이를 고쳐 주었습니다(행 3:6). 그들은 주님의 말씀을 따라 선을 행했지만, 이를 시기하고 못마땅하게 여긴 종교 지도자들과 권력자들이 그들을 심문하며 따졌습니다.

"무슨 권세와 누구의 이름으로 이 일을 행하였느냐?" 그 때, 베드로는 성령의 충만함을 받아 담대히 말합니다. "너희가 십자가에 못 박고, 하나님께서 죽은 자 가운데서 살리신 나사렛 예수의 이름으로 이 사람이 건강하게 되어 너희 앞에 섰느니라"(행 4:10). 베드로와 요한은 무엇이 옳은지 분명히 알고 있었고, 그 선택 앞에서 두려움 없이 담대했습니다. "그들이 베드로와 요한이 담대하게 말함을 보고"(행 4:13). 사도들이 박해를 받고 낭낭히 돌아오자, 성도들은 한마음으로 하나님을 찬양하며 기도했습니다. 그러자 성령이 충만하게 임했고, 모든 성도가 더욱 담대히 하나님의 말씀을 전하게 되었습니다(행 4:31). 순종이 또 다른 순종을 낳은 것입니다. 그날 사도들의 복음 사역을 통해 큰 은혜가 무리에게 임했습니다(행 4:33).

이야기가 여기서 끝났다면 좋았겠지만, 옳은 일을 행하는 사람들이 많아질수록 그에 대한 저항도 거세집니다. 기적이 일어났다는 소식이 퍼지자 많은 사람들이 예루살렘으로 몰려왔고, 그로 인해 박해도 더욱 심해졌습니다(행 5:14-18). 시기심에 가득 찬 대제사장들과 사두개인들은 결국 베드로와 요한을 감옥에 가두었습니다. 그러나 하나님께서 천사를 보내어 그들을 풀어 주셨고, 사도들은 다시 성전으로 가서 그리스도의 부활을 담대히 전했습니다. 이에 종교 지도자들은 다시 그들을 체포해 공회에서 심문하며 "예수의 이름으로 다시는 말하지 말라"라고 위협했지만 사도들은 단호했습니다. "사람보다 하나님께 순종하는 것이 마땅하니라"(행 5:29). 이 말을 들은 지도자들은 격분하여 사도들을 죽이려 했지만, 가말리엘의 조언 덕분에 겨우 목숨을 건질 수 있었습니다. 대신 그들은 심한 채찍질을 당한 뒤 풀려났습니다(행 5:40).

첫 세기 당시 채찍질은 극심한 형벌이었습니다. 채찍에 맞아 죽는 사람도 있었고, 살아남더라도 심각한 후유증으로 목숨을 잃는 경우가 많았습니다. 하지만 그 어떤 폭력도 사도들의 믿음과 사명을 꺾을 수는 없었습니다. "그들은 예수의 이름을 위하여 능욕받는 일을 기뻐하며 공회에서 떠나니라. 그리고 날마다 성전과 집에서 쉬지 않고 예수 그리스도를 가르치고 전파하니라"(행 5:41-42).

옳은 일을 한다는 것

옳은 일을 한다는 것은 진리의 편, 곧 하나님 편에 서는 것입니다. 사람이 아니라 하나님께 순종하는 것입니다. 이 길에는 저항과 시련, 그리고 고통이 따릅니다. 그러나 하나님의 편에 서는 사람은 결국 승리합니다. 옳은 일을 하기 위해서는 먼저 무엇이 옳은 일인지 알아야 합니다. 우리가 사는 시대는 옳고 그름을 분별하기가 쉽지 않습니다. 윤리는 상대화되고, 정보와 의견, 철학과 이데올로기 등 자칫 신앙에 위협이 될 수 있는 것들이 넘쳐납니다. 어떤 사람들은 신비주의적인 방식으로 하나님의 음성을 듣기 원합니다. 그러나 옳은 일을 위해 신비로운(?) 음성에 귀를 기울일 필요는 없습니다. 하나님은 우리에게 '이 직장으로 가라', '저 여자와 결혼해라', '그 음식은 지방이 많으니 먹지 마라' 등과 같은 구체적인 지시를 주시는 분이 아닙니다. 그렇다면 옳은 일이 무엇인지 어떻게 분별할 수 있을까요? 하나님께서는 우리에게 올바른 길을 찾을 수 있도록 세 가지 방법을 허락하셨습니다.

첫째, 성경을 읽어야 합니다. 우리는 성경을 통해 하나님의 음성을 듣고 그분의 뜻을 깨닫습니다. 바쁜 일상 속에서도 하나님의 말씀을 가까이해야 합니다. 하나님은 성경을 통해 우리를 교훈하고, 책망하며, 바르게 하고, 의롭게 훈련시키십니다. 그리하여 우리를 하나님의 사람으로 온전하게 하시고, 모든 선한 일을 행할 능력을 주십니다(딤후 3:16).

둘째, 성령의 능력을 믿고 기도해야 합니다. 성경을 읽을 때, 하나님의 뜻을 깨닫게 하시는 분은 성령님이십니다. 성령님은 지혜와 계시의 영이십니다(엡 1:17). 성령께서는 단순히 말씀을 깨닫게 하실 뿐만 아니라, 우리의 마음에 믿음을 일으키시고, 순종할 힘을 주십니다. 그러므로 성령을 의지하며 기도하십시오. 옳은 일을 행할 힘을 구하십시오. 성령님께서 능력을 주실 것입니다.

셋째, 옳은 일을 행하는 사람을 본받아야 합니다. 우리가 본받아야 할 유일한 대상은 예수님이시지만, 그 주님을 본받기를 간절히 원하는 사람들을 본받아야 합니다(롬 15:5). 바울도 "내가 그리스도를 본받는 자 된 것 같이 너희는 나를 본받는 자가 되라"(고전 11:1)고 했습니다. 옳은 일을 행하는 사람들과 가까이하십시오. 그들의 삶과 신앙을 배우고, 그들이 하는 선한 일에 기쁨으로 동참하십시오.

반대와 저항을 예상하라

옳은 일을 할 때 반드시 반대와 저항에 부딪히게 됩니다. 하나님의 편에 서면, 하나님의 뜻을 대적하는 세력도 더욱 강하게 활동합니다. 베드로와 요한도 옳은 일을 했지만, 오히려 범죄자 취급을 받았습니다. 우리 역시 마찬가지입니다. 그러나 모든 사람이 반대한다고 해도, 옳은 것은 여전히 옳습니다. 이사야는 이렇게 경고합니다. "악을 선하다 하며 선을 악하다 하며, 흑암을 광명이라 하며 광명을 흑암이라 하는 자들은 화 있을진저"(사 5:20). 옳은 일을 할 때 어려움이 따를 것을 예상하되, 우리는 혼자가 아니며 늘 주님이 함께하심을 잊지 마십시오. 그래서 베드로와 요한은 감옥에 갇히고도 기뻐할 수 있었습니다(행 5:41). 부활하신 주님은 베드로에게 노년에 고난을 받고 죽게 될 것이라고 말씀하셨지만(요 21:18), 동시에 최후의 승리도 약속하셨습니다. 베드로는 주님의 부활을 통해 그 승리를 확신할 수 있었습니다. 옳은 일을 행하는 것은 단순한 선택이 아니라, 하나님을 믿는 자로서 반드시 걸어가야 할 길입니다. 사망의 음침한 골짜기라도 주님의 지팡이와 막대기가 나를 안위하시며, 승리를 보장하십니다. 때문에 사도들은 감옥에서도 기뻐했고, 끝까지 복음을 전하며 주님의 뜻을 따를 수 있었습니다. 우리 역시 동일한 믿음과 담대함을 가져야 합니다.

찰스 스펄전은 '교리적으로 참되고, 끈질기게 거룩하며, 흔들리지 않게 정직하고, 필사적으로 친절하며, 단호하게 정직하라'고 했습니다. 진리의 말씀 위에 서서, 흔들리지 않는 믿음으로 옳은 일을 묵묵히 실천해 간다면, 주께서 영원히 빛나는 별처럼 높이실 것입니다(단 12:3).

"우리가 하나님을 의지하고 용감하게 행하리라"(시 60:12). 아멘.

나의 결심

하나님의 불변하는 진리에 대해 책임지는 삶을 살겠다.

- 깨끗한 양심을 지키겠다.
- 법의 권위를 존중하겠다.
- 순수하고 옳고 진실한 것을 거리낌 없이 말하겠다.
- 편견에 매이지 않겠다.
- 다른 논리에도 마음을 열어 두겠다.

생각하고 나눌 질문

1. 옳은 일을 행하기 위해 가장 중요한 것은 무엇이라고 생각하십니까? 성경, 성령의 인도하심, 본받을 사람, 반대와 저항을 예상하는 것 중 가장 중요하다고 여기는 요소는 무엇인가요?

2. 우리는 왜 종종 하나님과 거래하려는 태도를 보일까요? 유다 백성처럼 예배나 헌신을 통해 하나님의 은혜를 '사려는' 마음이 생기는 이유는 무엇일까요?

3. 베드로와 요한이 옳은 일을 했음에도 박해를 받은 이유는 무엇입니까? 하나님께 순종하는 것이 항상 세상의 인정과 보호를 보장하지 않는 이유는 무엇일까요?

4. 옳은 일을 행할 때 직면하는 가장 큰 어려움은 무엇입니까? 개인적으로 옳은 일을 선택하는 과정에서 가장 큰 장애물은 무엇이며, 이를 어떻게 극복할 수 있었는지 함께 나눠봅시다.

5. 옳은 일을 행하는 삶의 궁극적인 결과는 무엇입니까? 다니엘 12:3의 말씀처럼, 하나님 앞에서 옳은 삶을 사는 것이 궁극적으로 어떤 의미를 가지나요?

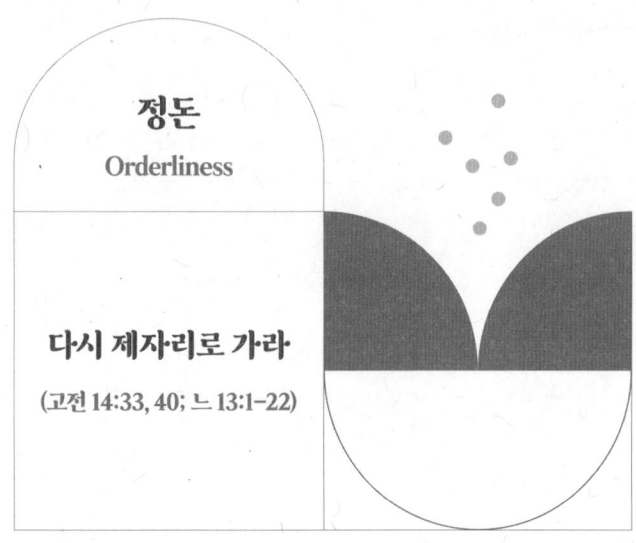

정돈
Orderliness

다시 제자리로 가라
(고전 14:33, 40; 느 13:1-22)

정돈된 사람은 일의 능률이 오릅니다. **정돈이란 최고의 능률을 위해 자신과 주변을 준비하는 성품입니다.** 하나님과 사람을 효과적으로 섬기려면 준비가 필요합니다. 정돈은 곧 준비된 상태입니다. 정돈은 단순히 물건을 정리하는 것을 넘어, 내면의 질서를 정리하는 것도 포함합니다. 분주하고 혼란스러운 마음으로는 하나님의 뜻을 분별하기 어렵습니다. 주님 앞에서 내 삶을 돌아보고, 우선순위를 바로 세울 때 우리는 더욱 효과적으로 하나님의 일을 감당할 수 있습니다.

느헤미야의 정돈

느헤미야는 입지전적인 인물이었습니다. 그는 페르시아 왕 아닥사스다(Artaxerxes)의 술 관원으로서 왕의 신임을 받았습니다. 술 관원이란 왕이 독살당하지 않도록 먼저 술을 맛보는 역할을 하는 직책으로, 이는 신뢰받는 자에게만 주어졌습니다. 그는 이렇게 좋은 지위와 상황에 있었지만, 궁전의 안락함 속에서도 늘 고향 예루살렘을 그리워했습니다.

어느 날, 황폐한 예루살렘과 고통받는 백성들의 소식을 듣고 그는 마음이 무너져 내렸습니다. "내가 이 말을 듣고 앉아서 울고, 수일 동안 슬퍼하며 하늘의 하나님 앞에 금식하며 기도하여"(느 1:4). 그의 간절한 기도를 들으신 하나님은 페르시아 왕의 마음을 움직이셨고, 결국 느헤미야는 예루살렘 성벽 재건을 총괄하는 총독으로 파견됩니다(느 2:8).

그러나 재건은 순탄치 않았습니다. 암몬 사람 도비야와 그의 동맹 산발랏이 끊임없이 방해했습니다. 도비야는 "그들이 건축하는 돌 성벽은 여우가 올라가도 곧 무너질 것이라"(느 4:3)며 조롱했고, 각종 모략으로 하나님의 계획을 저지하려 했습니다. 하지만 느헤미야는 이에 굴하지 않고, 백성들과 함께 최선을 다해 일을 완수했습니다. 결국 52일 만에 성벽이 완성됐고(느 6:15), 학사(서기관) 에스라가 하나님의 율법을 낭독하자 백성들은 기쁨으로 찬양하며 자신들의 죄를 자복했습니다. 황폐했던 성읍에 영적 부흥이 일어났습니다(느 8장).

느헤미야는 예루살렘의 초대 총독으로 12년간 섬긴 후, 아닥사스다 왕과의 약속대로 페르시아로 돌아갑니다(느 13:6). 그러나 그가 떠난 후, 예루살렘은 다시 혼란에 빠졌습니다. 약 2-3년 후 예루살렘을 다시 찾았을 때, 느헤미야는 대제사장 엘리아십이 도비야에게 성전의 방을 내어 준 것을 보고 크게 상심했습니다. 느헤미야는 이를 "악한 일"(느 13:17)이라 칭하며, 즉시 도비야의 가구들을 성전에서 내던져 버렸습니다. 그리고 성전의 방들을 깨끗이 정돈한 후, 제사 기물과 성전 물건들을 원래 자리로 되돌려 놓았습니다. 나아가 성전 직무를 올바르게 수행할 충직한 제사장과 레위 사람을 세워 성전의 질서를 회복시켰습니다.

느헤미야의 사역은 '정돈'이라는 성품을 이해하는 데 큰 교훈을 줍니다. 그는 성벽뿐만 아니라, 영적으로 무너진 예루살렘을 정돈하는 일에 헌신했습니다. 우리도 마찬가지입니다. 하나님을 더욱 효과적으로 섬기기 위해 우리는 마음과 환경을 정리해야 합니다. 이는 단순한 정리가 아니라, 하나님께서 맡기신 사명을 온전히 감당하기 위한 준비 과정입니다.

정돈된 삶을 위해

정돈된 삶이란 단순히 물건을 잘 정리하는 것을 넘어, 우리의 생각과 행동, 영적인 상태까지 조화롭고 질서 있게 유지하는 것입니다. 그러나 현실에서 많은 경우 우리의 삶은 어수선하고 불안정합니다. 이유는 다양합니다. 바쁜 일상 속에서 우선순위를 놓치거나, 게으름과 나태함에 빠질 수도 있습니다. 때로는 염려와 두려움이 우리의 마음을 가득 채워 삶의 질서를 어지럽힙니다. 또 하나님의 뜻보다 세상의 기준에 맞춰 살다 보면 삶의 중심을 잃고 혼란에 빠지기도 합니다. 정돈된 삶을 살려면 어떻게 해야 할까요?

첫째, 잡동사니를 없애야 합니다. 느헤미야는 성전에서 벌어진 일에 깊이 상심했습니다. 성경은 그가 "심히 근심했다"(느 13:8)고 기록합니다. 그러나 원어에서 '근심했다'는 표현은 단순한 걱정을 넘어, 정신적·육체적으로도 큰 충격을 받은 상태를 의미합니다. 그는 레위 사람들이 직분을 버리고 성전을 떠난 것과 제사(찬양)가 중단된 모습에 경악했습니다. 심지어 재건을 방해했던 원수 도비야는 성전 안에 거처를 마련하고 있었습니다. 이는 대제사장을 비롯한 유다 사람들 중 상당수가 도비야와 내통하고 있다는 증거였습니다.

이스라엘은 과거 하나님과의 언약을 저버리고 우상 숭배에 빠졌다가 70년 동안 포로 생활을 경험합니다. 이후 하나님의 은혜로 다시 고향으로 돌아와 성전을 재건했습니다. 하지만 느헤미야가 자리를 비운 사이 모든 것이 무너졌습니다.

이에 그는 깊은 슬픔과 분노 속에서 예루살렘의 혼돈과 무질서를 바로잡기로 합니다. 가장 먼저, 도비야의 가구를 성전에서 내던지고 그 방을 깨끗이 정리했습니다(느 13:8).

느헤미야의 행동은 중요한 교훈을 줍니다. 우리의 삶이 무질서하고 산만한 이유 중 하나는 불필요한 '잡동사니'가 많기 때문입니다. 누군가는 이렇게 말합니다. '잡동사니란, 집이 불탄 후에도 전혀 기억나지 않는 물건들이다.' 마찬가지로 영적인 삶에서도 불필요한 것들이 우리의 신앙과 하나님을 향한 헌신을 방해할 수 있습니다.

느헤미야가 태어나기 약 200년 전, 유다 왕 히스기야도 성전을 정화하는 개혁을 단행했습니다. 그는 성전에 쌓인 모든 더러운 것을 끌어내어 시냇가에서 씻어 정결하게 했습니다(대하 29:15-16). 히스기야의 개혁은 단순히 성전 건물을 깨끗하게 하는 것이 아니라, 예배를 회복하는 것이 목적이었습니다. 이를 단순히 '예배당을 깨끗이 청소하자'는 식으로 결론지어선 안 됩니다. 성경은 우리의 몸을 "성전"(고전 6:19)이라고 말합니다. 따라서 우리는 단순히 생활공간을 넘어, 우리의 마음과 생각을 깨끗하게 유지하고 늘 정리해야 합니다. 아무리 감춰도 하나님께서는 모든 것을 드러내십니다.

묵상과 기도는 영혼을 청소하고 소독하는 거룩한 시간입니다. 죄악과 불순종으로 얼룩진 마음을 닦아내고, 말씀과 성령으로 새롭게 변화되는 시간입니다. 시편 1편은 "복 있는 사람은 오직 여호와의 율법을 즐거워하여 그 율법을 주야로 묵상하는도다 … 그가 하는 모든 일이 형통하리로다"(시 1:2-3)라고 말합니다. 다윗은 말씀을 묵상하는 시간을 소중히 여겼습니다. 그는 "밤마다 내 양심이 나를 교훈하도다"(시 16:7)라고 고백했습니다. 주야로 묵상하고 기도하는 시간을 가집시다. 하나님 앞에 나아가 빛 가운데 거할 때, 우리의 생각과 생활이 정돈되고 질서 있는 삶으로 회복될 것입니다.

둘째, 다시 제자리에 두어야 합니다. 느헤미야는 도비야의 세간을 밖으로 내던지고, 본래 있어야 할 것들로 그 공간을 채웠습니다. 그리고 레위 사람들을 불러 '다시 제자리'에 두었습니다(13:11). 이것이 '정돈'입니다. 정돈은 청소를 넘어 질서를 회복하는 것입니다. 그는 레위 사람들과 그들에게 돌아가야 할 십일조를 원래의 자리로 돌려놓음으로써 하나님께 드리는 예배, 찬미의 제사를 회복했습니다. 단순히 황폐한 집을 재건한 것이 아니라, 무너진 질서를 다시 세웠습니다.

우리가 섬기는 삼위일체 하나님은 질서와 정돈의 하나님이십니다. 성부, 성자, 성령께서는 각각 고유한 '위격'을 가지시지만, 서로 뒤섞이지 않으면서도 완전한 일체(하나)로 계십니다. 삼위일체 안에서 다양성과 통일성이 완벽한 조화를 이룹니다. 하나님의 말씀인 성경도 마찬가지입니다. 신구약 66

권은 여러 저자가 쓴 다양한 장르의 글들이 모여 있지만, 그 모든 가르침은 하나님의 아들 예수 그리스도께로 모아집니다. 이 세상의 질서와 조화, 아름다움도 모두 삼위일체 하나님에게서 비롯됩니다. '황금비율'(golden ratio)은 인간이 가장 아름답다고 느끼는 비율을 뜻합니다. 우리는 음악을 들을 때, 그림을 감상할 때, 사람의 얼굴을 볼 때, 자연을 바라볼 때 아름다움을 느낍니다. 그것은 하나님께서 세상을 창조하실 때 거기에 질서와 조화를 담아 두셨기 때문입니다. "창세로부터 그의 보이지 아니하는 것들 곧 그의 영원하신 능력과 신성이 그가 만드신 만물에 분명히 보여 알려졌나니 그러므로 그들이 핑계하지 못할지니라"(롬 1:20). 그래서 우리는 미물에게서도 배울 수 있습니다. "게으른 자여 개미에게 가서 그가 하는 것을 보고 지혜를 배우라"(잠 6:6). 개미는 부지런한 성품을 보여줍니다. 가끔 공원이나 산에서 마주치는 '얼룩다람쥐'는 정돈을 매우 잘하는 동물입니다. 땅굴을 파서 창고, 부엌, 침실, 심지어 화장실까지 구분해 둡니다. 자기 필요에 맞게 공간을 설계하고 정리하는 능력을 하나님께서 주신 것입니다. 하나님께서 창조하신 모든 피조물에는 '자기 자리'가 있습니다. 느헤미야도 무너진 성전과 성벽뿐 아니라, 혼란에 빠진 사람들과 성전의 기물을 '다시 제자리'에 두었습니다. 모든 것이 제자리에 있을 때 '샬롬'이 임합니다. 가정에서도 아버지는 아버지의 자리에, 어머니는 어머니의 자리에, 자녀들은 자녀들의 자리에 있어야 평안과 조화가 이루어집니다. "사람이 자기 집을 다스릴 줄 알지 못하면 어찌 하나님의 교회를 돌보리요"(딤전 3:5).

교회도 마찬가지입니다. 목회자와 성도들이 하나님이 정해 주신 자리에서 겸손히 하나님을 섬길 때 교회에 샬롬이 있습니다. 오해하지 마십시오. 우리가 단순히 '교회 건물' 안에만 머물러 있어야 '제자리에 있는 것'은 아닙니다. 말씀을 맡은 자는 그 말씀을 충실히 전해야 하며, 성도들은 그 말씀을 따라 신앙과 삶을 정돈해야 합니다. 초대 예루살렘 교회는 "사도들의 가르침을 받아 서로 교제하고 떡을 떼며 오로지 기도하기를 힘썼습니다"(행 2:42). 이 한 구절 속에는 교회가 추구해야 할 신앙의 질서가 담겨 있습니다. 순수한 복음의 말씀이 전파되는 교회, 말씀대로 성례가 올바르게 집행되는 교회, 은혜의 방편을 귀하게 여기며 부지런히 기도하는 교회는 정돈된 교회입니다. 하나님은 정돈되고 질서 있는 예루살렘 교회에 복을 주시고 구원받는 사람을 날마다 더하여 주셨습니다. 우리 모두에게 이런 복을 주시기를 소망합니다.

예배와 질서, 그리고 몸 사용법

하나님은 태초에 '무에서부터'(ex nihilo) 천지를 창조하셨고,

혼돈 가운데 있는 세상에 성령과 말씀으로 질서를 부여하셨습니다. 그래서 바울은 고린도전서 14:33에서 "하나님은 무질서의 하나님이 아니시요, 오직 화평의 하나님이시다"라고 했습니다.

고린도전서 14장은 예배의 문맥에서 이해해야 합니다. 하나님은 우리가 예배할 때 무질서(Confusion)를 좋아하지 않으십니다. 그래서 "모든 것을 품위 있고 질서 있게 하라"(14:40)고 하셨습니다. 주일 공예배에서 품위와 질서를 지키는 것은 한 주간의 삶에도 영향을 줍니다. 성도의 품위는 순종에서 나옵니다. 하나님의 말씀을 따라 정돈되고 질서 있는 삶을 살면 성령께서 열매를 맺게 하십니다(갈 5:22). 반대로 무질서한 삶에는 육체의 열매가 따릅니다. "육체의 일은 분명하니 곧 음행과 더러운 것과 호색과 우상숭배와 주술과 원수 맺는 것과 분쟁과 시기와 분 냄과 당 짓는 것과 분열함과 이단과 투기와 술 취함과 방탕함과 또 그와 같은 것들이라… 이런 일을 하는 자들은 하나님의 나라를 유업으로 받지 못할 것이요"(갈 5:19-21).

무질서한 곳은 불결하기가 쉽고, 불결하고 더러운 환경에서는 도덕적, 영적인 타락이 일어나기 쉽습니다. 특히 우리의 몸을 창조자의 목적대로 사용해야 합니다. 내 몸은 내 것이 아니라 주님의 소유이며, 성령이 거하시는 거룩한 성전입니다. 그러므로 우리는 자신의 몸을 소중히 여기고, 하나님의 영광을 위해 합당하게 사용해야 합니다. 우리는 학교에서 다양한 지식을 배우지만, 정작 몸을 어떻게 사용해야 하는지는 배우지 않습니다. 부모는 자녀에게 '몸 사용법'을 가르쳐 주어야 합니다. 다음은 교회학교에서 배운 찬양입니다.

> 눈눈눈 성경 보고요,
> 코코코 숨을 쉬고요,
> 입입입 찬송 부르고,
> 귀귀귀 말씀을 들어요,
> 머리머리머리 예수님 생각,
> 가슴가슴가슴 예수님 사랑,
> 손손손 봉사하고요,
> 발발발 교회 가요.

이렇게 교회는 올바른 몸 사용법을 가르쳐야 합니다. 특히 주일예배를 통해 우리는 손과 발을 어떻게 사용해야 하는지 배웁니다. 두 발로 하나님의 임재 앞에 서고, 손을 들어 하나님을 높이며 복을 구합니다. 또한 두 손으로 떡과 잔을 받으며, 헌금을 드립니다. 두 눈으로 말씀을 읽고, 두 귀로 하나님의 말씀을 듣습니다. 입술로 하나님을 찬양하며, 신앙을 고백하고, 성도를 환영하고 축복합니다. 우리는 마음뿐만 아니라 몸으로써 '전인격으로' 하나님을 예배합니다. 이렇게 예배하는 사람은 일상에서도 자기 몸을 하나님이 기뻐하시는 거룩한 산 제물로 드립니다(롬 12:1).

정돈하는 이유는 하나님과 사람을 더 효율적으로 섬기기 위해서입니다. 잡동사니를 버리고, 있어야 할 것을 제자리에 둡시다. 우리의 몸과 마음 역시 그렇게 합시다. 그럴 때 우리는 하나님의 요구와 사람의 필요를 더욱 효과적으로 섬길 준비가 된 것입니다.

나의 결심

능률을 최대한 높이려고 자신과 주변을 준비하겠다.

- 뒷정리를 꼭 하겠다.
- 일터와 놀이터를 깨끗하고 단정하게 유지하겠다.
- 사용한 물건은 제자리에 두겠다.
- 물건을 본래 용도로만 쓰겠다.
- 주운 물건은 주인에게 돌려주겠다.

생각하고 나눌 질문

1. 정돈된 삶이란 단순히 물리적인 정리정돈을 넘어서 어떤 의미를 가지나요? 이것이 영적인 삶에서 왜 중요합니까?

2. 느헤미야는 예루살렘 성벽 재건뿐만 아니라 영적 질서를 회복하는 데에도 힘썼습니다. 오늘날 우리의 신앙생활에서 잃어버린 질서를 회복하기 위해 할 수 있는 실천적인 방법은 무엇인가요?

3. '잡동사니를 없애라'는 교훈을 우리의 신앙생활과 연결한다면, 우리는 어떤 불필요한 것들을 버려야 할까요? 그리고 그것이 신앙 성장에 어떤 영향을 미칠 수 있을까요?

4. 우리는 하나님께서 창조하신 세상과 삼위일체의 모습 속에서 질서와 조화의 원리를 배울 수 있습니다. 이러한 원리가 교회 공동체와 가정에서 어떻게 적용될 수 있을까요?

5. 예배는 우리의 몸과 마음을 하나님께 드리는 중요한 행위입니다. 우리의 몸을 올바르게 사용한다는 것은 신앙적으로 어떤 의미를 가지며, 이를 위해 평소에 실천할 수 있는 것은 무엇일까요?

검약
Thriftiness

꼭 필요한 것만 쓰도록 하라
(마 25:14-30)

'검약'(thriftiness)이라는 말을 들으면 어떤 생각이 떠오르나요? 혹시 찰스 디킨스의 책 『크리스마스 캐럴』에 나오는 스크루지 씨와 같이 인색한 사람이 생각나진 않나요? 검약은 단순히 자원을 아껴 쓰는 것이 아닙니다. **하나님께 더 많이 돌려 드리기 위해서 자원을 늘리는 것입니다.** 우리는 하나님의 것을 맡은 청지기들입니다. 우리가 가진 모든 것이 하나님으로부터 받은 것이기 때문입니다. 언젠가 하나님 앞에 서는 날 우리가 맡은 자원들(돈과 소유, 시간과 에너지, 은사)을 어떻게 사용했는지 결산하게 될 것입니다. 그래서 우리의 자원을 조심해서 잘 관리해야 합니다. 검약의 성품은, 지혜로운 청지기가 가져야 할 중요한 자세입니다. 검약이 어떤 것인지를 가장 잘 가르쳐 주는 말씀이 달란트 비유입니다.

청지기 비유[6]

어떤 부유한 사람이 다른 나라로 떠나면서 그 종들에게 자신의 소유를 맡겨 관리하게 했습니다. 어떤 종에게는 금 다섯 달란트를, 또 다른 종에게는 두 달란트를, 나머지 종에게는 한 달란트를 맡겼습니다. 주인이 차등을 둔 이유는 그 종들의 재능이 달랐기 때문입니다. 어떤 사람은 다섯 달란트를 관리할 재능이 있었지만, 또 다른 사람들은 그보다 작은 달란트를 관리할 수 있었습니다. 금 한 달란트는 무게가 약 34kg으로 결코 적은 양이 아닙니다. 지금의 시세로 따지면 약 20억이 훨씬 넘는 가치입니다. 우리가 잘 아는 것처럼, 자신에게 맡겨진 달란트에 더 남긴 두 종은 칭찬을 받았지만, 게으른 다른 한 종은 그가 가진 한 달란트 마저 뺏긴 채 어두운 곳으로 내 쫓김을 당합니다.

청지기 비유는 앞에 나오는 두 비유(무화과나무 비유, 열 처녀 비유)에 이어서 하신 말씀입니다. 이 비유들의 요점은, 주님

---

6 '충성'과 '신실함'이라는 성품에서 이 비유를 다루었다. 여기서는 검약의 관점에서 생각해 보자.

이 오시는 날을 알지 못하기에 '항상 깨어 준비하라'는 것입니다. 준비하고 깨어 있음은 영적인 생활에만 국한되는 것이 아닙니다. 우리가 가진 자원들(돈과 소유, 시간과 에너지)을 사용하는 일도 포함됩니다. 청지기 비유에서, 두 청지기는 검약의 원리를 깨닫고 실천했습니다. 즉, 주인에게 더 많이 돌려 드리기 위해서 자신들의 자원을 사용하고 늘렸던 것입니다.

검약과 인색함의 차이

그런데 우리는 검약과 인색함을 혼동합니다. 인색함은 자기 자신을 위해 돈과 자원을 모으거나 늘리는 것을 가리킵니다. 그래서 손을 움켜쥐고 놓지 않습니다. 하지만 검약의 초점은 자신이 아니라 하나님과 이웃에 있습니다. 하나님께서 가치 있게 여기는 것을 위해 자신의 소비를 줄이고 타인을 위해 후히 주는 것이 바로 검약입니다.

검약의 반대말, 사치(Extravagance)

이것은 종종 과소비의 형태로 나타납니다. 우리는 내가 원하는 것을 가져야 하고, 또 남들이 가졌으니 나도 가져야 한다는 '모방 욕구'가 있습니다. 내가 원하는 것을 얻기 위해 필요 이상의 돈을 쓰고, 분수에 넘친 생활을 하는 것이 사치입니다. 반대로 검약은 필요한 것을 얻기 위해 신중하고 계획적으로 돈을 쓰는 것입니다. 사치와 과소비는 하나님 사랑과 이웃 사랑의 계명에 반대되는 큰 죄악입니다. 현재 지구촌은 심각한 기후변화로 큰 고통을 받고 있습니다. 폭우와 홍수, 폭염과 산불 등 이전에 경험해 보지 못한 자연재해를 겪고 있습니다. 유엔의 보고서에 따르면, 이는 인간의 과소비가 초래한 현상이라고 합니다. 과도한 소비 욕구 때문에 오염물질이 계속 배출되고 이 과정에서 온실가스가 증가하여 다양한 자연재해가 일어나고 있다는 것입니다. 현재 이를 막기 위해 많은 이들이 힘을 모으고 있습니다. 성도라면 그 누구보다 하나님이 지으신 피조 세계를 보존하고 가꾸어야 할 책임이 있습니다. 때문에 우리의 삶은 달라야 합니다. 소유와 소비의 삶이 아니라 단순하고 자족하고 검약하며 나누는 삶을 살아야 합니다. 물건을 살 때마다 이렇게 질문해 봅시다.

- 이것이 꼭 필요한 것인가?
- 이 필요를 위해 기도했는가?
- 내가 물건의 소유자로 행동하는가 아니면 관리자로서 행동하는가?
- 주님과 이웃이 원할 때 그것을 드리고 나눌 수 있겠는가?

사람들은 '내돈내산', 곧 '내 돈 주고 내가 산 것'이라고 말합니다. 하지만 성도는 '내게 있는 모든 것이 하나님이 주신 것'이라 고백합니다. 따라서 우리는 '주님의 돈과 주님의 소유로 제가 무엇을 하기를 원하십니까'라고 여쭈어야 합니다. 그렇다면 하나님이 돈과 소유를 주신 목적은 무엇일까요?

돈의 목적

하나님이 돈을 주시는 데는 크게 4가지 목적이 있습니다. 첫째, 기본적인 필요를 채우기 위해서입니다. 하나님은 우리가 매일 먹고, 입고, 거주하며, 자녀를 양육할 수 있도록 돈과 자원을 주십니다. 그러므로 우리는 영혼의 필요와 함께 육체의 필요한 것도 채워 주시기를 구해야 합니다. "아무것도 염려하지 말고 다만 모든 일에 기도와 간구로 너희 구할 것을 감사함으로 하나님께 아뢰라"(빌 4:6). 둘째, 하나님은 돈을 주시기도 하고, 때로는 차단하기도 하십니다. 그것은 우리가 인생의 방향과 시선을 하나님께 두기 원하시기 때문입니다. 돈이 생기면 우리의 마음은 교만하고 우쭐해지기 쉽습니다. 그래서 성경은, 이 세대에 부한 자들을 향해 "네 마음을 높이지 말라"(딤전 6:17)고 말합니다. 우리 마음이 교만하거나 우월감에 사로잡혀 잘못된 방향으로 갈 때 하나님은 돈을 차단하심으로써 우리의 교만을 꺾으시고, 인생의 방향과 시선을 하나님께 두게 하십니다. 그래서 욥은 하나님은 주시기도 하시며, 거두시기도 하신다고 찬양했습니다. 셋째, 은혜의 통로가 되는 기쁨을 맛보도록 하기 위해서 돈을 주십니다. 바울은 마게도냐교회가 예루살렘교회를 위해 "환난의 많은 시련 가운데서 … 넘치는 기쁨과 … 그들의 풍성한 연보를 넘치도록 했다"(고후 8:2)고 칭찬했습니다. 마게도냐교회는 하나님의 은혜의 통로, 축복의 통로가 되는 기쁨을 맛보았습니다. 돈이 많아야 은혜의 통로가 되는 것은 아닙니다. 환난과 가난 속에서도 그들은 넘치는 기쁨과 연보를 하나님께 드렸습니다. 하나님은 우리가 하나님이 주신 자원으로 하나님의 은혜와 복을 전달하는 통로가 되기를 원하십니다. 넷째, 하나님은 자신의 능력을 보여주시기 위해 돈을 사용하십니다. 바울은 "도둑질하는 자는 다시 도둑질 하지 말고 돌이켜 가난한 자에게 구제할 수 있도록 자기 손으로 수고하여 선한 일을 하라"(엡 4:28)고 했습니다. 이 말씀에는 돈을 얻기 위한 세 가지 단계의 삶이 묘사됩니다. 차례대로 돈을 얻기 위해 '도둑질하는 것', 돈을 얻기 위해 '일하는 것', 그리고 '선한 일을 목적으로 해서 일하여' 돈을 버는 삶입니다. 여기서 성도들 대부분은 두 번째 단계에 머뭅니다. 사회도 두 번째 단계에 머물도록 부추깁니다. 그래서 일한 만큼 돈을 받지 못하면 노동쟁의나 파업도 불사합니다. 하지만 하나님은 우리가 세 번째 단계로 나아가길 원하십니다. 만약, 여러분이 누군가에게 나누어 주는 삶을 살면, 그는 여러분을 통해 하나님을 경험하게 됩니다. 그러므로 성도에게 가난과 궁핍, 부족과 결핍은 하나님을 체험하는 복된 시간입니다. 우리가 기도하며 구할 때 하나님은 자신의 능력을 보여 주실 것입니다.

하나님의 청지기

우리는 하나님의 청지기들입니다. 청지기의 삶이 그리스도인의 삶입니다. 우리가 영적인 부흥을 경험하려면 청지기직의 부흥이 필요합니다. 찰스 피니는 '성도가 삶에서 청지기직을 부인하는 것은 그리스도의 신성을 부인하는 것만큼이나 징계 받을 만한 중대한 일이다'라고 말했습니다. 하나님이 여러분에게 맡겨주신 모든 자원들(돈과 소유, 재능과 시간, 에너지)에 감사하고 그것을 관리하고 사용하면 하나님은 더 많은 것을 여러분에게 맡겨주실 것입니다(마 25:23).

우리는 맡겨주신 모든 자원을 어떻게 사용해야 할지에 대한 책임이 있습니다. 검약은 단순히 자원을 아끼는 것을 넘어, 하나님께 더 많이 돌려드리기 위한 노력이자, 우리의 삶을 하나님의 뜻에 맞게 관리하는 중요한 자세입니다. 우리의 모든 것들은 하나님께서 우리에게 맡기신 귀한 자원입니다.

검약은 자신을 위한 소비를 줄이고, 하나님과 이웃을 위한 삶을 사는 것입니다. 물건을 살 때마다 그것이 정말 필요한 것인지, 하나님께서 원하시는 방식으로 사용하고 있는지를 돌아봐야 합니다. 이는 인색함과는 다릅니다. 인색함은 자기 자신을 위한 것이지만, 검약은 하나님과 이웃을 위한 것입니다. 우리의 소비와 소유가 하나님께 영광을 돌리며, 그분의 뜻을 이루는 도구가 되도록 검약의 삶을 실천합시다. 그리하여 하나님께서 우리에게 맡기신 모든 자원을 믿음 안에서 잘 관리하며, 주님의 나라와 의를 위해 사용하는 청지기들이 되기를 소망합니다.

나의 결심

나 자신은 물론 다른 사람도 꼭 필요한 것만 쓰도록 하겠다.

- 더 아끼고 덜 쓰겠다.
- 이미 가지고 있는 것을 잘 활용하겠다.
- 최상의 가치를 찾겠다.
- 돈과 시간과 에너지의 예산을 짜겠다.
- 원하는 것을 필요한 것으로 혼동하지 않겠다.

생각하고 나눌 질문

1. 내가 가진 자원(돈, 시간, 재능, 에너지 등)을 어떻게 사용하고 있나요? 하나님께 더 많이 돌려드리기 위해 나는 무엇을 실천하고 있습니까?

2. 검약과 인색함의 차이를 명확히 이해하고, 내 삶에서 검약을 실천하고 있습니까? 그 구체적인 모습들을 서로 나눠봅시다.

3. 내가 물건을 구매할 때, 그것이 정말 필요한 것인지 기도하고 묵상하나요? 그 필요성을 어떻게 판단하고 있습니까?

4. 내가 하나님의 청지기로서 맡은 자원을 관리하는 데 있어, 나의 태도와 행동은 하나님나라와 세상에게 유익을 주고 있습니까?

5. 내가 소유하고 있는 것들이 모두 하나님께서 주신 것이라는 믿음을 바탕으로, 그것들을 어떻게 나누고 사용해야 하는지 고민하고 있습니까?

자원 선용
Resourcefulness

작은 것에서 쓸모를 찾으라
(잠 13:11; 눅 16:10)

자원 선용은 다른 사람이 버린 것이나 그냥 지나치기 쉬운 것에서도 가치를 발견하고 활용하는 성품입니다. 사람들은 흔히 물질은 능력이고, 시간은 돈이라고 말합니다. 전적으로 동의할 수는 없지만, 물질과 시간이 중요한 자원임은 분명합니다. 우리는 주어진 물질과 시간을 어떻게 사용하느냐에 따라 삶의 방향이 달라집니다. 물질을 선용한다는 것은 단순한 낭비(Wastefulness)를 넘어, 꼭 필요한 곳에 지혜롭게 사용하고 나눔을 실천하는 것을 의미합니다 시간의 선용 역시, 무의미하게 흘려보내지 않고, 가치 있는 일에 투자하여 더욱 유익하게 활용하는 것입니다. 결국 **자원 선용이란 단순한 절약이 아니라, 하나님께서 주신 것들을 최선의 방식으로 사용하여 더 큰 유익을 만들어 내는 지혜로운 삶의 태도**라고 할 수 있습니다.

자원 선용의 지혜

자원 선용은 하나님이 주신 물질과 시간 등을 지혜롭게 사용하여 더 큰 가치를 창출하는 것입니다. 사람들의 관심은 대체로 '자기 자신'에게 집중되지만, 신자는 자신만을 위해 살지 않습니다. 여기에도 우선순위가 있습니다. 첫째는 하나님나라, 둘째는 자신과 그리고 가족과 이웃입니다. 성도는 하나님께서 주신 자원에 그분의 뜻이 있음을 믿습니다. 그렇기에 하나님이 의도하신 뜻대로 물질과 시간을 사용해야 합니다. 나는 하나님이 주신 자원을 어떻게 사용하고 있습니까? 그전에 먼저 생각해 봐야 할 것이 있는데, 바로 자원을 모으는 방식입니다. 빈손으로는 선용할 수 없기 때문입니다. '자원 선용'은 영어로 'Resourcefulness'인데, 이는 '자원이 풍부하다'는 의미입니다. 따라서 자원을 선용하려면 먼저 자원을 확보해야 합니다. 하나님은 우리가 이 세상을 살아가는 동안 많은 자원을 지혜롭게 모으고, 그것을 하나님의 뜻대로 사용하기를 원하십니다. 잠언은 자원을 불리는 중요한 원리를 말합니다. "망령되이 얻은 재물은 줄어가고 손으로 모은 것은 늘어가느니라"(잠 13:11). 쉽게 얻은 재산은 점점 줄어들지만, 부지런히 모은 재산은 점점 늘어난다는 뜻입니다. 이 말씀은 단순히 열심히 살라는 교훈을 넘어섭니다. 하나님의 뜻대로 자원을 사용하면 자연스럽게 자원이 늘어나지만, 반대로 자기만을 위해 쌓아두면 결국 빈손이 될 것이라는 의미입니다. 자원을 늘리고 싶다면 먼저 하나님의 뜻대로 자원을 사용하는 능력을 키워야 합니다. 예수님께서는 "지극히 작은 것에 충성된 자는 큰 것에도 충성되고, 지극히 작은 것에 불의한 자는 큰 것에도 불의하니라"(눅 16:10)고 말씀하셨습니다. '지극히 작은 것'은 쉽게 지나쳐 버리기 쉬운 것들을 뜻합니다. 자원을 선용하는 삶이란 바로 이 작은 것들에서도 가치를 발견하고 활용하는 태도를 의미합니다. 하나님은 우리가 작은 것에서도 쓸모를 찾는 사람이 되기를 원하십니다.

성경의 사례

성경에는 하나님께서 주신 자원을 지혜롭게 사용하여 하나님의 뜻을 이루고 복을 받은 사례들이 많이 등장합니다. 자원을 어떻게 선용하느냐에 따라 개인과 공동체의 운명이 달라졌으며, 하나님은 자원의 올바른 사용을 통해 당신의 뜻을 이루어 가셨습니다.

(1) 노아의 방주 - 생명을 보존하는 준비

하나님은 홍수 심판 전에 노아에게 방주를 짓도록 명령하셨습니다. 이때 단순히 방주만 만들라고 하신 것이 아니라, 방주 안에서 필요한 자원까지 미리 준비하라고 하셨습니다. "너는 먹을 모든 식물을 네게로 가져다가 저축하라. 이것이 너와 그것들을 위하여 먹을 것이 되리라"(창 6:21). 노아는 이 말씀을 따라 양식을 모아 방주 안에 있는 모든 생명을 지켰습니다. 만약 노아가 하나님이 주신 자원을 소홀히 하거나 준비를 게을리했다면, 방주 안의 생명들은 살아남을 수 없었을 것입니다. 자원의 선용은 단순한 절약이 아니라, 미래를 준비하고 하나님의 뜻을 따라 순종하는 행위였습니다.

(2) 성막 건축 - 하나님의 임재를 위한 헌신

이스라엘 백성이 이집트를 나와 시내 산에 도착했을 때, 하나님은 그들에게 성막을 짓도록 명령하셨습니다. 성막은 하나님의 임재가 머무는 거룩한 장소로, 이를 위해선 막대한 자원이 필요했습니다. 그런데 하나님은 이스라엘 백성에게 갑자기 무언가를 요구하지 않으셨습니다. 오히려 이미 갖고 있는 자원, 즉 이집트에서 나올 때 가지고 온 금, 은, 보석, 직물 등을 사용하게 하셨습니다. "마음이 감동된 모든 자와 자원하는 모든 자가 와서 회막을 위하여 여호와께 예물을 드렸으니"(출 35:21). 그들은 이 자원들을 아낌없이 하나님께 드렸고, 이를 통해 성막이 완성되었습니다. 자원을 헛되이 낭비하지 않고 하나님의 뜻을 위해 드렸을 때, 그들의 공동체는 하나님의 임재를 경험하는 축복을 누렸습니다. 이방인의 재물로 하나님의 집을 짓는 모든 이야기의 절정은 예수님께서 오셔서 이방인으로 신약교회를 세우심으로 성취되었습니다.

(3) 요셉의 곡물 저장 – 미래를 대비하는 지혜

요셉은 이집트에서 총리가 되었을 때, 하나님이 주신 지혜로 다가올 기근을 대비하고자 자원을 선용했습니다. 그는 풍년 동안 곡물을 저장하고, 흉년이 왔을 때 이를 나누어 주어 수많은 사람의 생명을 살렸습니다. "이제 바로는 명철하고 지혜 있는 사람을 택하여 이집트 땅을 다스리게 하시고 … 풍년의 곡물을 저장하였다가 흉년에 대비하게 하소서"(창 41:33-36). 요셉이 없었다면 이집트뿐만 아니라 주변 나라들까지도 큰 위기를 맞았을 것입니다. 이는 하나님의 뜻대로 자원이 선용되었을 때 얼마나 큰 축복이 되는지를 보여 줍니다. 무엇보다 하나님은 요셉을 통해 야곱의 가족들, 후에 이스라엘 12지파의 기원이 될 사람들을 먹이고 돌보셨습니다. 이렇게 하나님은 기근과 같은 위기의 때에 자원을 선용하여 자기의 백성들 곧 주님의 교회를 돌보시고 지키셨습니다.

⑷ 룻의 이삭줍기 - 가난한 자를 위한 배려

나오미가 룻과 함께 베들레헴에 돌아왔을 때는 아무것도 없는 신세였습니다. 그렇지만 그들이 베들레헴에 돌아와 살 수 있었던 이유는 '이삭줍기'(이삭 모으기)라는 레위기의 율법 때문이었습니다. 하나님은 백성들이 곡식을 거둘 때 가난한 사람들을 위해 이삭을 줍지 말라고 하셨습니다(레 19장 참조). 이는 이스라엘 사회 안에 가난한 사람들을 위한 일종의 사회복지제도였습니다. 그 덕분에 보아스는 룻에게 동정을 베풀 기회를 얻었고 나오미와 룻은 궁핍을 면할 수 있었습니다. 이 만남은 결국 혼인으로도 이어졌습니다. 둘의 혼인이 중요한 것은 이들을 통해 훗날 이스라엘의 왕 다윗이 태어나고, 다윗의 계보를 통해 예수 그리스도가 오셨기 때문입니다. 거대한 구속의 드라마 속에서 '이삭줍기'는 하나님의 뜻을 이루는 수단이 되었습니다. 하나님은 지극히 작은 것들을 활용하여 자기의 백성들을 먹이시고 보호하시며 당신의 위대한 구원 계획을 준비하고 실행하셨습니다. 지금도 마찬가지입니다.

⑸ 오병이어의 기적 - 작은 자원의 극대화

예수님께서는 오천 명이 넘는 무리를 먹이실 때, 단지 어린아이의 작은 도시락(떡 다섯 개와 물고기 두 마리)만을 사용하셨습니다. 그러나 이것이 예수님의 손에 맡겨졌을 때 수많은 사람을 먹이고도 남을 만큼 풍성한 기적이 되었습니다. "예수께서 떡을 가져 감사 기도하신 후에 앉아 있는 자들에게 나누어 주시고, 물고기도 그렇게 그들의 원대로 주시니라"(요 6:11). 이 기적은 자원의 많고 적음이 아닌, 그것이 하나님께 선용될 때 놀라운 결과가 나타난다는 것을 보여 줍니다.

(6) 고린도교회의 헌금 - 하나님나라의 확장

바울은 자원의 선용을 개인적인 삶뿐만 아니라 교회 공동체 안에서도 실천해야 할 중요한 원칙으로 가르쳤습니다. 그는 고린도교회 성도들에게 자발적이고 계획적인 헌금을 강조하며, 이것이 하나님이 주신 자원을 올바르게 사용하는 방법임을 설명했습니다. "매 주일 첫날에 너희 각 사람이 수입에 따라 모아 두어서 내가 갈 때에 연보를 하지 않게 하라"(고전 16:2). 이 말씀은 두 가지 중요한 원칙을 보여 줍니다.

첫째, 정기적인 자원 관리입니다. 바울은 성도들이 필요할 때마다 즉흥적으로 헌금하는 것이 아니라, 매주 정해진 날에 꾸준히 자원을 모아두도록 했습니다. 이는 자원의 계획적인 사용과 신실한 관리의 중요성을 강조합니다.

둘째, 자발적이고 균형 잡힌 선용입니다. 그는 각 사람이 자신의 형편에 맞게 헌금하되, 부담 없이 기쁨으로 할 것을 원했습니다(고후 9:7). 이렇게 모은 헌금은 단순히 고린도교회의 필요를 채우기 위한 것이 아니었습니다. 예루살렘교회의 성도들을 돕고, 나아가 복음 선교를 위해서도 사용되었습니다. 즉, 자원의 선용은 단순한 나눔을 넘어 하나님나라를 확장하는 수단이 됩니다. 우리의 물질과 시간, 재능을 하나님이 원하시는 방향으로 사용한다면, 그것은 개인뿐만 아니라 교회와 공동체를 살리고, 하나님나라의 확장에 기여합니다.

(7) 예수님의 자원 선용 - 하나님의 뜻을 이루심

예수님도 제자들에게 자원을 선용하라고 가르치셨습니다. 예수님은 "불의한 재물로 친구를 사귀라"(눅 16:9)고 하셨습니다. 또한 예수님은 물질의 유무로 사람을 판단하지 않았습니다. 부자를 질시하지 않았고, 가난한 사람들을 연민의 눈으로 보지도 않으셨습니다. 주님의 관심은 물질을 하나님의 뜻에 따라 사용하는 것이었습니다.

또한 예수님은 시간을 선용하셨습니다. 성과 촌을 두루 다니면서 요청이 있는 곳에서는 멈추셨습니다. 열두 해 동안 혈루증을 앓던 여인을 보시기 위해 바쁜 걸음을 멈추셨고, 삭개오와는 함께 밤을 보내셨습니다. 수가성에서 사마리아 사람들이 더 머물기를 요청하자 이틀을 더 머물면서 하나님나라를 전파하셨습니다. 한가하고 시간이 많아 그러신 것이 아닙니다. 주님은 자신에게 주어진 삼 년이라는 짧은 시간을 가치 있게 사용하셨습니다. C. S. 루이스는 '참된 그리스도인은 시간이 많은 것처럼 보이는 사람이다'고 했습니다. 예수님이 그러셨습니다. 시간을 선용하기 원하셨기 때문입니다. 무엇보다 세상이 주목하지 않던 사람들, 지극히 작은 사람들을 제자로 택하시고 세상을 변화시키는데 그의 시간을 선용하셨습니다. 지금 주님은 우리의 시간을 선용하기 원하십니다.

실제적인 적용

우리에게 주어진 자원을 선용하는 가장 기본적인 태도는 감사입니다. 하나님께서 주신 모든 자원을 감사함으로 받을 때, 우리는 그것을 소중히 여기고 더 지혜롭게 사용할 수 있습니다. 성경은 "하나님께서 지으신 모든 것이 선하매 감사함으로 받으면 버릴 것이 없나니"(딤전 4:4)라고 말합니다. 감사는 자원의 선용을 위한 출발점입니다. 우리가 가진 것이 많든 적든, 감사하는 마음을 가지면 쓸모없어 보이는 것에서도 가치와 의미를 발견할 수 있습니다. 반면, 감사하지 않는다면 풍족한 자원도 쉽게 낭비하게 됩니다. 그렇다면 감사하는 마음으로 자원을 선용하는 실제적인 방법은 무엇일까요?

시간을 선용하라

하루 24시간을 가치 있게 사용하고 싶다면, 아침을 하나님께 드리는 것부터 시작하십시오. 하루의 첫 시간을 성경을 묵상하고 기도하며 하나님과 교제하는 데 사용하면, 그 하루는 의미 있고 복된 시간이 될 것입니다. 마찬가지로 한 주의 첫날인 주일을 하나님께 드리는 것이 시간을 선용하는 중요한 실천입니다. 주일예배는 단순한 종교적 의무가 아니라, 우리의 삶을 설계하고 건설하는 가장 창조적이고 생산적인 시간입니다. 하나님을 위해 보내는 시간은 결코 낭비가 아닙니다. 오히려 그것은 가장 확실한 투자이며, 우리 삶을 풍성하게 만드는 핵심 요소입니다. 그러므로 인생의 모든 첫 시간과 우선순위를 하나님께 드립시다. 하나님은 자신을 가장 우선순위에 두는 사람에게 복을 주십니다. 바울은 "세월을 아끼라 때가 악하니라"(엡 5:16)고 경고합니다. 여기서 '아끼라'는 말은 단순히 절약하라는 뜻이 아니라, '기회를 사라', '구속하라'는 의미입니다. 즉, 시간을 함부로 흘려보내지 말고 하나님이 주신 기회로 인식하여 선한 일에 사용하라는 뜻입니다. 오늘도 우리는 시간이라는 귀한 자원을 손에 쥐고 있습니다. 이 시간을 어떻게 사용해야 될까요? 세월을 아끼며 하나님께 드릴 때, 우리는 악한 시대 속에서도 주의 뜻을 이루는 복된 삶을 살게 될 것입니다.

물질을 선용하라

물질을 바르게 사용하려면 먼저 돈과 소유가 주님의 것임을 선포해야 합니다. 하나님은 아무것도 부족한 분이 아니시며, 이 세상의 모든 것이 그분의 것입니다. 시편 24:1은 "땅과 거기 충만한 것과 세계와 그 가운데에 사는 자들은 다 여호와의 것이로다"라고 선언합니다. 하나님의 소유권을 인정하는 가장 구체적인 방법 중 하나는 십일조와 헌금을 기쁨으로 드리는 것입니다. 우리는 종종 물질의 노예가 되기 쉽습니다. 그러나 후히 드릴 때 우리는 물질의 종이 아니라 하나님의 종으로 살아가게 됩니다. 헌금은 단순한 돈의 지출이 아니라, '하나님이 나의 공급자이며 생명의 원천이시다'라는 믿음의 고백입니다. 그러므로 하나님께 드리는 것은 결국 우리 자신을 위한 것이기도 합니다. 뿐만 아니라 남은 것까지도 하나님의 뜻대로 선용하기를 갈망해야 합니다. 성경은 "네 손이 선을 베풀 힘이 있거든 마땅히 받을 자에게 베풀기를 아끼지 말며"(잠 3:27)라고 교훈합니다. "성도들의 쓸 것을 공급하며 손 대접하기를 힘쓰라"(롬 12:13). 하나님이 우리에게 허락하신 물질을 통해 성도들과 이웃을 섬기고, 나그네를 대접하는 것은 성경적인 물질 선용의 핵심 원칙입니다.

또한 가장 수지맞는 투자는 이 땅이 아니라 하늘에 보물을 쌓는 것입니다. 예수님은 "너희를 위하여 보물을 땅에 쌓아 두지 말라 … 오직 너희를 위하여 보물을 하늘에 쌓아 두라"(마 6:19-20)고 말씀하셨습니다. 우리는 이 세상을 잠시 살아가는 나그네와 같은 존재입니다. 그러므로 이 땅에서의 물질을 하나님의 뜻대로 사용함으로써 영원한 가치가 있는 하늘의 상급을 쌓아가는 지혜로운 삶을 살아야 할 것입니다.

은사와 재능을 선용하라

하나님은 우리 각자에게 특별한 은사와 재능을 주셨습니다. 이 은사들은 단순히 개인적인 성취나 만족을 위해 존재하는 것이 아닙니다. 하나님나라와 교회를 세우는 데 사용되도록 주어진 것입니다. 사도 바울은 이렇게 권면합니다. "그러므로 너희도 영적인 은사를 사모하는 자인즉 교회의 덕을 세우기 위하여 그것이 풍성하기를 구하라"(고전 14:12). 우리가 가진 모든 것들, 곧 시간, 물질, 그리고 재능이 하나님의 나라를 위한 귀한 재료임을 잊지 말아야 합니다.

무엇이든 쓸모를 찾자

자원을 선용하는 가장 창의적인 방법은 이미 갖고 있는 자원의 쓸모를 찾는 것입니다. 새로운 것을 사기보다는 기존의 것을 활용하고, 버려지는 것에서 가치를 발견하는 태도는 검약의 정신이자 기독교의 정신입니다. 유학시절은 저에게 배고프고 가난한 시간이었는데, 그때 참 마음에 와닿은 영어 문구가 있었습니다. "Your trash is My treasure!" 네가 버린 것은 나에겐 보물이라는 뜻이지요.

그렇습니다. 남들이 버리는 것이 나에게는 유용할 수 있습니다. 중요한 것은 단순히 아끼는 것이 아니라 낭비하지 않는 것입니다. 교회 바자회에서 나온 옷을 입고 있는 성도들을 보면 마음이 흐뭇합니다. 그것은 단순한 절약이 아니라 자원 선용의 문화가 교회 안에 자리 잡았다는 증거이기 때문입니다. 자원 선용은 아껴 쓰고, 나눠 쓰고, 바꿔 쓰고, 다시 쓰고, 고쳐 쓰는 것에서 시작됩니다. 단순한 경제적 절약이 아니라, 하나님이 주신 자원을 지혜롭게 관리하는 삶의 방식입니다. 교회 안에 자원 선용의 문화가 자리 잡고, 성도들 사이에도 자원 선용의 성품이 형성되기를 바랍니다.

자원을 선용하는 궁극적인 목표

우리의 목표는 단순히 보물을 쌓아두는 것도, 자원을 재활용하는 것도 아닙니다. 이를 하나님의 뜻대로 사용하는 것이 우리의 궁극적인 목표입니다. 우리는 물질과 시간, 은사와 재능, 건강과 젊음, 그리고 우리 자신까지도 하나님께서 주신 귀한 자원으로 여겨야 합니다. 그리고 그것을 하나님의 뜻에 맞게 사용해야 합니다. 사도 바울은 이렇게 권면합니다. "그러므로 형제들아 너희 몸을 하나님이 기뻐하시는 거룩한 산 제물로 드리라 이는 너희가 드릴 영적 예배니라"(롬 12:1).

하나님께서 기뻐하시는 예배는 입술의 찬양만이 아닙니다. 우리의 삶 전체가 하나님께 드려지는 거룩한 예배가 되어야 합니다. 우리는 자원을 모으는 것에 집중하는 것이 아니라, 하나님께 드리는 삶을 사는 것에 집중해야 합니다. 여러분은 하나님께 받은 자원을 어떻게 사용하고 있습니까? 자원을 모으거나 사용하는 지금의 내 방식이 하나님이 기뻐하시는 방식인지 돌아보며, 우리의 모든 것을 거룩한 산 제물로 드리기 바랍니다.

나의 결심

다른 사람은 그냥 지나치거나 버릴 것에서도
쓸모를 찾을 것이다.

- 물건, 아이디어, 사람의 가치를 찾겠다.
- 고치고, 다시 쓰고, 재활용하겠다.
- 시간, 재능, 에너지, 두뇌를 지혜롭게 쓰겠다.
- 안 쓰는 물건은 남에게 주거나 팔겠다.
- 함부로 버리지 않겠다.

생각하고 나눌 질문

1. 나에게 주어진 자원(시간, 물질, 재능) 중에서 가장 소중하게 여기고 있는 것은 무엇인가요? 그리고 그것을 어떻게 사용하고 있습니까?

2. 잠언 13:11과 누가복음 16:10의 말씀을 바탕으로, 작은 자원이라도 하나님께 충성되게 사용하는 것이 왜 중요한지 나눠봅시다.

3. 성경 속 인물들(노아, 요셉, 룻 등)의 자원 선용 사례 중에서 가장 인상 깊었던 이야기는 무엇이며, 그 이유는 무엇입니까?

4. 나의 일상 속에서 '작은 것에서도 쓸모를 찾고 선용'할 수 있는 방법은 무엇이 있을까요? 구체적인 예를 나눠봅시다.

5. 예수님께서는 시간을 가장 가치 있게 사용하셨습니다. 그렇다면 나는 나의 하루, 한 주, 한 달을 어떻게 계획하여 하나님께서 기뻐하시는 방식으로 사용할 수 있을까요?

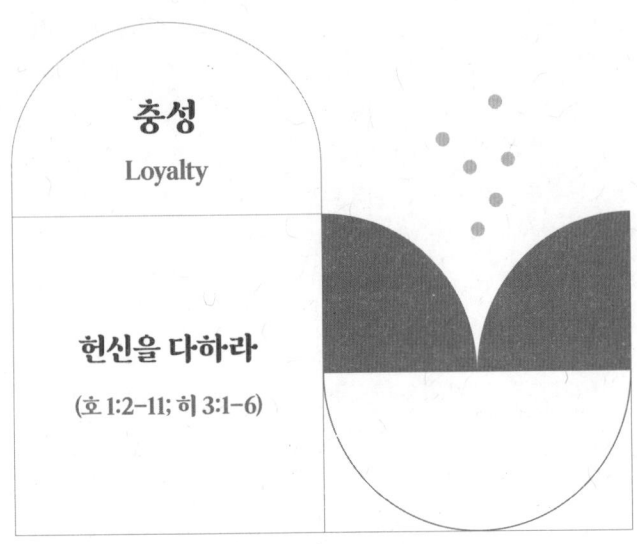

충성
Loyalty

헌신을 다하라
(호 1:2-11; 히 3:1-6)

우리는 종종 어렵고 힘든 상황에서도 변치 않는 모습으로 하나님과 사람들을 섬기는 분들을 볼 때마다 마음에 위로를 얻고 감동을 받습니다. 충성은 언제나 어렵고 힘든 시기에 꽃을 피우며 귀한 열매를 맺습니다.

신실하신 하나님

성경은 하나님을 '신실하다'고 말합니다. 이를테면 바울은 예수 그리스도 안에서 우리가 자녀로 부름을 받은 것이 하나님의 신실하심 때문이라고 말합니다. "너희를 불러 그의 아들 예수 그리스도 우리 주와 더불어 교제하게 하시는 하나님은 미쁘시도다"(고전 1:9). 사도 요한은 하나님의 용서의 근거를 그분의 신실하심에서 찾습니다. "만일 우리가 우리 죄를 자백하면 그는 미쁘시고 의로우사 우리 죄를 사하시며 우리를 모든 불의에서 깨끗하게 하실 것이요"(요일 1:9). 여기서 '미쁘다'는 '신실하다'는 뜻입니다. 하나님의 부르심, 회개와 용서, 칭의의 원천은 그의 미쁘신 은혜에 있습니다. 하지만 우리 죄인들은 그것을 자주 의심합니다. 특히 고난, 시련, 시험을 당할 때 그렇습니다. 그러나 성경은 그것이 우리를 더욱 단단한 사람으로 만들어 준다고 말합니다. "내 형제들아 너희가 여러 가지 시험을 당하거든 온전히 기쁘게 여기라 이는 너희 믿음의 시련이 인내를 만들어 내는 줄 너희가 앎이라"(약 1:3). 인생의 여러 시련은 우리가 하나님을 더욱 의지하고 사랑하는 '충성된'(신실한) 사람이 되게 하는 복된 수단입니다.

신실하지 못한 인생

신실하신 하나님은 자녀 된 우리에게 '신실함'(충성)을 요구하십니다. 하나님은 사람과 '언약'을 맺고 교제하십니다. 그 언약은 쌍방의 신실함으로 유지됩니다. 하나님은 언제나 언약에 신실하시지만, 사람은 그렇지 못합니다. 시편 78:8은 이스라엘을 가리켜, "완고하고 패역하여 … 마음이 정직하지 못하며 그 심령이 하나님께 충성하지 아니하는(Unfaithfulness, 불충실) 세대"와 같다고 말합니다. 히브리서 3장은 광야에서 하나님께 불순종했던 자들의 신실하지 못함과 그리스도의 신실하심을 대조합니다. 성경에는 이런 이야기들로 가득합니다. 많은 이들이 지금도 그들의 발자취를 좇다가 비슷한 결말을 맞이합니다. 히브리서 기자는 다음과 같이 권면합니다. "형제들아 너희는 삼가 혹 너희 중에서 누가 믿지 아니하는(신뢰하지 않는) 악한 마음을 품고 살아계신 하나님에게서 떨어질까 조심할 것이요 … 오늘 너희가 그의 음성을 듣거든 격노하시게 하던 것 같이 너희 마음을 완고하게 하지 말라"(히 3:12,15). 하나님은 계속해서 이스라엘의 신실하지 못함을 계속 책망하셨습니다. 이는 사랑의 또 다른 표현이었습니다.

이점을 가장 극적으로 보여주는 성경이 '호세아'입니다. 하나님은 호세아에게 창녀인 고멜과 결혼하라고 명하십니다. 이는 하나님과 이스라엘의 관계가 어떤 것인지를 보여주는 '행위' 설교였습니다. 이스라엘은 음녀와 같이 신실하지 못했습니다. 반대로 하나님은 자신의 신부를 결코 버리지 않는 신적 남편이십니다. 종교개혁자 마틴 루터(M. Luther)는 예수 그리스도와 교회의 관계를 지극히 높은 신분을 가진 왕자와 천한 매춘부 간의 결혼에 빗대었습니다. 신랑과 신부는 결혼을 통해 좋은 것이든 나쁜 것이든 서로 나누고 공유하게 됩니다. 신랑의 것은 다 신부의 것이, 신부의 것은 다 신랑의 것이 됩니다. 이를 묵상할 때 우리는 측량할 수 없는 하나님의 은혜를 깨닫습니다. 신랑이신 예수 그리스도는 은혜와 생명과 구원으로 충만하시고, 매춘부와 같은 우리는 죄와 저주와 비참함으로 가득 차 있습니다. 이러한 우리를 하늘의 왕자이신 예수님이 당신의 아내로 삼아 주셨습니다. 그 옛날 아담이 하와를 보고 노래했듯이 "너는 내 뼈 중에 뼈요 살 중의 살이다"라고 하시며 우리를 받아 주신 것입니다. 예수 그리스도와 교회의 신비로운 '연합'으로 인해 우리의 죄와 죽음이 주님의 것이 되었고, 주님의 은혜와 구원과 생명은 우리의 것이 되었습니다. 경이로운 맞교환이 이루어진 것입니다. 루터는 우리를 위해 주님이 대신 받으신 저주와 죽음과 지옥의 고통을 가리켜 주님의 신실함을 나타내는 '결혼반지'라고 했습니다. 결혼반지는 청혼을 위한 수단만이 아니라, 서로를 향한 신실함의 상징이기 때문입니다.[7]

신실하신 하나님은 신부인 우리에게도 '신실함'(충성)을 요구하십니다. 하나님은 우리가 주님이 아닌 다른 대상을 향할 때 불같이 질투하십니다. 하나님은 질투하는 불이십니다. 우리는 신실하신 그리스도의 신부이며, 친구요, 자녀입니다. 우리는 늘 주님의 신실하심에 감사하며 하나님(혹은 사람들에게)

---

7 마틴 루터, 존 딜렌버거, 『루터저작선』(크리스천다이제스트, 2002), 104.

께 헌신을 다하는 충성된 사람이 되어야 합니다.

착하고 충성된 종

예수님은 달란트 비유를 통해, '충성'에 대해 말씀하셨습니다. 어떤 주인이 타국으로 가면서 자신의 소유를 맡기듯이 종들의 재능을 따라 어떤 사람에게는 금 다섯 달란트, 한 사람에게는 두 달란트, 한 사람에게는 한 달란트를 나누어 주었습니다. 오랜 후에 주인이 돌아와 종들과 결산을 하게 되었습니다. 다섯 달란트와 두 달란트 받은 종들은 자신의 재능과 잠재력을 충실히 활용하여 각각 두 배의 달란트를 남겼고, 주인은 두 종을 착하고 '충성된' 종이라 칭찬했습니다(마 25:21-23). 하지만 한 달란트 받은 종은 그 한 달란트를 땅에 감추어 두었다가 그냥 그대로 가져왔습니다. 그는 주인의 성품 때문에 그랬다고 변명합니다. "주인이여 당신은 굳은 사람이라 심지 않은 데서 거두고 헤치지 않은 데서 모으는 줄을 내가 알았으므로…"(마 25:24). 그는 주인의 성품을 크게 오해했습니다. 주인은 그를 악하고 게으른 종, 무익한 종이라 부르며 그의 것을 빼앗고, 지옥과 영원한 저주를 상징하는 바깥 어두운 곳으로 내쫓아 버립니다. 하나님을 오해해선 안 됩니다. 하나님은 신실하신 분이시기에, 우리에게도 자신을 향한 충성과 헌신을 요구하십니다. 바울은 "사람이 마땅히 우리를 그리스도의 일꾼이요 하나님의 비밀을 맡은 자로 여길지어다 그리고 맡은 자들에게 구할 것은 충성이니라"라고 말합니다(고전 4:1-2). 분명 그는 주님이 가르치신 비유의 말씀을 염두에 두었을 것입니다. 또한 성령께서도 우리에게 열매를 기대하시는데 그중에 하나가 '충성'입니다(갈 5:22). 우리의 충성의 대상은 하나님이시며, 하나님이 세우신 사람들입니다. 충성은 청지기에게 반드시 요구되는 귀한 성품입니다.

충성을 방해하는 것들

그렇다면 우리가 충성하지 못하도록 방해하는 세상풍조가 무엇인지를 생각해 봅시다.

(1) 개인주의

서구화되면서 개인주의 문화가 우리 안에 깊이 스며들었습니다. 자신의 욕망과 이익 추구를 제일 먼저 두는 것은 자기 숭배의 지름길입니다. 약속이나 관계에 매이는 것을 싫어하는 사람들이 있습니다. 그들은 '내가 왜 약속과 의무와 관계에 매여야 하는지' 되묻습니다. 기성세대는 대체로 신용을 중요하게 생각하고, 자신이 했던 약속을 지키려고 하지만 시대가 변했습니다. 약속하는 것도 꺼릴 뿐 아니라 약속한 것을 잘 지키지도 않습니다.

결혼식에서 가장 중요한 순간은 서약입니다. 신랑 신부는 서로에게 의무와 책임을 다할 것을 하나님과 증인들 앞에서 맹세합니다. 결혼 생활이란 결혼식에서 했던 그 서약을 지키는 것입니다. 하지만 요즘에는 이 서약이 사라지고 감성적인 이벤트가 그 자리를 대신하고 있습니다. '기대하지 말라'는 말을 아무렇지도 않게 합니다. 누군가를 실망시키지 않으려는 안전장치로 보이기도 하지만 어디에도 얽매이지 않겠다는 태도는 신실함을 키우는 데 나쁜 영향을 미칩니다. 사람은 어딘가에 매여 있을 때 성장할 기회를 얻습니다.

의무감에서 억지로 하는 것보다 차라리 아무것도 하지 않는 것이 오히려 정직하다고 생각하는 사람들도 있습니다. 예를 들어 주일에 예배를 드리고 싶지 않다면, 의무감으로 교회를 가는 것보다 그냥 집에 있는 것이 더 낫다는 식입니다. 만약 부모나 교사, 그리고 목회자가 나에게 어떤 기대도 하지 않는다면 무슨 일이 일어날까요? 그들은 굳이 어떤 수고를 하지 않아도 될 것이고, 그런 시간이 지속된다면 각자는 외톨이가 될 뿐 아니라 그 공동체는 결국 와해될 것입니다. 반대로 나를 향한 타인의 기대를 긍정적으로 받아들이면 그것을 놀라운 에너지로 바꿀 수 있습니다. 공동체를 귀하게 여기고 타인과의 약속을 지킬 때 사람들에게 신뢰를 얻을 뿐 아니라 그들과 더 친밀한 관계를 형성하고 누릴 수 있게 됩니다.

(2) 일회성을 선호하는 세상풍조

세상에는 일회용품이 넘쳐납니다. 편의성 때문입니다. 편의성에 길들여진 세상에서 살다 보면 무의식 중에 인간관계도 편의성과 일회성을 추구하기 쉽습니다. 예를 들어 직장에서 고용인은 피고용인을 처분 가능한 일회용품 정도로 여길 수 있습니다. 최근 동거하는 젊은이들이 늘고 있습니다. 책임은 지지 않으면서 친밀한 관계를 누리고 싶어 합니다. 일회성 추구의 문화는 교회에도 영향을 미치고 있습니다. 교회나 설교를 소비하는 상품으로 생각하는 교인들이 있습니다. 상품을 바꾸는 것처럼 자기 편리에 따라 교회를 옮기고 싶어 합니다. 특히 교회 공동체 안에 어려움이 찾아오면 고난에 동참하며 인내하기보다 정죄와 비판의 칼날을 겨누고 교회를 등집니다. 소비자 중심의 마인드가 지배하는 세상 속에서 충성과 헌신이라는 성품이 자라고 열매를 맺기란 참 어렵습니다.

(3) 그릇된 충성심을 부추기는 세상풍조

직장은 직원에게 충성을 요구합니다. 일과 조직을 사랑하는 것이 마땅하지만 종종 조직의 이익을 위해 거짓말을 하거나, 불법을 저지르거나, 상사가 좋아하는 것만 말하도록 요구받기도 합니다. 이런 일을 잘해야 충성스럽다는 평가를 받습니다. 과연 그럴까요? 국가도 국민에게 충성을 요구합니다.

과거에 '국기에 대한 맹세'를 늘 정해진 시간에 했던 기억이 납니다. 그때 남녀노소 누구나 국가와 민족의 무궁한 영광을 위해서 자신의 몸과 마음과 목숨을 바치겠다고 굳게 다짐했습니다. 물론 기독교인은 누구보다 나라를 사랑하고 또 충성해야 하지만 우리가 절대 충성(사랑)해야 할 궁극적인 대상은 오직 하나님 한 분뿐이십니다(신 6:5). 오늘날 성도들을 둘러싸고 있는 환경이 종종 그릇된 충성심을 부추기곤 합니다. 하지만 참된 성도는 세상 풍조를 본받지 않고 하나님을 영화롭게 하고 그분을 영원토록 즐거워하는 모든 것들을 위하여 충성과 헌신을 다짐합니다. 충성의 열매는 평온한 날이 아니라, 폭풍우가 몰아치는 계절에 맺힌다는 것을 늘 기억합시다.

충성의 열매를 맺기 위해

(1) 예배하는 사람이 되어야 합니다

교회의 가장 큰 확신 가운데 하나는 우리가 모일 때 삼위 하나님이 함께 계신다는 것입니다(마 18:20). 예배 가운데서 신실하신 하나님을 찬양하고, 기도하며, 하나님의 신실하심에 대한 말씀을 설교를 통해 듣습니다. 또한 성찬을 통해 하나님의 신실하심을 맛보고 누립니다. 이렇게 하나님의 임재 가운데서 설교와 성찬으로 하나님의 섬김을 받은 사람은, 기도와 찬양과 헌신으로 하나님을 섬기면서 주님의 신실한 제자가 되어 갑니다. 하나님을 예배하는 사람은 충성된 사람입니다.

(2) 약속을 잘 지키는 사람이 되어야 합니다

우리가 약속을 잘 지켜야 하는 이유는 우리 예배의 대상이신 하나님이 약속에 신실하시기 때문입니다. 결혼식에서 부부의 서약은 하나님과 증인들 앞에서의 서약입니다. 임직식에서 직분자의 서약도 마찬가지입니다. 세례와 입교 때 했던 서약도 하나님과 교회 앞에서 한 것입니다. 서약을 깨는 것은 십계명 중 제3계명을 범하는 것입니다. 하나님은 "네가 하나님께 서원하였거든 갚기를 더디게 하지 말라"(전 5:4)고 하셨습니다. 그래서 우리는 그 서약대로 헌신하며 살아가야 합니다.

사람들과의 약속도 잘 지켜야 합니다. 약속을 지키는 사람이 될 때 우리는 신실하신 하나님을 세상에 나타내게 됩니다. 여러분의 동료 친구들에게, 자녀들에게, 특히 배우자에게 신실하지 않을 때 우리는 하나님의 영광과 복음의 능력을 잃어버릴 수밖에 없습니다. 오늘날 교회와 성도들이 세상에서 맛 잃은 소금이 되고, 빛을 내지 못하는 이유는 신실하지 않기(충성을 잃어버렸기) 때문입니다. 가라지의 특징은 충성되지 못함입니다. 범사에 알곡으로 남도록 힘써 하나님이 은혜를 구해야 합니다.

(3) 성숙한 사람이 되어야 합니다

신실한 친구 관계, 신실한 결혼 관계에는 공통점이 있습니다. 그것은 그 관계를 유지하는 것이 목표가 아니라 '성숙한 관계'가 되기를 지향하는 것입니다. 우리가 궁극적으로 신실함을 유지해야 할 대상은 주 예수 그리스도이십니다. 예수님을 닮아가는 것이 모든 신실한 관계의 목표입니다. 우리는 이미 그리스도의 형상으로 변화되어 가도록 부름을 받았습니다. 우리는 날마다 하나님의 형상으로 변화되어 가고 있는 과정에 있습니다. 이 땅에 사는 동안 주님을 닮아가는 변화는 계속될 것이고, 주님이 다시 오시는 세상 마지막 날에 완성될 것입니다. 완성의 목적은 주의 영광을 보는 것입니다. 그날에 성령께서 우리를 주님의 형상으로 변화시켜 영광에서 영광에 이르게 하실 것입니다(고후 3:18). 주님의 영광을 바라보며 예수님을 닮아가기를 원하고 기도할 때 성령께서 우리를 성숙한 사람으로 변화시켜 주실 것입니다.

충성은 단순한 열심이나 지속적인 노력 그 이상입니다. 그것은 하나님을 향한 신뢰와 사랑의 표현이며, 그의 신실하심에 응답하는 인격적 성품입니다. 하나님은 언제나 신실하셨고, 당신의 백성인 우리에게도 그 신실함, 곧 충성을 요구하십니다. 그것이 언약의 관계를 지키는 방식이며, 그리스도와의 연합을 누리는 길입니다. 우리가 충성의 성품을 잃어버릴 때 교회는 힘을 잃고, 가정은 깨어지며, 세상 속 그리스도인의 영향력은 빛을 잃게 됩니다. 하지만 우리가 다시 충성의 본질을 회복할 때, 삶은 흔들리지 않고, 관계는 깊어지며, 믿음은 성숙하게 자라갈 것입니다. 하나님은 우리가 능력이 많거나 결과를 내는 사람이 되기보다, 충성된 사람이 되기를 원하십니다. 맡은 바를 끝까지 책임지고, 작고 보이지 않는 자리에서도 변함없이 하나님과 이웃을 섬기며, 약속을 지키는 사람 말입니다.

나의 결심

어려운 때일수록 하나님과 하나님이 내게 섬기라고 명하신 사람들에게 헌신을 다하겠다.

- 가족과 선생님을 섬기겠다.
- 어려움에 처한 사람을 격려하겠다.
- 권위자를 놀리지 않겠다.
- 다른 사람의 장점을 말해주겠다.
- 조국을 소중히 여기겠다.

생각하고 나눌 질문

1. 내 삶에 나타난 하나님의 신실하심은 무엇인가요? 지금까지 살아오며 하나님께서 신실하게 지켜주신 경험을 나눠 보세요.

2. 내가 충성을 다하지 못했던 순간은 언제였나요? 그 이유는 무엇이었고, 그때 하나님께서 나에게 어떤 마음을 주셨나요?

3. 나는 어떤 '일회성' 혹은 '개인주의' 문화에 영향을 받고 있나요? 내 삶에서 충성을 방해하는 세상의 흐름은 어떤 모습으로 나타나고 있나요?

4. 하나님 앞에서 내가 지킨 약속은 무엇입니까? 그것을 잘 지키고 있나요? (예: 결혼 서약, 교회 봉사, 세례/입교 서약 등) 이 약속을 다시금 되새기고 지키기 위해 내가 할 수 있는 실천은 무엇인가요?

5. 나는 지금 어떤 모습으로 성숙해지고 있나요? 예수님을 닮아가는 여정 가운데, 내가 자라가야 할 부분은 무엇이며, 이를 위해 어떤 기도를 드리고 있나요?

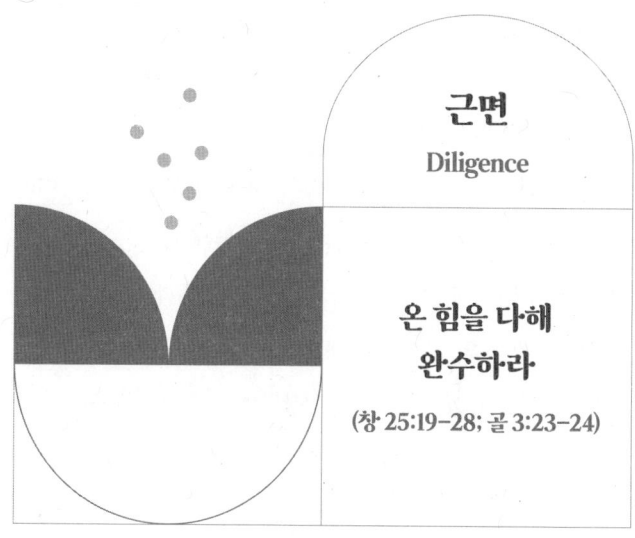

근면은 내가 맡은 모든 일들을 주님이 내게 맡겨주신 사명으로 알고 온 힘을 다하여 완수하는 것으로, 청지기의 기본적인 성품입니다.

야곱의 근면

창세기에 나오는 아브라함, 이삭, 요셉은 모두 근면하고 하나님께 쓰임 받은 사람들이었습니다. 하지만 야곱에 대한 평가는 대체로 야박합니다. 그 이름부터 에사롭지 않습니다. 야곱은 '발꿈치를 잡았다'는 뜻입니다(창 25:26). 그의 형 에서의 발꿈치를 잡고 태어났기 때문입니다. 그는 죽 한 그릇으로 장자의 명분을 사고, 이삭을 속여 장자의 축복을 가로채기도 했습니다. 그래서 사람들은 야곱이 자신의 목적을 위해 수단과 방법을 가리지 않는, 기만적이고 처세술에 능한 사람이라고 생각합니다. 이런 인간적인 모습 때문에 그를 좋아하기도 합니다. 그런데 정말 이렇기만 한 사람이었을까요?

성경이 야곱의 기질에 대해 소개하는 첫 구절은 이렇습니다. "야곱은 조용한 사람이어서 장막에 거주하니"(27절). 이는 야곱을 이해하는 중요한 실마리를 제공합니다. 종종 사람들은 '조용한'(영, mild)이란 형용사 때문에 그가 내성적이고 여성스럽고 유약한 사람이라고 보지만, 이 단어(히, tam)는 '의로운', '성숙한', '흠이 없는'이라는 뜻입니다. 동일한 단어가 노아, 아브라함, 욥을 묘사할 때도 사용되었습니다.

"노아는 의인이요 당대에 완전한 자라"(창 6:9)

"아브람이 구십구 세 때에 여호와께서 아브람에게 나타나서 그에게 이르시되 나는 전능한 하나님이라 너는 내 앞에서 행하여 완전하라"(창 17:1)

"우스 땅에 욥이라 불리는 사람이 있었는데 그 사람은 온전하

고 정직하여 하나님을 경외하며 악에서 떠난 자더라"(욥 1:1)

'야곱이 장막에 거주했다'는 말도 단지 어머니의 치마폭에 싸여 세상 물정 모르는 사람이라는 의미가 아닙니다. 이 말은 그가 가정을 잘 '돌보고 경영했음'을 뜻합니다. 당시 사회는 씨족 사회였고 아브라함, 이삭, 야곱은 모두 씨족의 족장들이었습니다. 그 사회의 규모는 어느 정도였을까요? 아브라함의 집에는 잘 훈련된 군사가 318명이 있었습니다(창 14:14). J. B. 조르단은 이 사실을 근거로 아브라함과 이삭의 식솔이 적어도 3,000명에서 많게는 10,000명 정도 되었을 것으로 추정합니다. 그러니 '장막에 거하였다'는 말은 야곱이 아버지의 집을 맡은 유능한 경영자였음을 의미할 수 있습니다. 만일 이 가정이 옳다면 그의 유능함은 어디에서 온 것일까요? 그의 근면함 때문이었을 것입니다. 그는 근면하고 치열하게 사는 사람이었습니다. 그의 유능함은 이런 그의 성품에서 나왔고, 그의 성품은 하나님을 향한 믿음에서 나온 것이었습니다.[8]

우선 야곱은 하나님이 어머니 리브가에게 주신 계시의 말씀을 믿었습니다. 쌍둥이를 임신한 리브가는 태중에 아이들이 뛰놀 때[9] 어찌할 바를 몰라 하나님께 간구합니다. 그때 하

---

8 이 부분은 J. B. 조르단의 『창세기의 족장 이야기』(CLC, 2009)를 의지했다.
9 세례 요한을 수태한 엘리사벳은 예수님을 수태한 마리아를 만났을 때 자신의 복중의 아이가 '기쁨으로 뛰놀았도다'고 했다(눅 1:44).

나님은 "두 국민이 네 태중에 있구나 두 민족이 네 복중에서부터 나누이리라 이 족속이 저 족속보다 강하겠고 큰 자가 어린 자를 섬기리라"라고 말씀하셨습니다(25:23). 야곱은 하나님이 주신 계시의 말씀을 어머니를 통해 익히 들었을 것이고, 그 말씀이 이루어지기를 믿고 바랐을 것입니다. 이런 맥락에서 야곱은 장자의 명분을 놓고 형 에서와 거래했고, 아버지 이삭이 언약의 상속자로서 에서를 선택했을 때 어머니와 함께 아버지를 속여 장자의 축복을 가로챘습니다. 이는 리브가와 야곱이 언약의 말씀을 중요하게 생각했기 때문이었습니다.

그 후에 야곱은 에서의 위협을 피해 외삼촌 라반의 집으로 도주합니다. 도중에 '벧엘'이란 곳에서 잠시 잠이든 그는, 꿈 속에 하늘 꼭대기에 닿은 사다리와 하나님의 사자들이 그 위에서 오르락내리락 하는 것을 보았고 또한 하나님의 음성을 들었습니다.

"나는 여호와니 너의 조부 아브라함의 하나님이요 이삭의 하나님이라 네가 누워 있는 땅을 내가 너와 네 자손에게 주리라 네 자손이 … 퍼져 나갈지며, 땅의 모든 족속이 너와 네 자손으로 말미암아 복을 받으리라 … 내가 너와 함께 있어 어디로 가든지 너를 지키며 … 너를 떠나지 아니하리라"(창 28:13-15)

그 후 야곱은 평생 하나님만을 섬기는 예배자로 살기를 결심하고 평생 그 약속을 성실하게 지켰습니다. 야곱은 외삼촌 라반의 집에서 레아를 위해 7년, 라헬을 위해 7년, 다시 삼촌을 위해 6년, 이렇게 총 20년 동안 종살이를 합니다. 온갖 고생을 다한 야곱이 라반의 집을 떠날 때, 지난 세월을 회상하며 이렇게 말합니다. "그대들도 알거니와 내가 힘을 다하여 그대들의 아버지를 섬겼거늘"(31:6). 그 말은 사실이었습니다. 야곱은 **온 힘을 다해** 라반을 섬겼고, 후에 자신을 죽이러 온 라반에게도 같은 말을 합니다. "내가 이와 같이 낮에는 더위와 밤에는 추위를 무릅쓰고 눈 붙일 겨를도 없이 지냈나이다"(창 31:40). 야곱은 그의 부족한 면모에도 불구하고 자신의 상황과 그때마다 해야 할 일들에 늘 치열하고 성실했습니다. **자신의 모든 일을 하나님이 맡겨 주신 것으로 알았고 자신의 온 힘과 시간을 다해 주어진 일을 섬겼던 성숙한 사람이었습니다.**

참된 근면의 비결

우리 주변엔 신자가 아니어도 근면하고 성실한 사람들이 많습니다. 이들 중에는 이른 아침부터 밤늦게까지 죽도록 일만 하는 사람들도 있습니다. 주변의 빌딩을 보면 밤에도 불이 꺼지지 않습니다. 세상에는 근면하고 성실한 사람들이 넘쳐 납니다. 그렇다면 기독교인의 근면과 비기독교인의 근면에는 어떤 차이가 있을까요? 기독교인은 자신에게 주어진 일을 본래 자신의 것이 아니라, 하나님이 맡겨 주신 '소명'(calling)이라고 믿습니다. 이것이 둘 사이의 근본적인 차이를 만듭니다.

사람은 일을 할 때도 죄의 영향을 받습니다. 예를 들어 우리는 일을 할 때 쉬운 길을 선택하고, 힘든 일은 타인에게 미룹니다. 자녀들에게 설거지나 자기 방 청소를 시켜 보면 인간이 얼마나 노동을 혐오하는지를 쉽게 알 수 있습니다. 우리는 누가 힘든 일을 부탁하면 하기도 싫지만 머릿속에 두 가지 질문이 자동으로 떠오릅니다. 먼저 '이 일을 통해 내가 얻는 이익은 무엇일까', 또 '이 일을 하지 않으면 어떤 손해를 볼까' 자연스럽게 계산합니다. 이런 우리를 향해 예수님은 이렇게 말씀하십니다. "무슨 일을 하든지 마음을 다하여 주께 하듯 하고 사람에게 하듯 하지 말라 이는 기업의 상을 주께 받을 줄 아나니 너희는 주 그리스도를 섬기느니라"(골 3:23-24).

참된 근면의 비결은 주님이 우리의 고용주라는 사실을 깨닫는 데서부터 나옵니다. 하나님은 우리가 이 땅에서 한 일에 대하여 상 주실뿐 아니라 영원히 썩지 않는 기업의 상을 주십니다. 따라서 우리는 주를 섬기듯이 사람들을 섬겨야 합니다. 당장 눈에 보이는 보상이 없을지라도 나를 구원하신 하나님의 크신 사랑과 그리스도의 은혜에 감사하며 나 자신을 거룩한 산 제물로 드려야 합니다(롬 12:1).

모든 것이 주의 일

우리는 교회 일은 주의 일이라고 생각하면서 세상의 일은 그렇지 않다고 생각합니다. 실상 교회 일을 포함해 모든 일이 주께서 맡겨 주신 일입니다. 자녀들을 키우는 일, 집안의 여러 소소한 일들, 직장을 다니거나 회사를 경영하는 일, 사람을 만나는 일, 가르치는 일, 공부하는 일 등 모든 일은 주님이 우리에게 맡겨 주신 과업입니다. 그래서 우리는 "무슨 일을 하든지" 마음을 다하여 주께 하듯 해야 합니다. 내가 맡은 모든 일이 주님의 일이라면 사람들에게 잘 보이려고 애쓸 필요가 없습니다. 또한 노력한 대로 보상을 받지 못할까 염려할 필요도 없습니다. 주께 하듯 하는 모든 일에 하나님은 복을 주시기 때문입니다.

하나님은 야곱에게만 복을 주시지 않았습니다. 야곱에게 주신 복이 라반의 집에 흘러가도록 하셨습니다. 라반이 받은 복은 순전히 야곱 덕분이었습니다. 하나님을 사랑하고 하나님이 맡겨 주신 일에 마음을 다하고 뜻을 다하고 힘을 다하는 그 성품이 하나님을 영화롭게 할 뿐 아니라, 세상을 향한 하나님의 복을 흘려보내는 통로가 됩니다. 성도는 범사에 모든 일에 근면해야 하지만 성경이 특히 근면하라고 말하는 영역이 있습니다.

첫째, 하나님의 얼굴을 구하는데 근면해야 합니다. "믿음이 없이는 하나님을 기쁘시게 못하나니 하나님께 나아가는 자는 반드시 그가 계신 것과 또한 그가 자기를 찾는 자들에게 상주시는 이심을 믿어야 할지니라"(히 11:6). 인생의 첫 번째 목표는 하나님의 얼굴을 구하는 것입니다. 인생의 크고 작은 문제들을 해결하기 위해서 하나님을 찾을 수도 있지만 그보다 하나님이 기뻐하시는 뜻을 찾기 위해 하나님을 찾고 또 구해야 합니다. 주의 얼굴을 구하는 것이 내 삶의 첫째 목표가 되게 합시다.

둘째, 하나님이 주신 소명에 근면해야 합니다. "그러므로 형제들아 더욱 힘써 너희 부르심과 택하심을 굳게 하라 너희가 이것을 행한즉 언제든지 실족하지 아니하리라"(벧후 1:10). 성도는 소명을 찾는 일과 발견한 소명에 온 힘을 다해야 합니다. 특히 교회의 직분은 참으로 귀한 소명입니다. 교회에서 여러분에게 주어진 일이 아무리 작은 것이라도 하나님이 맡겨 주신 것이라고 생각하면 차원이 달라집니다. 작은 일에 충성하면 큰일도 맡겨 주실 것입니다.

셋째, 순결과 평안을 지키는 일에 근면해야 합니다. "그러므로 사랑하는 자들아 너희가 이것을 바라보나니 주 앞에서 점도 없고 흠도 없이 평강 가운데서 나타나기를 힘쓰라"(벧후 3:14). 신앙의 순결, 생활의 순결을 지키기 위해 힘쓰는 사람들은 참으로 복됩니다. 지금은 누군가 순결을 말하면 꼰대 취급받기 쉬운 세상입니다. 우리는 이 세대를 본받지 말고 마음을 새롭게 하여 하나님의 선하시고 기뻐하시고 온전하신 뜻이 무엇인지 분별하며 살아야 합니다(롬 12:3). 순결을 위해 힘쓰는 자에게 하나님은 당신의 얼굴을 볼 수 있는 놀라운 특권을 주십니다. "마음이 청결한 자는 복이 있나니 그들이 하나님을 볼 것임이요"(마 5:8).

넷째, 경건한 성품을 기르는 일에 근면해야 합니다. "그러므로 너희가 힘써 너희 믿음에 덕을, 덕에 지식을, 지식에 절제를, 절제에 인내를, 인내에 경건을, 경건에 형제 우애를, 형제 우애에 사랑을 더하라"(벧후 1:5-7). 믿음은 모든 성품의 기초가 됩니다. 믿음 위에 다른 성품을 쌓아가야 합니다. 평소 믿음이 참 좋다고 생각한 분이 갑자기 불같이 화를 내는 것을 보고 깜짝 놀란 적이 있습니다. 믿음이 문제가 아니라 성품이 문제였습니다. 믿음 위에 우리가 힘써야 할 성품들이 있습니다. 근면을 비롯해 이 책에 제시된 24가지 성품은 그 중 일부입니다. 힘써! 믿음에 더해야 할 성품들입니다.

다섯째, 지도자는 책임을 수행하는 일에 근면해야 합니다. "우리에게 주신 은혜대로 받은 은사가 각각 다르니 혹 예언이며 믿음의 분수대로 … 가르치는 자는 가르치는 일로, 구제하는 자는 성실함으로, 다스리는 자는 부지런함으로, 긍휼을 베푸는 자(모든 성도)는 즐거움으로 할 것이니라"(롬 12:6-8). 성경은 목사는 믿음으로, 장로는 부지런함으로, 집사는 성실함으로 책임을 감당하고, 성도는 즐거움으로 하라고 말합니다. 우리가 믿음으로, 부지런함으로, 성실함으로, 즐거움으로 하지 못하면 우리가 섬기는 그리스도를 잘 나타낼 수 없고, 도리어 사람들에게 큰 실망을 주게 됩니다. 세상의 지도자든, 교회의 지도자든 근면하지 못한 사람은 결코 그 책임을 잘 감당할 수 없습니다.

근면은 사랑에서 나온다

근면의 반대말은 나태함입니다. '나태'를 뜻하는 'slothfulness'는 나무늘보를 가리키는 말이기도 합니다. 나무늘보는 나무에 매달려 최소한으로 움직이며 사는 동물입니다. 하지만 성경이 말하는 나태는 단순히 행동이 느리거나 굼뜬 상태가 아니라, 영혼이 병든 것처럼 의욕과 활력이 없는 상태를 말합니다. 나태는 영혼의 병입니다. 다른 모든 죄들은 행하는 죄이지만, 나태는 마땅히 행해야 할 것을 행하지 않는 죄입니다. 『신곡』의 저자인 단테는 이것을 "선을 행하는데 미지근한 죄"라고 했습니다. 영국의 소설가이며, 신학자인 도로시 세이어즈는 나태를 '무관심'의 죄라고 했습니다.

> 아무것도 믿지 않고, 신경쓰지 않고, 알려고 추구하지도 않고, 간섭하지도 않고, 즐기지도 않고, 사랑하지도 않고, 미워하지도

않고, 위해서 살아야 할 그 무엇도 없고, 또 죽어야 할 어떤 이유도 없기 때문에 그저 살아 있는 죄

한편 근면은 사랑에서 나옵니다. 근면을 뜻하는 영 단어 'diligence'는 라틴어 '딜리게레'에서 왔습니다. 그 의미는 '사랑하다'입니다. 부지런함은 사랑에서 옵니다. 사실 사랑은 모든 성품의 바탕입니다. 우리가 열심히 일하고 부지런히 무엇을 하는 것은 그 대상에 대한 애정이 있기 때문입니다. 반대로 나태는 사랑하지 않는 죄이며 결국 자신을 파멸로 이끕니다.[10]

토마스 브룩스는 '게으른 그리스도인은 입에 불평을 달고 살지만 부지런한 그리스도인은 마음에 평안히 가득하다'고 했습니다. 평강의 하나님께서 우리들의 마음과 삶에 평화를 주실뿐 아니라, 부지런한 마음, 곧 근면한 성품을 주시기를 기도합시다. "선을 행하되 낙심하지 말지니, 포기하지 아니하면 때가 이르매 거두리라"(갈 6:9).

근면은 단순히 일을 많이 하고 열심히 하는 것 그 이상입니다. 성도의 근면은 하나님께서 맡기신 소명을 충실히 이행하는 성품으로, 모든 일이 그분의 뜻 안에서 이루어져야 함을 의미합니다. 하나님은 우리가 맡은 일을 단지 세상에서

---

10 이 대목은 신원하, 『죽음에 이르는 7가지 죄』(IVP, 2020), 나태 편을 의지했다.

인정받기 위한 수단으로 보지 않으십니다. 오히려 그 일들을 통해 하나님을 섬기고, 그의 약속을 신뢰하며, 그분의 영광을 나타내는 방법이 되어야 함을 가르쳐주십니다. 따라서 진정한 근면은 하나님을 향한 믿음과 사랑에서 비롯됩니다. 우리의 모든 일에서 그분의 뜻을 이루기 위해 힘쓰는 것이 진정한 근면, 곧 성실함입니다. 단순히 노력의 결과가 아니라, 하나님과의 관계에서 비롯된 신뢰와 순종의 표현입니다. 우리가 하나님을 기쁘시게 하는 마음으로 모든 일에 최선을 다할 때, 그 모든 일이 하나님을 영화롭게 하게 될 것입니다.

나의 결심

맡은 일을 모두 주님이 주신 특별한 과제로 보고 온 힘을 다해 완수하겠다.

- 계획한 일을 끝내겠다.
- 일을 바르게 하겠다.
- 지시를 따르겠다.
- 내일에 집중하겠다.
- 게으름을 피우지 않겠다.

생각하고 나눌 질문

1. 야곱은 일반적으로 기만적이고 처세술에 능한 사람으로 알려져 있지만, 성경은 그의 근면한 성품 또한 곳곳에서 묘사합니다. 어떻게 묘사하고 있습니까?

2. 기독교인의 근면과 비기독교인의 근면의 차이는 무엇이며, 참된 근면의 비결은 무엇입니까?

3. 하나님께서 야곱에게 주신 복이 라반의 집에도 흘러간 것처럼, 오늘날 우리의 근면이 다른 사람들에게 미칠 수 있는 영향은 무엇이라고 생각합니까?

4. 성경이 특별히 근면해야 한다고 말하는 영역 다섯 가지는 무엇이며, 그중에서 자신이 더욱 힘써야 할 부분은 어디라고 생각합니까?

5. 성경이 말하는 나태의 의미는 단순히 행동이 느리거나 게으른 것이 아닌 '영혼의 병'입니다. 그렇다면 참된 근면을 실천하기 위해 우리는 무엇을 해야 합니까?

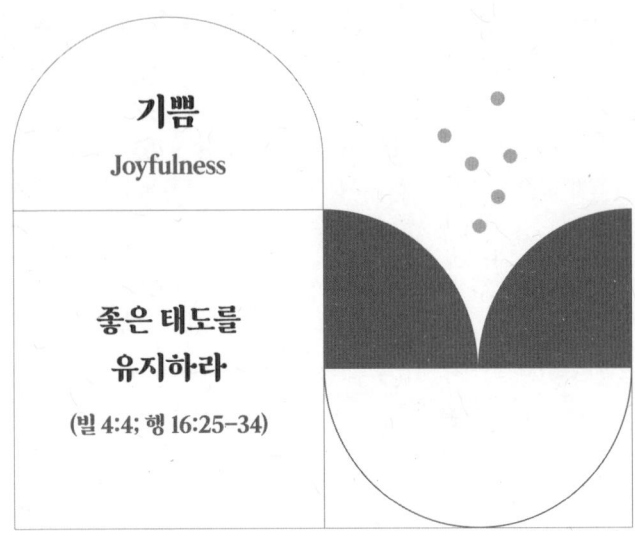

기쁨
Joyfulness

좋은 태도를 유지하라
(빌 4:4; 행 16:25-34)

기쁨은 단순한 감정 이상입니다. 그것은 인간의 깊은 갈망이자, 하나님께서 우리 안에 심어두신 거룩한 열망입니다. 그러나 현실은 자주 그 기쁨을 가로막습니다. 불안한 미래, 고된 일상, 예기치 못한 고난 속에서 우리는 기쁨을 잃어버립니다. 그래서 때로는 묻습니다. '과연 기쁨은 가능한가? 고통 속에서도, 이해할 수 없는 상황 속에서도 기뻐할 수 있는가?'

우리는 기쁨이란 감정이 아닌 관계에서 오는 것임을 보게 됩니다. 하나님과의 사귐이 있는 자에게 세상의 조건과 상황을 뛰어넘는 기쁨이 있다는 것을 함께 확인하게 될 것입니다.

환난 속에 맺은 기쁨의 열매

사도 바울 일행은 아시아 지역에서 복음을 전하려 했습니다. 그런데 드로아에 머무는 동안 밤중에 바울이 환상을 보게 됩니다. 한 마게도냐 사람이 나타나 "마게도냐로 건너와서 우리를 도우라"고 간청하는 장면이었습니다. 바울은 이것이 하나님의 부르심임을 깨닫고 곧바로 마게도냐, 곧 유럽으로 향합니다.

처음 도착한 빌립보에서 바울은 부유한 상인 루디아를 만나 복음을 전했고, 이후 그녀와 온 집안은 세례를 받습니다. 복음의 첫 열매가 유럽 땅에서 맺힌 것입니다. 하지만 곧 어려움을 맞이합니다. 귀신 들려 점을 치던 여종을 고쳐 주었는데, 그녀로 인해 이익을 보던 주인들이 화가 나 바울과 실라를 고발합니다. 재판도 없이 두 사람은 매를 맞고 감옥에 갇힙니다(행 16:24). 로마 시민권자였던 바울과 실라가 억울하게 고난을 당합니다. 그러나 그날 밤, 깊은 감옥 속에서 그들은 불평과 원망 대신, 기도하며 하나님을 찬송했습니다. 그때 큰 지진이 일어나 옥문이 열리고 차꼬가 풀리는 기적이 일어났습니다. 간수는 죄수들이 도망한 줄 알고 자결하려 했지만, 바울이 그를 말리며 그의 생명을 구합니다. 그날 밤 간수와 그의 가족 모두 복음을 듣고 세례를 받았습니다 그리고 기쁨이 가득했습니다. 빌립보에서의 복음은 환란 속에서 시작되었지만, 기쁨으로 열매를 맺었습니다.

복음의 기쁨, 고난을 이기다

사도행전 16장을 묵상하다 보면 자연스럽게 몇 가지 질문이 떠오릅니다. 우선, 바울과 실라는 어떻게 감옥에 갇힌 고난 중에도 기뻐할 수 있었을까요? 참담한 상황이었지만 그들은 기도하고 하나님을 찬송했습니다(행 16:25). 어떻게 그럴 수 있었을까요? '기쁨'이라는 단어를 주목해 봅시다. 헬라어로 '기쁨'은 '카라'인데, '은혜'를 뜻하는 '카리스'와 같은 어근을 가집니다. 진정한 기쁨은 하나님이 주시는 은혜에서 비롯된다는 것을 알 수 있습니다. "주 앞에는 충만한 기쁨이 있고 주의 오른쪽에는 영원한 즐거움이 있나이다"(시 16:11). 기쁨은 하나님의 임재 안에 있을 때 생겨납니다. 사도들이 기도하고 찬양할 수 있었던 이유는 바로 그들이 하나님의 임재 안에 있었기 때문입니다. 절망 가운데서도 하나님께 나아갔기에, 하나님은 그들의 영혼에 기쁨을 부어 주셨던 것입니다.

그다음 질문은, 도망치지 않은 이유입니다. 하나님께서 감옥을 흔드시고 문을 여셨으며 결박을 풀어 주셨습니다. 그럼에도 그들은 도망치지 않았습니다. 그 이유는 명확합니다. 그들은 자신의 안전보다 복음의 영향을 더 중요하게 여겼기 때문입니다. 만약 탈옥했다면, 루디아가 죄수를 숨겨준 혐의를 받을 수 있었고, 막 태동하던 교회가 큰 타격을 입었을 것입니다. 그들은 복음 전파의 길이 막히는 것을 원하지 않았습니다. 오히려 그 상황은 하나님의 또 다른 섭리의 통로가 되었습니다. 간수가 절망에 빠져 자결하려 할 때, 바울은 "네 몸을 상하지 말라 우리가 다 여기 있노라"라고 말하며 그를 살립니다. 그리고 복음을 전합니다. "주 예수를 믿으라. 그리하면 너와 네 집이 구원을 받으리라"(행 16:31). 결국 간수와 그의 온 집안이 복음을 받아들이고 세례를 받았습니다. "그가 그들을 데리고 자기 집에 올라가서 음식을 차려 주고, 그와 온 집이 하나님을 믿음으로 크게 기뻐하니라"(34절).

바울과 실라는 단순한 죄수가 아니었습니다. 그들은 구원의 통로, 기쁨의 통로였습니다. 또한 루디아의 가정과 간수의 가정이 빌립보 교회의 첫 지체가 되었습니다. 하나님의 섭리 안에서 고난이 구원의 기회로 바뀌었던 것이지요.

짧지만 강한 씨앗, 빌립보 교회

다음날 바울과 실라는 석방되었습니다. 풀려난 그들은 곧장 루디아의 집으로 가 형제들을 만나 위로하고 작별 인사를 나누었습니다(행 16:40). 그곳은 자연스럽게 빌립보 교회의 모임 장소가 되었고, 간수와 그의 가족들도 그 공동체의 일원이 되었을 것입니다. 비록 빌립보에 머문 시간은 짧았지만, 그곳에서 세워진 교회는 그의 선교 여정 가운데 가장 사랑받는 교회로 자라납니다. 바울은 빌립보서를 시작하며 "모든 성도들과 감독들과 집사들에게" 인사하는 가운데, 그들이 이미 견실한 구조를 갖춘 성숙한 공동체임을 보여줍니다(빌 1:2). 그는 이 교회를 생각할 때마다 하나님께 감사하며, "예수 그리스도의 심장으로 너희 무리를 얼마나 사모하는지 하나님이 내 증인이시니라"(빌 1:8)라고 고백할 만큼 깊은 애정을 표현합니다. 바울은 감옥에 있으면서도 기쁨을 강조하며, 이렇게 권면합니다. "주 안에서 항상 기뻐하라. 내가 다시 말하노니 기뻐하라"(빌 4:4).

빌립보 교회는 이 말씀을 가슴에 새겼습니다. 고린도후서 8:1-6에 따르면, 그들은 극심한 환난과 깊은 가난 속에서도 예루살렘 교회를 위한 풍성한 연보에 참여했습니다. 환난 중에도 기쁨으로 헌신했던 이 교회는 사도들의 기쁨의 열매였고, 바울에게 주신 하나님의 면류관이며 상급이었습니다.

항상 기뻐하라

기쁨은 하나님의 은혜요, 성령의 열매입니다. 동시에 하나님의 명령입니다. 우리는 기뻐할 수 없는 상황에서도 기뻐하는 사람들입니다. 바울은 성도의 삶을 이렇게 표현했습니다. "근심하는 자 같으나 항상 기뻐하고"(고후 6:10). 기쁨의 비결은 하나님과의 '사귐'입니다. 전구가 소켓에 연결되면 불이 켜지듯, 우리의 영혼이 그리스도를 통해 하나님께 연결되어 있을 때 기쁨이라는 빛이 켜집니다. **하나님과의 관계 속에서 자연스럽게 흘러나오는 이 빛나는 감정이 바로 '기쁨'입니다.** 바울과 실라는 절망적인 상황에 놓여 있었습니다. 억울한 고발과 매질, 지하 감옥, 차꼬에 채워진 발… 그러나 그들은 기도했고, 감사했고, 찬송했습니다. 그들이 주 안에 있었기 때문입니다. 빌립보에 도착한 이후 그들은 기도할 장소를 먼저 찾았습니다. "우리가 기도하는 곳에 가다가"(행 16:16). 기도는 그들의 삶의 습관이었고, 주님처럼 기도는 그들의 호흡이었습니다. 감옥에서도 그들은 하나님과의 끈을 놓지 않았고, 그 결과 기쁨을 잃지 않았습니다. 그 기쁨은 감옥을 지키던 간수에게도 전해졌습니다. 바울은 그에게 기쁜 소식을 전합니다. "주 예수를 믿으라, 그리하면 너와 네 집이 구원을 받으리라"(행 16:31). 이 복음의 말씀 앞에서 간수는 예수님을 믿고 영접했습니다. 자신뿐 아니라 온 가족과 종들까지 세례를 받았습니다. 그리고 그의 집에는 기쁨이 넘쳤습니다.

기쁨은 이렇게 강력합니다. 자기 자신뿐 아니라, 주변 사람들을 변화시키고 살리는 능력이 있습니다. 구약의 선지자 느헤미야는 이렇게 선포합니다. "여호와로 인하여 기뻐하는 것이 너희의 힘이니라"(8:10).

교회의 힘은 어디에서 나올까요? 성도의 능력은 어디서 시작될까요? 하나님을 기뻐하는 데서 시작됩니다. 사람들은 정치적, 경제적, 군사적인 힘을 진짜 힘이라 여기지만, 성경은 전능하신 하나님을 기뻐하는 것이 우리의 진짜 힘이라 말합니다. "주 안에서 항상 기뻐하라" 이것이 우리의 힘입니다.

기쁨의 반대, 자기연민(Self-Pity)

자기연민은 스스로를 불쌍히 여기고 가엾게 여기는 감정입니다. 여기에 빠지면 자신을 피해자로 여기고, 자신을 둘러싼 환경과 사람들을 가해자로 여깁니다. 기쁨을 빼앗고, 감사할 수 없게, 슬픔에 지배당하게 만듭니다. 작은 어려움도 이겨내지 못하는 열등감을 심어주며 결국 초라한 패배자로 만듭니다. 또한 전염성이 강해 주변 사람들까지 불행하게 만듭니다. 우리는 이것과 결별해야 합니다. 사람들은 종종 하나님이 아닌 다른 곳에서 기쁨을 찾으려 합니다. 좋은 음식, 차, 집, 직장, 배우자, 자녀, 여가 활동 등이 기쁨을 줄 것이라 생각하지만, 그런 기쁨은 일시적이고 표면적입니다. 충만한 기쁨과 영원한 즐거움을 줄 수 없습니다. 속아선 안 됩니다. 토마스 아퀴나스는 이렇게 말했습니다. '사람은 기쁨이 없이는 살 수 없는 존재다. 영적 기쁨을 빼앗긴 사람은 육체의 쾌락에 넘어간다' 그렇다면 어떻게 항상 기뻐할 수 있을까요?

(1) **매사에 선한 것을 찾읍시다.**

같은 상황과 처지에서도 어떤 사람은 그 속에서 장점과 유익을 발견하고, 또 어떤 사람은 단점에만 집중하며 불평합니다. 우리는 어떤 상황에서도 선하고 좋은 것을 찾는 사람이 되어야 합니다. 바울과 실라는 매를 맞고 감옥에 던져졌지만, 그곳을 기도의 지성소로 삼았습니다. 우리도 할 수 있습니다. 어떤 어려운 상황에서도 선한 것을 찾겠다고 다짐합시다.

(2) **고난에도 미소 지읍시다.**

기쁨을 앗아가는 또 다른 이유는 시련과 고난입니다. 만약 내 힘으로 시련을 이기려고 한다면, 시련이 우리를 넘어뜨릴 것입니다. 고난과 시련은 하나님께 달려가 도움을 구할 기회입니다. 처음부터 하나님의 은혜를 구하며 견딜 만한 힘을 달라고 기도해야 합니다. '내가 할 만큼 하고 안 되면 기도하겠다'는 태도는 신자의 태도가 아닙니다. 고난을 하나님이 주시는 특별한 시간으로 보면, 고난 중에도 미소 지을 수 있습니다.

(3) **낙심하지 않고 용기를 냅시다.**

우리는 종종 낙담합니다. 느헤미야가 무너진 예루살렘 성벽을 쌓을 때, 원수들이 찾아와 조롱하고 위협했습니다. 그로 인해 백성들은 낙담하고 힘이 빠졌습니다(느 4:10). 그때 느헤미야는 이렇게 말했습니다. "너희는 그들을 두려워하지 말고, 지극히 크시고 두려우신 주를 기억하고 너희 형제와 자녀와 아내의 집을 위하여 싸우라"(느 4:14). 주의 일을 할 때, 원수 마귀는 사람과 환경을 이용해 우리를 낙심하게 합니다. 이때 우리도 느헤미야처럼 부정적인 생각을 물리치고, 하나님께 집중하여 믿음의 방패와 말씀의 검으로 싸워야 합니다.

(4) 감정이 내 마음을 지배하지 못하게 합시다.

계획대로 일이 진행되지 않거나, 예상한 대로 좋은 결과가 나오지 않으면 불안해하고 좌절하거나 짜증을 내고 화를 냅니다. 이것이 우리의 마음에서 평안과 기쁨을 빼앗습니다. 예수님을 보며 물 위를 걸었던 베드로는 바람과 풍랑을 보고 무서워져 점점 물에 빠졌습니다. 결국 예수님께서 그를 붙잡아 주셨고 모든 상황이 통제되었습니다. 인생의 폭풍 속에서 그리스도를 바라보지 않으면, 요동치는 감정의 바다에 빠지기 쉽습니다. 그때 주님께 손을 내밀어야 합니다. 주님께서 우리의 상황과 감정을 다스리시고, 평안과 기쁨을 주실 것입니다.

(5) 매일 웃으며 기도하며 찬송하는 시간을 가집시다.

시편 기자는 낙심되고 불안한 상황 속에서도 하나님을 찾고 찬양하며 기뻐했다고 기록합니다.

"내 영혼아, 어찌하여 낙심하며,
어찌하여 내 속에서 불안해하는가
너는 하나님께 소망을 두라.
그가 나타나 도우심으로 말미암아
내가 여전히 찬송하리라"(시편 42:5,11; 43:5)

우리는 이 세상을 살아가면서 여러 상황에서 실망과 고난을 경험합니다. 때로는 '주님이 나를 버리신 것이 아닐까'라는 의심이 들기도 합니다. 그럴 때 원수 마귀는 '너희 하나님은 어디 계시냐'고 조롱합니다. 그러나 우리는 시냇물을 찾는 목마른 사슴처럼 하나님을 찾고 기도하며 소망을 두어야 합니다. 힘을 잃지 말고, 시편의 말씀을 내 영혼에게 선포합시다.

십자수를 아시나요? 십자수의 앞면은 참 아름답습니다. 하지만 그 뒷면을 보면 전혀 다릅니다. 실과 매듭이 뒤엉켜 있을 뿐, 그 자체로는 아무런 미를 느낄 수 없습니다. 우리 인생도 어쩌면 십자수의 뒷면처럼 예상할 수 없고, 뒤엉킨 실과 매듭처럼 보일 수 있습니다. 그래서 때로는 실망하고 절망할 때도 있습니다. 하지만 믿음의 눈으로 보면, 이전에 볼 수 없었던 십자수의 앞면이 보입니다. 그리고 우리 삶을 아름다운 작품으로 만들고 계시는 하나님의 손길이 보입니다.

지금 여러분의 마음이 실망이나 슬픔, 분노로 가득 차 있을지라도, 하나님은 그 모든 슬픔을 기쁨으로 바꾸실 수 있습니다(시 30:5). 고난, 시련, 시험, 어떤 상황에서도 내 영혼을 향하여 다음의 말씀을 선포합시다.

"나는 여호와로 말미암아 즐거워하며, 나의 구원의 하나님으로 말미암아 기뻐하리로다. 주 여호와는 나의 힘이시라"(합 3:17-19)

나의 결심

불쾌한 상황에 부딪혀도 좋은 태도를 유지하겠다.

- 매사에 선한 것을 찾겠다.
- 고난에도 미소 짓겠다.
- 낙담하지 않겠다.
- 감정이 내 마음을 지배하지 못하게 하겠다.
- 매일 웃으며 노래하는 시간을 갖겠다.

생각하고 나눌 질문

1. 기쁨의 근원은 무엇인가요? 바울과 실라는 극심한 고난 중에도 기뻐할 수 있었는데, 그들의 기쁨이 어디에서 비롯된 것일까요? 하나님과의 관계가 그들에게 어떤 영향을 미쳤는지 설명해 봅시다.

2. 기쁨이 고난을 이길 수 있는 이유는 무엇인가요? 바울과 실라는 감옥에 갇히고 매를 맞았음에도 기뻐할 수 있었습니다. 우리가 고난 속에서도 기쁨을 찾을 수 있는 이유는 무엇인가요?

3. 기쁨은 개인적인 경험일까요, 아니면 공동체에 영향을 미칠까요? 바울과 실라는 그들의 기쁨을 간수와 그의 가족에게도 전파했습니다. 기쁨은 개인적인 감정에만 국한되지 않고, 공동체의 변화에도 영향을 미친다는 점에서 우리가 배워야 할 점은 무엇일까요?

4. 자기연민이 기쁨을 방해하는 이유는 무엇인가요? 자기연민은 기쁨을 빼앗고 감사할 수 없게 만든다고 했습니다. 자기연민에 빠지지 않으려면 어떤 마음가짐이 필요할까요?

5. 어려운 상황에서도 기쁨을 유지하려면 어떤 태도가 필요할까요? 바울과 실라는 어려운 상황에서도 기도하고 찬양을 통해 기쁨을 유지했습니다. 우리가 삶의 어려운 순간에도 기쁨을 유지하기 위해 실천할 수 있는 구체적인 방법은 무엇일까요?

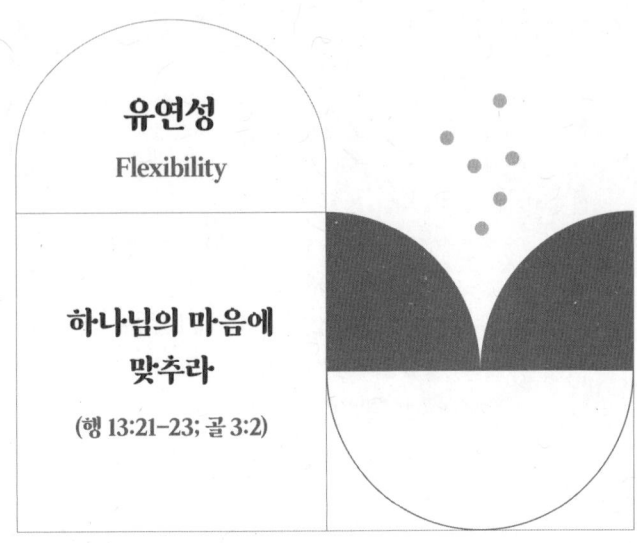

유연성
Flexibility

하나님의 마음에 맞추라
(행 13:21-23; 골 3:2)

유연성은 '부드럽고 연한 성질'을 뜻합니다. 몸이 유연하면 넘어져도 크게 다치지 않습니다. 반대로 몸이 뻣뻣하면 쉽게 부러질 수 있습니다. 이것은 단지 육체의 이야기만이 아닙니다. 우리의 마음과 삶의 태도도 마찬가지입니다. 하나님께서는 우리의 몸만이 아니라, 마음과 태도 역시 유연하기를 원하십니다. 유연성은 단순한 처세술이나 삶의 기술이 아닙니다. 그리스도인에게 반드시 요구되는 본질적인 성품입니다. 왜냐하면 **유연성은 내 생각과 계획을 하나님의 뜻에 기꺼이 맞추는 성품**이기 때문입니다.

유연성 있는 사람들

하나님께서 아브라함에게 고향과 친척 아버지 집을 떠나서 하나님이 지시하신 땅으로 가라고 하셨습니다(창 12:1). 아브라함은 자기 생각과 계획을 포기하고, 하나님의 뜻에 맞추었습니다. 그는 유연성이 있는 사람이었습니다. 만약 하나님의 부르심에 뻣뻣하게 저항하고 끝내 고집을 부렸다면 그는 믿음의 조상이 될 수 없었을 것입니다. 아브라함으로부터 약 430년 후에, 하나님은 이스라엘 백성들에게 이집트를 떠나서 아브라함에게 약속하신 땅으로 가라고 하셨습니다. 이스라엘 백성이 광야를 지날 때 하나님은 구름 기둥과 불기둥으로 그들을 보호하셨습니다. 그들은 그 구름이 인도하는 곳으로 따라다녔습니다. 구름이 움직이면 따라서 움직이고, 멈추면 그들도 멈추었습니다. 이스라엘은 광야에서 끊임없이 유연성을 발휘해야 했습니다.

예수님께서 제자들에게 "나를 따라오라 내가 너희로 사람을 낚는 어부가 되게 하리라"라고 했을 때, 그들은 자기 생각과 계획을 내려놓고 아브라함처럼 모든 것을 버리고 주님을 따랐습니다(막 1:17-18). 이렇게 내 생각과 계획을 포기하고 하나님께 맞추는 성품이 유연성입니다. 따라서 유연성은 신자에게 매우 중요한 성품입니다. 구약에서 아브라함과 함께 다윗이 바로 그런 대표적인 인물이었습니다.

내 마음에 맞는 사람

하나님께서 사울을 이스라엘의 왕으로 세우시고 40년을 다스리게 하셨습니다. 하지만 사울은 하나님의 뜻을 받들지 않고 자기의 옳은 대로 살아갔습니다(삼상 13:14; 행 13:22 참조). 결국 그는 하나님의 명령을 어기고 아말렉 족속을 완전히 진멸하지 않았습니다. 하나님은 사무엘을 통해 그를 폐위하시고 다윗을 왕으로 세우시겠다고 말씀하셨습니다. "내가 이새의 아들 다윗을 만나니 내 마음에 맞는 사람이라 내 뜻을 다 이루리라"(행 13:22).

사울이 다윗을 시기하여 죽이려고 할 때, 다윗은 이곳저곳으로 피해 다녔습니다. 그 세월 동안 다윗은 하나님의 마음에 맞는 사람으로 많은 훈련을 받았습니다. 그가 받은 훈련은, 주변의 환경보다 하나님과 하나님의 뜻에 집중하는 것이었습니다. 다윗은 자기 생각과 자기 계획보다 하나님의 뜻에 더 집중했습니다. 그래서 하나님은 그를 "내 마음에 맞는 사람이라 내 뜻을 다 이루리라"고 하셨습니다. 그는 하나님 앞에서 유연한 사람이었습니다.

유연성의 반대말, 저항(Resistance)

성경에는 하나님의 마음에 순응하지 않고 저항했던 사람들의 이야기가 많이 나옵니다. 우선 아브라함의 조카 롯을 생각해 봅시다. 그는 아브라함을 떠나 풍요로운 땅, 요단강 동편으로 옮겨갔습니다. 처음에는 소돔과 고모라를 향해 장막을 쳤지만, 얼마 지나지 않아 소돔 안에 거주하게 되었고, 소돔 여자와 결혼해 자녀를 낳으며 그 땅의 시민이 되었습니다. 그러나 그 도시에는 하나님의 임박한 심판이 다가오고 있었습니다. 하나님께서는 아브라함을 기억하시고, 소돔 성이 멸망하기 전에 롯과 그의 가족을 구원하시고자 두 천사를 보내셨습니다. 하지만 롯의 가족은 천사들의 권면에 쉽게 순응하지 못했습니다. 마지못해 끌려 나왔고, 롯의 아내는 하나님의 뜻을 거부하다가 소금기둥이 되고 말았습니다(창 19장). 소돔의 멸망과 롯의 아내가 당한 일은 언약 백성들에게 중요한 교훈이 되었습니다(사 1:10; 13:19; 렘 23:14; 50:40; 마 10:15; 롬 9:29). 예수님께서도 예루살렘과 성전의 임박한 심판을 말씀하시면서 "롯의 처를 기억하라"고 하셨습니다(눅 17:32; 계 11:8 참조). 그녀는 하나님의 은혜에 저항하는 사람이 결국 어떤 결말을 맞는지를 보여주는 상징과도 같습니다.

요나도 마찬가지였습니다. 그는 자기 생각을 버리지 못하고 하나님의 말씀에 저항했습니다. "너는 일어나 저 큰 성읍 니느웨로 가서 그것을 향하여 외치라"(욘 1:2)는 명령을 들었지만, 그는 여호와를 피해 다시스로 도망갔습니다. 이스라엘의 선지자가 이방인을 향해 하나님의 말씀을 전한다는 것은 요나의 신념과 충돌하는 일이었기 때문입니다. 그러나 하나님께서는 그를 물고기 뱃속에 삼일 밤낮 동안 머물게 하심으로, 마침내 회개하고 하나님의 뜻에 순종하게 하셨습니다.

광야에서 이스라엘 백성도 유연성을 보이지 못하고 계속 저항했습니다. 그들의 40년 광야 생활은 고집과 불순종의 역사였습니다. 신약 시대에도 이스라엘은 완고했습니다. 스데반은 예루살렘의 유대인들을 향해 이렇게 외쳤습니다. "목이 곧고 마음과 귀에 할례를 받지 못한 사람들아, 너희도 너희 조상과 같이 항상 성령을 거스르는도다"(행 7:51). 이스라엘은 유연하지 않았고, 하나님의 은혜에 저항했습니다.

그 결과 출애굽 1세대는 여호수아와 갈렙을 제외하고는 모두 광야에서 죽었고, 예수님 당시 이스라엘 또한 주님의 경고를 무시하다가 결국 AD 70년 로마 장군 티투스에 의해 성전이 무너지고 말았습니다(마 23:38). 그래서 히브리서 기자는 우리에게 이렇게 경고합니다. "너희는 하나님의 은혜에 이르지 못하는 자가 없도록 하고, 또 쓴 뿌리가 나서 괴롭게 하여 많은 사람이 이로 말미암아 더럽게 되지 않게 하라"(히 12:15).

저항과 불순종은 결코 개인적인 문제로 끝나지 않습니다. 그 파급력은 공동체 전체를 오염시킵니다. 하나님의 뜻에 유연하지 않은 사람은 이상하게도 잘못된 사상이나 욕망에는 의외로 유연하게 반응합니다.

여러분은 어느 쪽에 더 유연하십니까? 하나님의 뜻에 유연하게 순종하고 있습니까? 아니면 그 반대입니까? 몸을 부드럽게 하기 위해 스트레칭을 하면 처음에는 뻐근하고 고통스럽지만, 결국 몸이 풀리면서 시원함을 느낍니다. 마찬가지로 영적인 스트레칭도 고통스럽지만 결국 우리를 자유롭게 합니다. 하나님의 말씀을 들을 때 고통을 느끼신다면, 그 고통의 정도만큼 이 세상에 대한 애착이 크다는 뜻일 수도 있습니다. 사도 요한은 이렇게 말합니다. "이 세상이나 세상에 있는 것들을 사랑하지 말라. 누구든지 세상을 사랑하면 아버지의 사랑이 그 안에 있지 아니하니 … 이 세상도 그 정욕도 지나가되, 오직 하나님의 뜻을 행하는 자는 영원히 거하느니라"(요일 2:15-17). 우리는 이 세상에 마음을 빼앗기는 사람이 아니라, 하나님의 뜻을 따라 사는 유연한 사람이 되어야 합니다. "위의 것을 생각하고 땅의 것을 생각하지 말라"(골 3:2)!

종려나무처럼

나무는 나이를 먹으면 몸통이 커집니다. 해마다 새로운 나이테가 하나씩 생기면서 강하고 단단해집니다. 하지만 예외도 있습니다. 종려나무가 그렇습니다. 종려나무는 해마다 성장판이 하나씩 더해져서 키가 커집니다. 또한 뿌리가 두껍고 깊습니다. 그래서 강한 바람이 불면 어느 방향으로든지 잘

휘어집니다. 뿌리가 강하고 몸통이 유연하기 때문에 폭풍이 불어도 부러지거나 잘 뽑히지 않습니다. 성경은 사람을 종종 나무에 비유하곤 합니다. 성도는 종려나무처럼 뿌리가 깊고 몸통이 유연한 사람이 되어야 합니다. 에베소서 3:18은 "너희가 사랑 가운데 뿌리가 박히고"라고 말합니다. 하나님의 사랑에 깊이 뿌리를 내리고, 하늘을 향해 위로 성장하며, 어떤 바람에도 견딜 수 있는 유연한 성품의 사람, 곧 하나님의 마음에 맞는 사람이 되기를 바랍니다.

참된 유연성

다시 마르다를 생각해 봅시다. 마르다는 예수님을 초대한 후 분주해졌습니다. 동생 마리아는 주님을 섬기는 일은 뒷전이었고 주님 발치에 앉아 주님의 말씀만을 들었습니다. 마르다가 주님께 말했습니다. "주여 내 동생이 나 혼자 일하게 두는 것을 생각하지 아니하시나이까 그를 명하사 나를 도와주라 하소서"(눅 10:40). 마르다는 동생 마리아가 유연성을 발휘하지 않는다고 생각했습니다. 그러나 예수님의 생각은 달랐습니다. 예수님은 마르다에게 참된 유연성에 대해 말씀하셨습니다. "마르다야 마르다야 네가 많은 일로 염려하고 근심하나 몇 가지만 하든지 혹은 한 가지만이라도 족하니라 마리아는 이 좋은 편을 택하였으니 빼앗기지 아니하리라"(눅 10:41-

42). 또한 참된 유연성은 많은 일로 염려하고 근심하는 것이 아닌, 주님의 말씀을 듣고자 주님께 가까이 있는 것이라고 하셨습니다(41-42절). 일과 염려가 많을수록 유연성을 발휘하기가 어렵습니다. 마리아처럼 주님을 가까이하고 그 말씀에 귀를 기울여야 합니다. 여기에서 유연성이 시작됩니다.

바울은 본래 유연하지 못했습니다. 그는 유대교의 전통에 충실한 사람이었습니다. 예수 믿는 사람들을 잡아 죽이기 위한 일에 헌신했습니다. 그러나 예수님을 만난 후에 복음 안에서 유연성을 가지게 되었습니다. 바울은 자신의 유연성을 이렇게 표현했습니다. "약한 자들에게 내가 약한 자와 같이 된 것은 약한 자들을 얻고자 함이요 내가 여러 사람에게 여러 모습이 된 것은 아무쪼록 몇 사람이라도 구원하고자 함이니 내가 복음을 위하여 모든 것을 행함은 복음에 참여하고자 함이라"(고전 9:22). 바울의 유연성은 예수님으로부터 배운 것이었습니다.

예수님이야 말로 가장 유연하신 분입니다. 예수님은 근본 하나님과 동등하신 분이셨지만 우리 죄인들을 구원하기 위해 자기를 비우고 인간이 되셨습니다. 자기를 낮추시고 죽기까지 복종하셨습니다. 주님은 십자가의 수난을 앞두고 겟세마네 동산에서 이렇게 기도하셨습니다 "나의 원대로 마옵시고 아버지의 원대로 하옵소서"(마 26:39). 예수님은 자기의 원하는 바를 아버지의 뜻과 생각에 맞추셨습니다. 주님은 참으로 유연성 있는 분이십니다. 성육신, 삶, 고난, 죽음, 부활, 승천은 주님의 유연성을 잘 보여줍니다. 예수님의 성품을 닮기를 바라며 내 생각과 내 계획을 하나님께 맞춰봅시다.

유연성을 실천하기

유연성은 하나님과의 관계에서만 아니라, 사람들과의 관계에서도 필요합니다. 유연한 사람이 되길 원한다면 하나님이 세우신 사람들의 말에 귀를 기울여야 합니다. 그들에게 유연하지 않으면, 하나님께도 유연하기 어렵습니다. 성도는 목회자의 말에, 자녀들은 부모님의 말에, 학생들은 선생님의 말에 귀를 기울여야 합니다. 직장에서는 고용주의 말에 귀를 기울여야 합니다. 여러분이 '윗사람'(권위자들)의 말과 결정을 존중하고, 또 고집을 부리지 않고, 낯선 환경에서도 좋은 점을 발견하려고 한다면, 하나님은 여러분이 일하는 곳에 새로운 통찰을 주시고, 성공을 거두게 하실 것입니다. 아래의 질문을 통해 나의 유연성을 점검해 봅시다.

- 나는 계획이 바뀌면 실망하는 편인가요? 아니면 새로운 계획의 장점과 유익을 찾는 편인가요?
- 나는 가던 방향이 바뀌면 빨리 적응하는 편인가요? 아

니면 적응하느라 정신적으로 감정적으로 시간이 걸리는 편인가요?
- 나는 부모님이나 고용주가 같은 지시를 두 번씩 말하게 하나요? 아니면 한번 만에 무슨 뜻인지 알아듣고 실행하나요?
- 나는 하나님께서 교회 사역이나 봉사를 하라고 하시면 저항하고 오히려 다른 일로 분주해지지는 않나요?
- 나는 다른 사람이 더 좋은 방법을 제시하면 그렇게 하려고 하나요? 아니면 내가 하던 대로만 하려고 하나요?
- 내 생각을 하나님의 마음에 맞추려고 하나요?

　각자의 생각이나 계획은 참 소중합니다. 여러분의 그 소중한 생각과 계획을 하나님께 맞춰봅시다. 하나님의 뜻을 행하는 일에 집중해 봅시다. 그러면 하나님께서 당신의 인생을 위대하게 만들어 주실 것입니다. "사람이 마음으로 자기의 길을 계획할지라도 그의 걸음을 인도하시는 이는 여호와시니라"(잠 16:9; 20:24).

　유연성은 처세술이 아닙니다. 반드시 있어야 하는 그리스도인의 성품입니다. 오늘부터 하나님이나 다른 사람들이 여러분의 생각과 계획을 바꾸려고 할 때, 기분 나쁘게 생각하거나, 완고하게 저항하지 맙시다. 타협하거나 옳은 일을 굽히라는 뜻이 아닙니다. 열린 마음으로 듣고, 더 좋은 것을 주실 하나님을 기대하라는 말입니다. 하나님께서 여러분의 걸음을 선하고 귀하게 인도하여 주실 것입니다.

나의 결심

하나님과 다른 사람이 바꿀 수 있는 생각이나 계획에 애착을 갖지 않겠다.

- 계획이 바뀌어도 당황하지 않겠다.
- 권위자의 결정을 존중하겠다.
- 고집을 부리지 않겠다.
- 변화 가운데서도 좋은 점을 찾겠다.
- 옳은 것은 타협하지 않겠다.

생각하고 나눌 질문

1. 최근에 내 계획이 어그러졌던 경험이 있다면, 그때 나는 어떤 태도를 보였나요? 하나님이 개입하셨다고 믿고 유연하게 순응했나요? 아니면 실망하거나 분노했습니까?

2. 나는 일상 속에서 하나님의 인도하심에 귀 기울이고 있습니까? 나의 신앙생활에서 '하나님의 뜻을 따르는 유연성'이 구체적으로 어떻게 드러나고 있는지 함께 나눠봅시다.

3. 하나님의 뜻보다 내 생각이나 신념을 앞세웠던 적은 없나요? 그 결과는 어땠고, 거기서 무엇을 배웠습니까?

4. 내가 속한 공동체(가정, 교회, 직장 등) 안에서 유연한 태도를 유지하기 위해 어떠한 노력을 하고 있나요? 유연함이 부족해 갈등을 겪었던 경험을 함께 나눠봅시다.

5. 예수님의 유연성을 가장 감명 깊게 보여준 장면은 무엇이며, 그것이 내 삶에 주는 도전은 무엇입니까? 그 유연성을 나도 닮아가기 위해 무엇을 실천할 수 있을지 함께 생각해 봅시다.

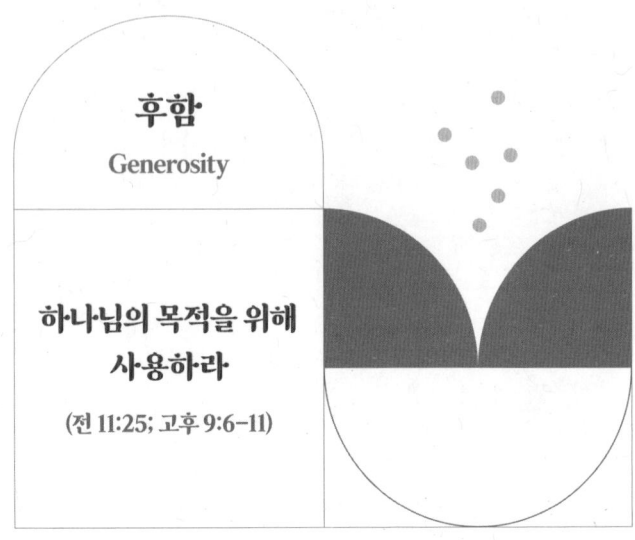

후함은 '소유권에 대한 고백'에서 비롯됩니다. 내게 있는 모든 것이 하나님께로부터 온 것임을 인정하고 고백하며, 그것을 하나님의 뜻과 목적을 위해 기꺼이 사용하는 태도가 바로 '후함'입니다. 하나님은 본래 후하신 분이시기에, 우리가 후하게 행할 때 하나님의 성품이 우리의 삶을 통해 드러납니다.

인생의 법칙

바울은 인생을 추수에 비유했습니다. "이것이 곧 적게 심은 자는 적게 거두고 많이 심는 자는 많이 거둔다 하는 말이로다"(고후 9:6). 씨를 많이 뿌린 사람은 많이 거두고 적게 뿌린 사람은 적게 거두는 것은, 자연의 이치이자 영적인 법칙입니다. 사도는 그 원리를 특히 헌금에 적용합니다. "각각 마음에 정한 대로 할 것이요 인색함으로나 억지로 하지 말지니 하나님은 즐겨 내는 자들을 사랑하시느니라"(7절). 사도가 이렇게 말한 배경이 있습니다. 당시 예루살렘 교회는 박해 가운데 있었고, 경제적으로 큰 어려움을 겪고 있었습니다. 그래서 바울은 여러 교회에 편지를 써서 예루살렘 교회를 위한 구제 헌금을 요청했습니다. 바울은 이에 대하여 '씨를 뿌리고 거두는 원리'를 적용하며 많이 후하게 헌금하라고 했습니다. 곧 적게 심은 자는 적게 거두고 많이 심은 자는 많이 거둔다는 것입니다. 잠언에도 같은 원리의 말씀이 나옵니다. "구제를 좋아하는 자는 풍족하여질 것이요, 남을 윤택하게 하는 자는 윤택하여지리라"(잠 11:25). 이 세상에 비그리스도인 중에도 후한 사람들이 많습니다. 하지만 성도는 더 후하고 더 넉넉한 사람이 되어야 합니다. 그 이유는 무엇일까요?

하나님이 후하시기 때문입니다. "주는 선하사 사죄하기를 즐거워하시며 주께 부르짖는 자에게는 인자함이 후하심이니이다"(시 86:5). 하나님은 자신을 찾는 자들에게 후하십니다. "자기 아들도 아끼지 않고 우리 모든 사람을 위해 내어 주신 이가 어찌 그 아들과 함께 모든 것을 주시지 않겠느냐"(롬

8:32). 성도는 하나님의 크신 사랑을 받은 사람입니다. 우리가 후히 사랑할 때 하나님의 그 후한 사랑이 나타나게 됩니다.

심은 대로 거둔다

'심은 대로 거둔다'는 것은 단순하고 정직한 진리입니다. 그런데 사람들은 이 사실을 깨닫지 못합니다. 심지 않은 데서 거두려고 하고, 나지 않은 곳에 심으려 합니다. 왜 그럴까요? 사람 안에 있는 죄와 욕심 때문입니다. 적게 심으면 적게 나고, 많이 심으면 많이 나는 것을 알면서도, 적게 심고 많이 거두려 합니다. 심는 만큼 거둔다는 이 단순한 진리를 마음 깊이 간직하기를 바랍니다. 기계적인 '입력'(in-put)과 '산출'(out-put)을 말하는 것이 아닙니다. 기계적으로 '주고받는' 관계라면 그것은 기독교 신앙이라 할 수 없습니다. 기독교 신앙은 인격적입니다. 하나님을 향한 신뢰와 믿음 안에서 우리는 많이 심는 자가 되어야 합니다. 이를 위해서 다음을 명심해야 됩니다.

우선 내가 가진 모든 것이 하나님의 소유임을 알아야 합니다. 이것이 후함을 향한 첫 번째 단계입니다. 나의 돈과 시간, 능력과 은사, 나의 자녀들, 나의 모든 자원, 심지어 나의 몸과 영혼도 주님의 것임을 알고 믿어야 합니다. 다음으로, 하나님이 나에게 주신 것들에는 하나님의 분명한 목적이 있음을 알아야 합니다. 성도는 하나님의 집을 지키는 청지기들입니다. 우리는 하나님이 맡겨 주신 것들을 관리하는 사람입니다. 청지기의 책임은 주인의 것을 관리하는 것이며, 나아가 그것을 지혜롭게 사용하는 것입니다. 언젠가 결산의 날이 옵니다. 하나님은 나에게 맡겨 주신 것을 내가 얼마나 하나님의 뜻대로 사용하고 활용했는지를 '정산'하실 것입니다. 그 정산의 날은 한 달 뒤가 될 수도 있고, 어쩌면 내일이 될 수도 있습니다. 그러므로 우리는 두렵고 떨림으로 우리에게 맡겨주신 모든 것들을 잘 관리해야 할 것입니다. 요컨대, 후함이란 내게 있는 모든 것이 하나님의 것임을 알고 하나님의 목적을 위해 사용하는 것입니다.

후한 사람이 되기 위해

하나님은 후히 베푸는 사람을 사랑하십니다. "각각 그 마음에 정한 대로 할 것이요 인색함으로나 억지로 하지 말지니 하나님은 즐겨 내는 자를 사랑하시느니라"(고후 9:7). 마음에 정한 대로 하라는 말은, 충분히 기도하면서 헌금할 액수를 작정하라는 것입니다. 그리고 정할 때는 인색함(Stinginess)이나 억지로 하면 안 됩니다. 그리고 미리 준비해야 합니다. 바울은 헌금을 미리 준비하도록 권면합니다(고후 9:5). 따라서 헌금을 드릴 때는 다음과 같은 질서가 있어야 합니다.

첫째, 기도하면서 정하여 준비하여 드립니다.

둘째, 자발적으로 드리되 후하게 드립니다.

셋째, 즐거운 마음으로 드립니다.

하나님은 즐겨 내는 자들을 사랑하시고 그 마음에 기쁨을 주십니다. 아직 이 기쁨이 무엇인지 모르고 있다면 실천해 보세요. 백번 듣는 것보다 체험해야 제대로 알 수 있습니다!

또한 우리는 자원을 절약해야 합니다. 성경적 검약은 자원을 아끼고 더 많이 모아서 잘 살기 위함이 아닙니다. 하나님께 더 가까이 나아가기 위해서입니다. 하나님께 가까이 가기 위해 여러분의 모든 자원(돈과 시간, 재능과 은사)을 사용하십시오. 예수님은 "주는 것이 받는 것보다 복이 있다"라고 하셨습니다(행 20:35). 베푸는 목적은 하나님의 사랑을 보여주기 위한 것입니다. 타인에게 후한 사랑을 베풀 때 하나님의 사랑이 나타나고 이로써 하나님께 영광을 돌리게 됩니다. 만일 우리가 하나님의 영광이 아니라 다른 목적으로 베푼다면 하나님이 주시는 상을 잃게 될 것입니다. 은밀한 중에 보시는 하나님을 바라며 후하게 베풀 수 있기를 바랍니다.

베푸는 자를 향한 보상

하나님께서는 후하게 베푸는 사람에게 넘치는 은혜를 약속하셨습니다(고후 9:8). 여기서 '넘치는' 은혜는 물질적이고 양적인 개념만이 아닙니다. 은혜의 '넉넉함'은 물질의 많고 적음이 아닌, 우리 안에 '나눌 수 있는 마음' 곧 넉넉한 사랑의 실천에 있습니다. 과부의 두 렙돈을 항상 기억합시다. 예수님은 과부가 드린 적은 돈을 가리켜, "모든 사람보다 많이 넣었도다"라고 하셨습니다. 사람들은 풍족한 중에서 헌금을 했지만, 그 과부는 가난한 중에서 자기의 모든 소유, 곧 생활비 전부를 넣었기 때문이었습니다(막 12:43-44). 바울은 마케도니아 지역의 교회들이 "환난의 많은 시련 가운데서 넘치는 기쁨과 극심한 가난이 그들의 풍성한 연보를 넘치도록 했다"라고 칭찬했습니다(고후 8:2). 이 말을 어떻게 이해해야 할까요? 한 달 수입이 천만 원인 사람의 50만 원과 한 달 수입이 200만 원인 사람의 헌금 50만 원은 큰 차이가 있습니다. 전자는 인색한 것이고, 후자는 풍성한 것입니다. 그러므로 헌금은 자신의 수입에 비례해서 드려야 합니다. 하나님은 많이 받은 자에게 많이 요구하십니다. "이는 너희로 모든 일에 항상 모든 것이 넉넉하여 모든 착한 일을 넘치게 하게 하려 하심이라"(고후 9:8). 하나님은 우리의 마음이 인색하지 않고 넉넉하여 착한 일에 넘치기를 원하십니다. 넘치는 기쁨으로 헌금을 드려봅시다. 지금까지 그러했던 분들은 만족하지 말고 넘치도록 나눔을 늘여 봅시다. 이런 사람에게 하나님은 영원한 세상을 약속하셨습니다. "기록된 바 그가 흩어 가난한 자들에게 주었으니 그의 의가 영원토록 있느니라 함과 같으니라"(고후 9:9).

베푸는 것은 메아리와 같습니다. 메아리 소리가 돌아오듯이 우리의 선행은 다양한 울림이 되어 돌아옵니다. 신학자 칼 바르트는 '은혜와 감사는 서로 연결되어 있는데, 목소리가 메아리를 만들듯이 은혜는 감사를 만들어 낸다. 천둥이 번개를 뒤따라 오듯이 감사는 은혜를 뒤따른다'고 했습니다.

하나님은 우리에게 지금까지 많은 자원을 주셨습니다. 돈과 시간, 건강, 재능과 은사를 주셨습니다. 그것을 그냥 땅에 묻어 두지 맙시다. 땅에 묻어 두고 활용하지 않는 것은 게으르고 악한 것입니다. 이 자원들을 '착한 일들'(교회를 세우고, 복음을 전하고, 이웃을 살리는 일)에 사용하십시오. 후하게 드리는 것은 하나님의 은혜에 대한 보답입니다. 돈이 없어서 사람이 빈곤한 것이 아닙니다. 자신만을 위해 살면 영혼은 빈곤하고 굶주리게 됩니다. 그는 정말 불쌍한 사람입니다.

존 웨슬리는 '나는 돈이 내게 머무르게 하지 않는다. 그렇지 않으면 돈이 나를 소멸시킬 것이다. 돈이 내 마음으로 들어오지 못하도록 가능하면 빨리 내 손에서 떠나보내야 한다'라고 했습니다. 바울은 자원을 선하게 사용하는 것을 가리켜 "받으실 만한 향기로운 제물이요 하나님을 기쁘시게 하는 것"이라고 말했습니다(빌 4:18). 부디 인생의 이치요 영적인 법칙, 즉 "적게 심은 자는 적게 거두고 많이 심은 자는 많이 거둔다"는 이 말씀을 마음에 깊이 간직하고 그래서 항상 후히 드리고, 관대하게 나누는 복된 인생이 되기를 바랍니다.

나의 결심

내게 있는 모든 것이 하나님의 것임을 알고
하나님의 목적을 위해 사용하겠다.

- 가진 것을 나누어 쓰겠다.
- 주기 위해 절약하겠다.
- 대가를 바라지 않고 주겠다.
- 시간과 재능을 아낌없이 내주겠다.
- 다른 사람의 좋은 점을 칭찬하겠다.

생각하고 나눌 질문

1. 후함이란 어떤 성품이며, 그것은 어떤 신앙 고백에서 비롯되었나요? 내가 가진 것이 누구의 것인지에 대한 인식이 후함에 어떤 영향을 미치는지 생각해 보고 함께 나눠봅시다.

2. 바울는 왜 헌금을 '씨를 뿌리고 거두는 일'에 비유했을까요? 심는 것과 거두는 것 사이의 영적인 원리를 설명해 봅시다.

3. 하나님의 후하심은 우리의 삶에 어떤 영향을 미칠까요? 하나님의 사랑과 은혜를 받은 사람으로서 우리가 어떻게 살아야 하는지 생각해 보고 함께 나눠봅시다.

4. '기계적인 헌신'과 '인격적인 후함'은 어떻게 다를까요? 하나님과의 관계 속에서 우리의 헌신이 어떤 마음에서 비롯되어야 하는지 나눠봅시다.

5. 나는 지금 나의 자원(시간, 재능, 물질, 은사 등)을 얼마나 하나님의 뜻을 위해 사용하고 있습니까? 지금 내 삶의 모습을 돌아보고, '후한 삶'을 살아가기 위해 실천할 수 있는 방법 한 가지를 정하고 서로 나눠봅시다.

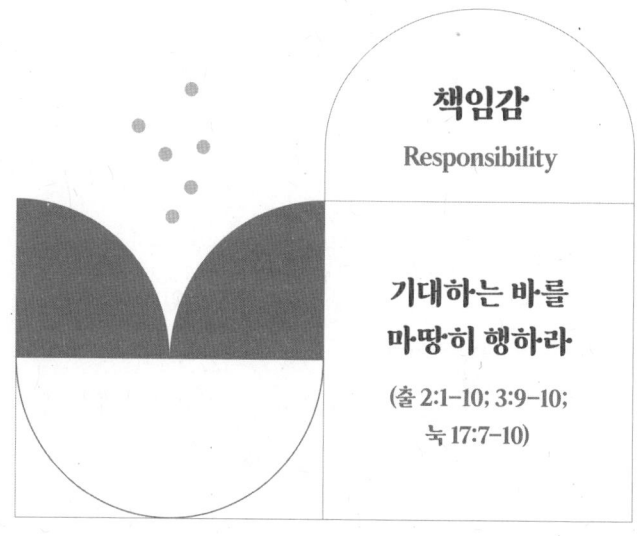

책임감
Responsibility

기대하는 바를 마땅히 행하라
(출 2:1-10; 3:9-10; 눅 17:7-10)

우리는 일생 동안 다양한 책임을 맡으며 살아갑니다. 그 책임을 잘 감당하면 사람들의 신뢰를 얻고, 더 큰 역할도 맡게 됩니다. 반대로 주어진 책임을 제대로 감당하지 못하면 신뢰를 잃고, 맡았던 일마저 잃게 됩니다. 만약 혼자 살아간다면 아무런 책임을 지지 않아도 될지 모릅니다. 그러나 우리는 다른 사람들과 더불어 살아가는 존재이기에, 책임감은 매우 중요한 성품입니다. **책임감이란 하나님과 이웃이 나에게 기대하는 바를 알고, 그것을 행동으로 옮기는 것입니다.** 책임감 있는 사람이 되기 위해서는 먼저, 하나님과 다른 사람들이 나에게 무엇을 기대하는지를 분명히 알아야 합니다. 그리고 그 기대를 실제 삶 속에서 성실히 실천해야 합니다.

소녀 미리암의 책임감

요셉이 이집트의 총리가 된 후에 이집트로 이주한 야곱의 가족들은 하나님의 약속대로 생육하고 번성하여 이집트 온 땅에 가득하게 되었습니다(출 1:7; 창 15:13-14). 하지만 요셉을 알지 못하는 새 왕이 일어나면서 이들의 거취에 문제가 생겼습니다. 이스라엘 백성의 수가 점점 많아지자 바로는 두려워했고, 이들에게 무거운 노역을 시키며 괴롭히기 시작했습니다. 그러나 그들은 학대를 받을수록 더욱 번성했습니다. 바로는 히브리 산파들에게 남자아이가 태어나면 죽이라고 지시했고, 하나님을 두려워하는 산파들은 바로의 명령을 어기고 남자아이들을 살려 주었습니다. 이스라엘이 점점 더 번성하자 급기야 바로는 태어나는 모든 이스라엘의 남자아이들을 나일강에 던지도록 공식적인 명령을 내렸습니다. 그때 모세가 태어났습니다. 모세의 부모는 석 달을 숨기다가 더는 할 수 없어 갈대로 상자를 만들고 거기에 아기를 담아 나일강 위로 띄어 보냈습니다(출 2:3). 모세의 부모는 아기 모세를 보호하기 위해 할 수 있는 일을 다했습니다. 모세의 부모가 책임을 다하도록 곁에서 도와준 사람이 있었는데, 그의 누이 미리암이었습니다. 그녀는 출애굽 후에 이스라엘의 여자 선지자로서도 중요한 역할을 감당합니다.

그 당시 그녀의 나이는 열 살이나 열두 살 정도로 추측됩니다. 비록 어린 소녀였지만 부모를 도와 자신의 책임을 다했습니다. 갈대로 상자를 만들고 역청과 진을 바르는 일도 도왔을 것입니다. 모세를 보호하기 위해 가장 주도적인 책임을 맡았던 사람은 미리암이었습니다. 그녀는 이집트 사람들의 감시를 피해 아기가 든 그 갈대 상자를 직접 운반하여 나일강에 띄웁니다. 그녀는 이 일에 자기 목숨을 걸었습니다. 그곳을 떠나지 않고 멀리서 지켜보았습니다. 미리암이 자신의 책임을 다하고 있을 때, 하나님이 적극적으로 일하기 시작하셨습니다. 하나님은 바로의 딸이 모세가 든 갈대 상자를 보게 하신 것입니다(출 2:5). 여러분은 자신의 책임을 다할 때 하나님께서 여러분의 일에 개입하시는 것을 경험한 적이 있습니까? 작은 소녀에게도 기대하셨던 하나님은 우리에게 분명한 기대를 가지고 계십니다. 하나님은 자신의 기대를 우리가 깨닫기를 원하십니다. 또한 그럴 때 우리와 함께 하시고 우리를 통해 당신의 계획과 뜻을 이루십니다. "열고 그 아기를 보니 아기가 우는지라 그가 그를 불쌍히 여겨 이르되 이는 히브리 사람의 아기로다"(출 2:6). 그 순간 미리암이 바로의 딸에게 달려가 말합니다. "내가 가서 당신을 위하여 히브리 여인 중에서 유모를 불러다가 이 아기에게 젖을 먹이게 하리이까?" 바로의 딸이 허락하자 미리암은 자기 어머니를 불러왔습니다. 바로의 딸은 돈을 주며 "이 아기를 데려다가 나를 위하여 젖을 먹이라"라고 명했습니다(출 2:10).

모세는 물에서 건져내었다는 뜻입니다. 모세를 물에서 건져낸 이야기는, 이스라엘 백성을 홍해의 물에서 건져내실 하나님의 더 큰 구원에 대한 예비적인 사건이었습니다. 하나님은 먼저, 모세의 부모와 누이에게 모세를 구원할 사명과 책임을 주셨고, 그리고 40년 후에 하나님은 모세에게 이스라엘 백성을 구원할 사명과 책임을 주셨습니다(출 3:9-10).

십 리를 더 가라

미리암은 갈대 상자를 만드는 일을 돕고, 감시를 피해 그 상자를 옮기고, 어떻게 되는지 끝까지 지켜보았고, 적절한 때에 나타나 젖을 먹일 유모를 소개했습니다. 이 모든 과정을 보면, 책임감이라는 개념은 단지 주어진 일을 한다는 의미보다 더 큰 의미를 가지고 있는 듯합니다. 예를 들어 집에서 설거지 당번을 맡았다고 생각해 봅시다. 책임감이 있는 사람은 그릇이나 접시만 닦지 않습니다. 음식 찌꺼기를 처리하고, 물기를 닦고, 고무장갑과 앞치마를 정리해서 정한 위치에 둡니다. 이처럼 설거지가 무엇인지를 이해하고 행하는 것이 책임감입니다.

예수님은 제자들에게 "누구든지 너로 억지로 오 리를 가게 하거든 그 사람과 십 리를 동행하라"고 하셨습니다(마 5:41). 누구든지 너에게 기대하는 것을 알고, 적극적으로 행하라는 말씀입니다. 설거지가 내 일이 아니라고 생각하면 그릇과 접시만 닦는 것으로 할 일을 다했다고 생각할 것입니다. 그러나 그것이 내 일이고 내 책임이라고 생각하면 끝까지 일을 마무리하게 됩니다. 이것은 모든 일에 적용할 수 있습니다.

사람들은 주어진 일을 자기 일로 여기며 끝까지 하는 사람을 신뢰합니다. 신뢰는 아무리 큰돈이 있어도 살 수 없는 중요한 가치입니다. 여러분이 신뢰를 얻으면 후에 더 큰 책임 있는 자리를 얻게 됩니다.

책임감 기르기

자녀 여러분은 가정에서 어떤 책임을 감당하고 있습니까? 노트에 적어 봅시다. 예를 들어 개나 고양이 밥 주기, 옷 정리하기, 양말 벗어 빨래통에 넣기, 자기 방에 있는 쓰레기통 비우기, 이불 정리하기, 식탁 준비하기 등 한 주간 여러분이 맡은 책임 잘 이행하기를 도전해 봅시다. 가정에서 책임감을 기르지 않으면 세상에서 큰 책임을 감당하기 힘듭니다. 만일 책임이 적다면 부모님에게 더 많은 책임을 달라고 요청해 보세요. 책임감이 있는 사람은 또 다른 책임을 맡게 되고 점점 책임감이 강한 훌륭한 사람으로 성장하게 될 것입니다.

하나님의 기대 vs 사람의 기대

하나님의 기대와 사람의 기대가 다르면 어떻게 해야 할까요? 하나님의 기대와 부모의 기대가 다르다면요? 하나님의 기대와 배우자의 기대가 다르면요?

출애굽기 1장을 보면, 히브리 산파들은 남자아이를 죽이라는 바로의 명령을 받았지만 그 명령을 따를 수 없었습니다. 이집트의 왕 바로보다 하나님을 더 두려워했기 때문입니다(17절). 그래서 산파들은 바로의 명령을 어겼고 남자 아기들을 살려 주었습니다. 그리고 하나님은 그 산파들에게 복을 주셨습니다. "그들이 하나님을 경외하였으므로 그들의 집안을 흥왕하게 하셨다"(21절).

하나님의 기대와 사람의 기대가 다를 때 우리는 하나님을 신뢰하고 하나님의 기대를 따라 행해야 합니다. 하나님은 당신을 신뢰하는 자에게 흔들리지 않는 견고함과 평안을 주십니다. "주께서 심지가 견고한 자를 평강하고 평강하도록 지키시리니 이는 그가 주를 신뢰함이니이다"(사 26:3). 여기서 평강은 히브리어로 '샬롬'입니다. 샬롬은 외부적으로 엄청난 폭풍우가 몰아칠 때 누리는 내적인 질서의 상태입니다. 베드로와 요한도 비슷한 경우를 당했습니다. 공회가 두 사도에게 매질을 하고 예수의 이름으로 말하지도 말고 가르치지도 말라고 위협했을 때 그들은 이렇게 말했습니다. "너희가 사람의 말을 듣는 것이 하나님의 말씀을 듣는 것보다 옳은가를 판단하라"(행 4:19). 언제나 하나님의 기대를 따르는 사람이 하나님의 사람입니다.

책임과 권리

책임과 항상 함께 오는 것이 권리입니다. 작은 일이지만 맡은 책임을 다하면 더 많은 권리가 주어집니다. 또 더 많은 권리가 부여되면 더 많은 책임을 맡게 됩니다. "착하고 충성된 종아 네가 적은 일에 충성하였으매 내가 많은 것을 네게 맡기리니"(마 25:21). 하지만 책임은 지지 않으면서 권리만을 누리려는 사람이 있습니다. 책임과 권리는 자전거의 양쪽 페달과 같습니다. 한쪽 페달만 밟으면 자전거가 서지 못합니다. 국내에 교통사고 사망자가 한 해 평균 3천 명이라고 합니다. 운전할 수 있는 권리만 내세우고 교통 법규를 준수할 책임을 지지 않기 때문에 그토록 많은 사람이 생명을 잃는 것은 아닐까요? 신앙생활도 마찬가지입니다. 하나님께서 우리와 인격적으로 관계하실 때, 하나님은 '언약'이라는 결속 안에 우리를 두셨습니다. 언약에는 특권도 있지만 책임도 있습니다. 우리가 예수 그리스도를 구주로 영접할 때 하나님은 당신의 자녀가 되는 놀라운 권세를 주시지만 동시에 하나님의 자녀로서 살아야 할 법과 책임도 주셨습니다. 우리가 하나님이 주신 책임을 소중히 여기면 하나님은 언약에 두신 하나님의 복을 내려 주십니다. 반대로 그렇지 않으면 언약의 저주와 벌을 내리십니다. 그러므로 우리는 하나님이 우리에게 기대하시는 것을 말씀을 통해 잘 깨달아 알고, 그것을 행하고 실천하는 사람이 되어야 합니다.

책임감의 반대말, 무책임(Unreliability)

책임감의 반대말은 무책임입니다. 부모의 책임에 대해 생각해 봅시다. 부모의 책임은 막중합니다. 어머니의 책임은 말로 할 수 없을 만큼 중요하고, 아버지의 책임 역시 동일합니다. 아버지는 자녀들에게 매우 중요한 사람입니다. 자녀들은 아버지에게 아버지로서의 기대를 가지고 있습니다. 어떤 기대일까요? 자녀의 기대를 알 때 책임감 있는 아버지가 될 수 있을 것입니다.

자녀들의 깊은 마음에는, 아버지가 돈을 많이 벌어 오는 것보다 자신과 했던 작은 약속을 지키고, 세상의 성공보다, 명예와 가치를 중요하게 여기며, 가족을 소중하게 여기기를 기대합니다. 이런 기대가 무너지면 실망하게 되고 평생 마음에 상처를 가지고 살게 됩니다. 목회자도 마찬가지입니다. 어떤 가나안 성도에게 왜 교회에 나가지 않냐고 물어보면 목회자에 대한 실망 때문이라고 말하는 분들이 계십니다. 성도들은 목회자에게 기대를 가지고 있습니다. 어떤 기대일까요? 일반적으로 목회자가 설교를 잘하고, 교회를 부흥시키는 것을 기대하는 것처럼 보이지만, 그보다 더 깊은 기대는 목회자가 그가 전한 말씀대로 살아가는 가입니다. 이런 기대가 무너지면 실망하게 되고 마음에 쓴 뿌리가 생기고 심지어 하나님에 대한 신앙도 포기하게 됩니다. 교회의 직분자들도 마찬가지입니다. 성도들은 직분자들에게 기대가 있습니다. 어떤 기대일까요? 신앙의 본을 기대합니다. 세상도 우리 그리스도인들에게 기대를 하고 있습니다. 어떤 기대일까요? 우리가 말하고 믿는 대로 살기를 기대합니다. 그렇지 않으면 실망을 주게 되고 신뢰를 잃게 될 것입니다. 다시 말하지만, 신뢰는 돈을 주고 살 수 없는 중요한 가치입니다.

등대지기

미국 오하이오 주 클레브랜드 가까이 '에리 호수'(Lake Erie)라는 호수가 있습니다. 이 호수는 바람이 불면 풍랑이 거세지기로 유명한 세계에서 네 번째로 큰 호수입니다. 그래서 에리 호숫가에는 배들의 안전을 위해 '마블 헤드'라는 등대가 있습니다. 19세기에는 등대의 불을 기름으로 밝혔다고 합니다. 그래서 등대지기는 항상 기름을 준비하고 만약을 대비해야 하는 책임이 있었습니다. 등대지기에게 등대를 지키는 일은 중요한 일이었지만 종종 따분한 일이기도 했습니다.

어느 날 에리 호수에 예상치 못한 폭풍우가 몰아쳤는데, 거센 폭풍우 속에서 등대의 불빛을 찾는 배 한 척이 있었습니다. 하지만 그날 밤에 등대지기는 등대의 불을 밝히지 않았습니다. 그날 안타깝게도 배는 해안선의 바위에 충돌하여 많은 사람이 목숨을 잃고 말았습니다. 이 사건은 다음 날 신문의 헤드라인을 장식했고, 사람들은 어떻게 한 사람의 부주의로 이렇게 큰 사고가 났는지를 알고는 분개했습니다.

우리에게도 이 세상에 빛을 비추어야 하는 책임이 있습니다. 하나님은 우리가 그 빛을 비추기를 기대하십니다. 이 어둡고 비바람 치는 세상에서, 사람들이 난파당하지 않고 우리의 안전한 항구가 되신 그리스도께 도달할 수 있도록 빛을 비추는 일이 신자의 사명입니다. 교회가 진리의 등대라면, 신자는 등대지기라 할 수 있습니다. 우리 교회 종탑을 새로 만들고 불이 밝혀지던 날 그 모습이 꼭 등대 같다고 생각했습니다. 그리고 마음으로 이렇게 기도했습니다. '주님 우리 교회가 복음의 빛을 비추는 등대로서의 사명을 잘 감당하게 하소서, 우리 성도들이 어두운 세상을 밝히는 등대지기가 되게 하소서'

등대지기의 결심

복음의 빛을 비추는 등대지기가 되기 위해 다음 세 가지를 결심해 봅시다.

먼저 약속을 잘 지킵시다. 사람들은 여러분이 약속을 지키기를 기대합니다. 결혼할 때 했던 서약을 지키고 있습니까? 결혼 생활은 서약을 지키는 것입니다. 세례 받을 때 했던 서약을 지키고 있습니까? 하나님과 사람들은 여러분이 그 서약을 이행하기를 기대합니다. 일상에서 자녀들에게 한 약속, 부모님께 한 약속, 선생님과 친구들에게 한 약속을 기억하고 아무리 작은 것이라도 잘 지키기로 결심해 봅시다. 그렇지 않으면 제3계명인, 하나님의 이름을 망령되게 일컫는 그 죄를 범하게 됩니다. "너는 네 하나님 여호와의 이름을 망령되게 부르지 말라. 여호와는 그의 이름을 망령되게 부르는 자를 죄 없다 하지 아니하리라"

또한 변명하지 맙시다. 잘못이나 실수에 대해 변명하거나 남을 탓하는 것은 책임 있는 태도가 아닙니다. 적당하게 얼버무리면 위기를 모면할 수 있을지 모르나, 하나님의 최후 심판대 앞에서 낱낱이 잘못을 고하게 될 날이 옵니다(롬 14:11-12). 주님은 그 모든 일의 동기와 목적을 알고 계십니다. 변명부다 자백이 귀합니다. 죄를 고백하고 시인하는 것은 죄로 인해 굽어진 모든 것을 바로 잡는 유일한 길입니다.

마지막으로 맡은 일을 완수합시다. 어떤 사람은 자신에게 맡겨진 것이 무엇인지 잘 모르겠다고 불평합니다. 그러나 잘 생각해 보면 그것은 핑계에 불과합니다. 누구나 자신이 해야 할 일이 무엇인지 알고 있습니다. 하지 않는 이유는 자기의 본분을 잊거나 게으르고 나태하기 때문입니다. 어떤 사람은 처음에는 열정적으로 시작하지만, 어려움이 생기면 빨리 포기하거나 따분하게 생각합니다. 장애물을 용감하게 뛰어넘고 맡은 임무를 완수하는 사람은 적습니다. 아무리 작은 일, 직책이라도 최선을 다합시다. 그리고 맡은 책임을 완수합시다. 성령께서 감당할 힘과 능력을 주실 것입니다.

일을 마친 후

맡은 일에 대한 책임만큼이나 그 이후도 중요합니다. 예수님은 종이 자신이 맡은 일을 다했다고 해서 주인이 그 종에게 감사하겠느냐고 물으셨습니다. 거기서 주인은 주님을 가리키고, 종은 주님의 제자들을 가리킵니다. 주님은 일을 마친 종에게 요구되는 자세를 가르쳐 주셨습니다. "너희도 명령받은 것을 다 행한 후에 이르기를 우리는 무익한 종이라 우리가 하여야 할 일을 한 것뿐이라 할지니라"(눅 17:10). 우리는 예수 그리스도의 청지기들입니다. 주님의 말씀대로 일을 마친 청지기로서 우리는 이렇게 고백해야 합니다. '주님 저는 무익한

종입니다. 제가 해야 할 일을 한 것뿐입니다'

하나님과 사람들은 나에게 기대합니다. 당신이 그 기대를 깨닫고 행하는 일에 앞장선다면 좋은 영향을 미치는 사람이 될 것입니다. 교회와 일터에서 신뢰를 얻고 영향력이 있는 사람이 되길 진심으로 소망합니다.

나의 결심

내게 기대하는 바를 알고 마땅히 행하겠다.

- 약속을 지키겠다.
- 변명하지 않겠다.
- 내 능력껏 맡은 일을 모두 하겠다.
- 잘못한 일은 바로잡겠다.
- 내 의무를 알고 완수하겠다.

생각하고 나눌 질문

1. 책임감이란 무엇이라고 생각합니까? 책임감의 정의를 자신의 말로 다시 설명해 봅시다.

2. 미리암은 어떤 책임을 맡았고, 그것을 어떻게 감당했습니까? 미리암의 행동을 통해 배울 수 있는 점은 무엇입니까? 나에게 맡겨진 책임에는 어떤 것들이 있는지 함께 나눠봅시다.

3. 가정이나 학교, 친구들과의 관계에서 내가 맡고 있는 일들을 떠올려 봅시다. 내가 책임을 다하지 못했던 적이 있다면 언제였습니까? 그때 어떤 일이 있었고, 다시 그런 상황이 온다면 어떻게 행동할 수 있을지 함께 나눠봅시다.

4. 하나님이 나에게 기대하시는 모습은 어떤 모습일까요? 하나님과 사람 앞에서 책임감 있는 사람으로 살아가기 위해 어떤 노력을 할 수 있을지 함께 나눠봅시다.

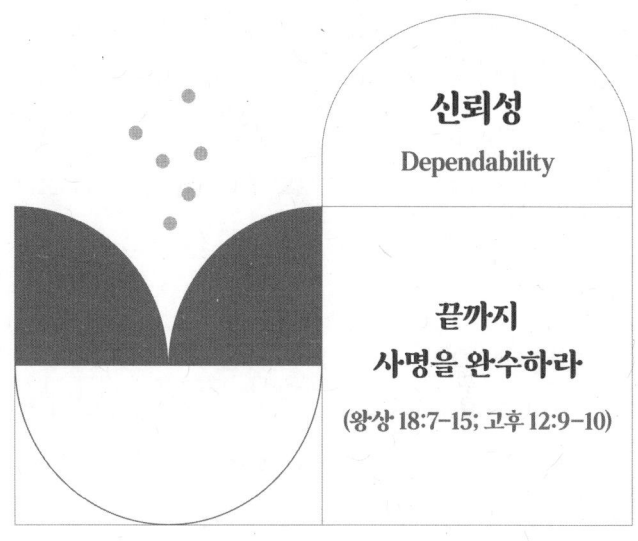

신뢰성
Dependability

끝까지 사명을 완수하라
(왕상 18:7-15; 고후 12:9-10)

신뢰성이 있다는 것은 '믿음직하다'는 뜻입니다. 그리스도인은 믿음직한 사람이 되어야 합니다. 성경에서 신뢰성은 '충성'과 관련됩니다. 충성과 신뢰성은 차이가 있습니다. 충성은 하나님과 사람, 곧 대상을 향한 것입니다. 하지만 신뢰성은 하나님과 사람이 부여한 '사명'과 관련된 것입니다. **신뢰성은 맡겨진 사명을 끝까지 완성하는 성품입니다.**

예수님은 신뢰하는 종을 향해 "잘하였도다 착하고 충성된 종아"라고 하셨습니다(마 25:21). '주인이 맡긴 그 사명'(missio Dei)을 잘했기 때문입니다. 여기서 '충성되다'(헬, pistos)는 '믿을 만하다', '의지할 만하다', '성실하다'는 뜻입니다. 예수님이 우리에게 사명을 주시고 그 사명을 평가하실 때 항상 고려하시는 성품이 신뢰성입니다. "(사명을) 맡은 자들에게 구할 것은 충성이니라"(고전 4:2). "네가 죽도록 하나님께 충성하라 그리하면 내가 생명의 면류관을 네게 주리라"(계 2:10).

여호와의 종, 오바댜

오바댜는 하나님께 충성된 사람이었습니다. 그의 이름의 뜻은 '여호와의 종'입니다. 오바댜는 영적으로 타락하고 어둡고 암울한 시대를 살았지만 "하나님을 지극히 경외하는 사람"이라는 평가를 받았습니다(왕상 18:3,12). 그는 북이스라엘의 왕 아합의 궁전을 책임지는 권세 있는 사람이었습니다. 아합과 이세벨이 여호와의 선지자들을 살육할 때, 오바댜는 선지자 100명을 50명씩 굴에 숨기고 떡과 물을 제공했습니다(4절). 만약에 아합과 이세벨이 이 일을 알았다면 오바댜를 결코 살려두지 않았을 것입니다. 하지만 오바댜는 자신의 희생을 각오하고 선지자들을 숨기고 그들에게 양식을 공급했습니다. '주머니 속 송곳'이라는 말처럼 오바댜의 이런 성품은 그가 사는 왕궁 안에서도 그대로 드러났을 것입니다. 그래서 아합은 오바댜를 신뢰했습니다. 당시 이스라엘 땅은 3년 6개월 동안 기근으로 마실 물이 거의 없었습니다. 아합은 직접 물의 근원을 찾아 나서면서 그가 신뢰하던 오바댜를 데리고 갔습니다(5절). 효율성을 위해 두 팀으로 나누어 물을 찾을 때 오바댜는 그 길에서 엘리야 선지자를 만나게 됩니다(7절). 그동안 아합과 이세벨은 엘리야를 죽이기 위해 여러 족속과 나라를 뒤졌지만 찾을 수 없었습니다. 그런데 엘리야가 오바댜를 찾아온 것입니다. 엘리야는 오바댜에게 한 가지 사명을 줍니다. "가서 네 주에게 말하기를 엘리야가 여기 있다 하라"(8절). 오바댜는 이 명령을 듣고 두려웠습니다. 아합은 엘리야를 원수로 생각하면서 죽이려 하는데, '엘리야가 여기 있습니다'하고 보고한 후에, 만일 엘리야가 사라져 버린다면, 아합이 아무리 자신을 신뢰한다고 해도 절대 용서하지 않을 것이라 생각했기 때문입니다. 그때 엘리야는 만군의 하나님의 이름으로 맹세합니다. "내가 섬기는 만군의 여호와께서 살아계심을 두고 맹세하노니 내가 오늘 아합에게 보이리라"(15절).

오바댜는 목숨을 걸고 아합에게 가서 '엘리야가 여기에 있나이다'라고 말합니다. 이렇게 아합과 엘리야의 만남이 다시 이루어집니다. 오바댜의 이야기 속에서 우리는 신뢰성이 어떤 것인지를 배웁니다.

첫째, 신뢰성은 자신이 하기로 한 일은 예상치 못한 희생이 따르더라도 끝까지 완수하는 것입니다. 엘리야가 왕궁 밖에서 사명을 수행했다면, 오바댜는 왕궁 안에서 자신의 사명을 다했습니다. 성경은 오바댜를 가리켜 하나님을 지극히 경외하는 사람이라고 평가했는데, 우리가 주목할 점은, 하나님을 향한 그의 경외심이 사람들에게는 신뢰성으로 나타났다는 것입니다. 우리도 하나님을 경외하면 하나님만이 아니라 사람들에게도 믿을 만한 사람으로 드러나게 됩니다.

둘째, 신뢰성이 있는 사람은 자기 일에 성실합니다. 오바댜가 자기 일에 성실하지 않았다면 아합은 그를 신뢰하지 않았을 것입니다. 성실한 사람은 작은 일에 충성을 다하고 목표를 완성합니다. 예수님은 "지극히 작은 것에 충성된 자는 큰 것에도 충성되고 지극히 작은 것에 불의한 자는 큰 것에도 불의하니라"라고 하셨습니다(눅 16:10). 사람들이 보기에 하찮은 것, 또 내가 보기에 사소한 사명이라도 끝까지 완수하는 사람을 하나님은 귀하게 여기시고 사람들 역시 그를 신뢰하게 됩니다.

셋째, 언제나 진실을 말합니다. 오바댜는 자신에게 예기치 못한 희생과 손해가 따르더라도 끝까지 진실을 말하려고 합니다. "신실한(믿을만한) 증인은 거짓말을 아니하여도 거짓 증인은 거짓말을 뱉느니라"(잠 14:5).

끝으로, 자신이 한 말과 약속을 잘 지킵니다. 오바댜는 엘리야에게 한 말을 지킵니다. 시편 15:4은 "그의 마음에 서원한 것은 해로울지라도 변하지 아니한다"라고 말합니다. 우리는 하나님께 서약한 것을 지킬 뿐 아니라, 사람들과의 관계에서도 약속한 것을 꼭 지키는 사람이어야 합니다.

신뢰성의 반대말, 변덕(Inconsistency)

변덕스러운 사람은 일을 마무리하지 못합니다. 그래서 사람들이 실망하게 되고 신뢰가 무너지게 됩니다. 학생들이 숙제를 잘해 가지 않으면 선생님은 그 학생을 신뢰하지 않습니다. 직장에서도 자기 일을 마무리하지 못하는 직원은 신뢰받지 못합니다. 변덕스러운 사람들은 약속을 존중하지 않습니다. 자신에게 이득이 없다고 판단되면 쉽게 약속을 변경하거나 어려움이 생기면 약속을 저버립니다. 이런 사람은 신뢰를 얻기 힘듭니다. 잠언 25:19은 "환난 날에 진실하지 못한 자를 의뢰하는 것은 부러진 이와 위골된 발 같다"라고 말합니다. 신뢰성이 없는 사람은 승진을 하지 못하고, 진학이나 진급을 하기 어렵습니다. 여러분은 자신이 한 말을 잘 지키고 있습니까? 여러분이 하나님과 사람들 앞에서 한 서약을 지키고 있습니까? 결혼 서약, 세례 받을 때의 서약, 직분자로 임직할 때의 서약 등 이 모든 말과 일을 소중하게 여기고 끝까지 사명을 완수해 내는 사람을 하나님은 신뢰하시며 그에게 합당한 보상을 주실 것입니다.

신뢰성에 대한 보상

맡겨진 사명을 끝까지 완수하는 이들에게 하나님은 복을 주십니다. 먼저는 믿음의 가문을 일으켜 주십니다. 하나님은 엘리 제사장 가문을 폐하실 것을 예고하시며, 장래에 자신을 위하여 "충실한(신뢰할 만한) 제사장을 일으키리니 … 내가 그를 위하여 견고한 집을 세우리라"라고 약속하십니다(삼상 2:35). 하나님 앞에 신뢰할 만한 사람으로 인정받을 때 하나님은 우리 후손들을 축복하시고 믿음의 가문을 일으켜 주실 것입니다.

그리고 더 큰 직책을 맡기십니다. 믿을 만한 사람을 가까이 두고 싶은 욕구를 가지는 것은 당연한 일입니다. 믿지 못할 사람, 신뢰하지 못하는 사람보다 어떤 희생을 감내하고도 끝까지 자신의 사명을 이루는 사람은 더 많은 승진의 기회와 더 큰 책임의 자리에 앉게 됩니다.

또한 하나님께 칭찬과 보호를 받습니다. 주님은 착하고 충성된 종에게 "네가 적은 일에 충성(성실)하였으매 내가 많은 것을 네게 맡기리니 네 주인의 즐거움에 참여할 지어다"라고 하셨습니다(마 25:23). 또한 하나님은 "진실한 자(성실한 자)를 보호하시고 교만하게 행하는 자에게 엄중히 갚으"십니다(시 31:23). 이렇게 하나님과 사람 앞에서 신뢰성이 넘치는 사람은 하나님의 넘치는 복을 받고 영원한 생명을 상속받습니다.

"네가 죽도록 충성하라(성실하라) 그리하면 내가 생명의 면류관을 네게 주리라"(계 2:10).

신뢰성을 쌓기 위해 항상 다음의 세 가지를 기억합시다. 먼저는 사람에게 하는 것이 곧 주님께 하는 것임을 알아야 하고(마 25:40), 다음으로 우리에게 다가올 마지막 날과 주님의 평가를 의식해야 하고(고후 5:10), 끝으로 하나님이 주시는 복과 상급을 의식해야 합니다(눅 12:42-43; 히 11:6).

신뢰성의 비결

여러분의 마음이 불편할지도 모르겠습니다. 사실, 우리 자신을 돌아보면 신뢰성이 없기 때문입니다. 하나님과 사람들은 나에게 신뢰성을 기대하지만 나는 신뢰할 만하지 못합니다. 하지만 우리가 신뢰할 수 있는 분이 계십니다. 바로 예수 그리스도이십니다. 그분은 어려움과 희생 앞에서도 끝까지 자신에게 맡겨진 것을 완수하셨습니다. 우리의 구원은 주님의 성실하심 때문입니다. 여기에 우리의 소망이 있습니다. 우리는 주님을 본받음으로써 신뢰성 있는 사람이 될 수 있습니다. 어떻게 예수 그리스도의 성실하심을 본받을 수 있을까요? 우리의 연약함과 무능력을 인정하고 주님을 믿고 날마다 주님의 성실을 믿고 살아가는 것입니다. "이것들이 아침마다 새로우니 주의 성실하심이 크시도소이다"(애 3:23). 바울은 연약한 중에도 강할 수 있었던 비결을 밝힙니다. "그러므로 내가 그리스도를 위하여 약한 것들과 능욕과 궁핍과 박해와 곤고를 기뻐하노니 이는 내가 약한 그 때에 곧 강함이라"(고후 12:10). 약함은 은혜를 받는 통로이며 그릇입니다. 질그릇같이 깨지기 쉬운 인생이라도 귀하게 쓰임 받을 수 있습니다. 그러므로 이렇게 기도해 봅시다. '주님 저는 신실하지 못할 뿐 아니라 그렇게 살 능력이 없습니다. 하지만 나를 위해 자기 생명을 내어주신 주님의 신실하심을 바라봅니다. 그 주님 안에서 제가 신실한 삶을 시작할 수 있도록 도와주세요. 신실하신 그리스도 예수님의 이름으로 기도합니다. 아멘'

신뢰성은 단순히 맡은 일만 끝내는 것이 아니라, 그 일을 하나님 앞에서 믿음으로, 성실하게 이루어 가는 것입니다. 오바댜는 그의 직분과 상황 속에서 하나님을 경외하며 그 신뢰를 사람들에게도 드러냈습니다. 우리는 그를 통해 신뢰성의 본을 배우고, 우리가 맡은 모든 일에 신뢰를 바탕으로 충성되게 살아갈 수 있어야 할 것입니다.

정리해 봅시다. 하나님께서 우리에게 맡기신 사명의 크고 작음에 관계없이, 우리가 그것을 성실히 완수할 때 하나님은 그 충성과 신뢰를 보시고 갚아주십니다. 우리가 하는 모든 일이 하나님을 위한 것임을 기억하며, 끝까지 그 사명을 완수할 때 우리에게 주어진 보상은 이루 말할 수 없이 크고 귀할 것입니다. 우리는 연약하고 불완전한 존재이지만, 예수님께서 보여주신 신뢰성으로 우리도 변화될 수 있습니다. 예수님 안에서 우리의 신뢰성이 새롭게 세워지고, 그를 따라가는 힘을 얻게 될 것입니다. 그리하여 하나님 앞에서, 사람들 앞에서 신뢰받는 사람으로, 어떤 희생이 있더라도 끝까지 사명을 완수하는 사람이 되기를 소망합니다.

나의 결심

하기로 한 일은 예기치 못한 희생이 따르더라도
끝까지 완수하겠다.

- 내가 한 말을 지키겠다.
- 약속을 신중히 하겠다.
- 내 실수를 바로잡겠다.
- 내 몫을 다하겠다.
- 나쁜 태도를 보이지 않겠다.

생각하고 나눌 질문

1. 우리는 자신이 맡은 작은 일에서부터 신뢰성을 가지고 성실히 수행하고 있습니까? 나의 일상에서 신뢰를 쌓기 위한 실천은 무엇입니까?

2. 사명이나 직무에서 예상치 못한 어려움이나 희생이 따를 때, 나는 그것을 끝까지 감당할 준비가 되어 있습니까? 어려운 상황에서 내가 선택하는 태도는 무엇인가요?

3. 내가 하나님과 사람들에게 신뢰를 얻기 위해 갖추어야 할 성품은 무엇일까요? 나의 신뢰성은 어떤 방식으로 표현되고 있습니까?

4. 예수님께서 보여주신 성실과 신뢰성을 내 삶에 어떻게 본받을 수 있을까요? 그분의 성실함을 내 삶에서 어떻게 실천할 수 있을까요?

5. 나의 신뢰성이 사람들에게 어떻게 영향을 미칠까요? 내가 신뢰받는 사람이 될 때, 내 삶과 주변에 어떤 변화가 일어날 수 있을지 생각해 봅시다.

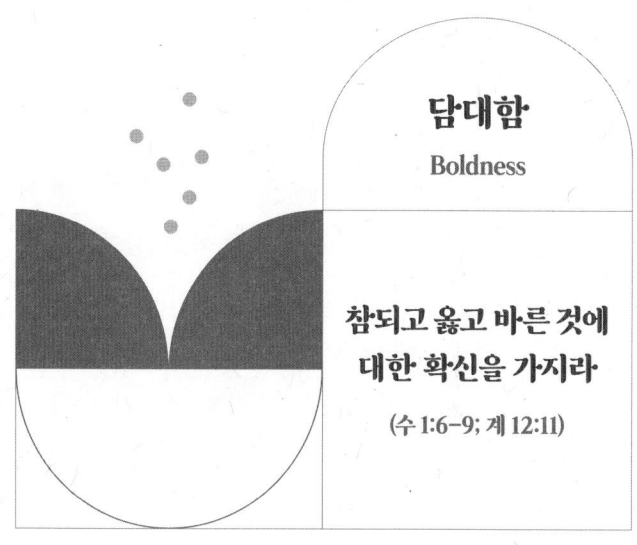

담대함
Boldness

참되고 옳고 바른 것에 대한 확신을 가지라
(수 1:6-9; 계 12:11)

담대함이란 하나님이 명령하신 것을 두려움 없이 해내는 용기입니다. 하나님은 우리가 담대한 사람이 되기를 원하십니다. 성경에는 세 가지 차원의 담대함이 있습니다. 첫째, 죽음에 맞서는 담대함, 둘째, 진리를 말하는 담대함, 셋째, 하나님을 위해 큰일을 이루는 담대함입니다. 하나님께서 여호수아에게 '강하고 담대하라'고 말씀하셨을 때 거기에는 이 세 가지 내용이 다 포함되어 있었습니다. '여호수아야, 너는 죽음을 두려워하지 말고 싸우며, 백성들에게 담대하게 진리를 말하고, 그래서 하나님의 큰일을 이루라'는 것이었습니다.

죽음 앞에 담대하라

메소포타미아의 유적을 연구하는 고고학자들이 어느 날 땅속에서 약 4,500년 전에 수메르어로 기록된 엄청난 양의 토판을 발견했습니다. 그중에는 세상을 깜짝 놀라게 할 만한 이야기가 담겨 있는 토판도 있었는데, 바로 아브라함의 고향 우르(Ur) 근처에 있는 우르크(Urk)라는 도시의 길가메쉬(Gilgamesh)라는 왕에 대한 이야기였습니다. 길가메쉬는 그의 친구 엔키두가 병들어 시름시름 앓다가 죽는 것을 지켜보다 죽음에 대한 공포에 휩싸여 영원한 생명을 찾아 모험을 떠나고, 그러나 결국 빈손으로 집에 돌아오게 된다는 이야기입니다. 인류가 가지고 있는 가장 오래된 이야기의 주제가 '죽음과 영생'이라는 사실이 참으로 놀랍고 흥미롭습니다. 인류는 태고 시절부터 죽음의 문제를 해결하기 위해 분투했습니다. 그러나 누구도 이것을 이길 수 없었습니다. 가난도 전쟁도 질병도 무섭지만 죽음이야 말로 이 모두의 가장 무서운 실체입니다.

그런데 하나님은 죽음 앞에 강하고 담대하라고 말씀하십니다. 예수님께서 죽음의 권세를 이기셨기 때문입니다. 이것이 예수님이 이 땅에 오신 이유이기도 합니다. 히브리서 2:15은 "죽음의 세력을 잡은 자 곧 마귀를 멸하시며 또 죽기를 무서워하므로 한평생 매여 종노릇 하는 모든 자들을 놓아 주시기 위해" 예수님께서 인간의 몸을 입고 오셨다고 말합니다.

요한복음 3:15은 "그를 믿는 자마다 멸망치 않고 영생을 얻게 된다"라고 말합니다. 예수님을 구주로 믿고 영접하는 사람은 예수님 안에 있는 영원한 생명(부활의 생명)을 선물로 받습니다(요일 5:11-12). 영생은 생명의 근원이신 하나님과의 교제입니다. 그래서 영원한 생명을 소유한 사람은 죽음 앞에 담대해집니다. 죄의 삯은 사망이지만(롬 6:23), 신자는 죄 때문에 죽지 않습니다. 신자의 죽음이 복된 이유는, 죽음을 통해 더 이상 죄 짓는 삶을 멈추고 영원한 생명으로 들어가기 때문입니다. 죽음은 성도에게 공포와 절망이 아닌, 나그네의 삶을 마감하고 본향으로 입성하는 영광스러운 개선의 순간입니다. 그래서 초대교회의 성도들은 이교도들과 달리 장례식장에 갈 때 손에 종려나무 가지와 등불을 들고 할렐루야를 노래하면서 당당하게 묘지로 향했다고 합니다.

성경에는 죽음 앞에 강하고 담대했던 사람들의 이야기가 많습니다. 다니엘은 고관들의 위협이나 굶주린 사자를 두려워하지 않았습니다. 다니엘의 세 친구들도 맹렬히 타는 풀무불을 두려워하지 않았습니다. 그들은 사람보다 하나님을 두려워했고 하나님이 불 속에서 자신들을 건져내실 것을 확신했으며 '그리 아니하실지라도' 죽음 앞에 담대했습니다. 사도들도 마찬가지입니다. 바울은 복음을 전하며 사람들에게 죽도록 맞고, 박해를 당하고, 파선하는 일을 겪었지만 죽는 것을 두려워하지 않았습니다. "내게 사는 것이 그리스도니 죽는 것도 유익함이라"(빌 1:21). 바울의 관심은 죽고 사는 것이 아니라 하나님을 기쁘게 하는 데 있었습니다. "우리가 담대하여 원하는 바는, 차라리 몸을 떠나 주와 함께 있는 그것이니라. 그런즉 우리는 몸으로 있든지 떠나든지 주를 기쁘시게 하는 자가 되기를 힘쓰노라"(고후 5:6,8-9).

당신은 죽음 앞에 담대합니까? 예수님을 위해 죽을 각오가 되어 있습니까? 최근 우크라이나에 일어난 전쟁을 보며 우크라이나 사람들의 애국심과 용기가 참 대단하다고 생각했습니다. 조국을 지키기 위해 맨 몸으로 탱크를 가로막기도 하고 남녀노소 가리지 않고 총을 들고 침략자들에 맞서는 모습이 감동적이었습니다. 해외에 있던 우크라이나 사람들도 수만 명이 고국으로 돌아왔다고 합니다. 그들은 조국을 위해 담대히 싸웠습니다. 성도는 두 가지 시민권을 가지고 있는데, 이 땅의 시민으로 살면서 동시에 하늘의 시민으로 살고 있습니다. 조국을 위해 헌신해야 할 때도 있지만 더 높은 우선순위는 오직 그리스도여야 합니다. 요한계시록 12:11은 성도를, 어린 양이신 그리스도를 위해 "죽기까지 생명을 아끼지 아니하는 자들"이라고 정의합니다. 하나님은 여러분이 그리스도를 위해 자기 생명도 아끼지 아니하는 담대한 용사가 되기를 바라십니다.

진리 앞에 담대하라

사도 바울은 복음을 전하다 죄수의 신분이 되었습니다. 예수의 이름을 말하면 죽이겠다는 협박을 당했습니다. 그때 바울은 자신에게 담대함을 주시도록 간절히 기도합니다. 그는 "주여 이제도 그들의 위협함을 굽어 보시옵고 또 종들로 하여금 담대히 하나님의 말씀을 전하게 하여 주시오며"라고 기도한 후(행 4:29), 에베소교회의 성도들에게 기도를 요청합니다. "또 나를 위하여 구할 것은 내게 말씀을 주사 나로 입을 열어 복음의 비밀을 담대히 알게 하옵소서 할 것이니라"(엡 6:19-20). 여기에 담대함에 관한 중요한 통찰이 있습니다. 진리를 말하는 담대함은 기도를 통해 온다는 것입니다. 우리는 강하고 담대함을 위해 기도할 뿐 아니라, 이를 위해 다른 사람에게도 기도를 부탁해야 합니다.

16세기 스코틀랜드의 종교개혁자 존 녹스는 담대한 설교자로 유명했습니다. 어느 날 체포되어 죄수의 신분으로 갤리선에서 노를 젓는 고역을 하게 됩니다. 19개월 간 노를 저으며 그는 '하나님 제게 스코틀랜드를 주시옵소서 그렇지 않으면 차라리 죽음을 택하겠습니다'라고 기도했습니다. 그때 그가 설교하던 세인트루이스교회의 성도들도 그를 위해 함께 간절히 기도했다고 합니다. 이후 하나님은 녹스를 통해 영국 땅에도 종교개혁을 일으키시고 그곳에 장로교회를 세우셨습니다. 나중에 메리 여왕은 '유럽의 모든 군대보다 존 녹스의 기도가 더 두렵다'고 말하기도 했습니다. 그가 죽은 후에, 사람들은 그의 비문에 '여기 세상에 어떤 사람과도 맞서기를 두려워하지 않은 사람이 잠들어 있도다'라고 기록했습니다. 세상에서 가장 두려운 사람은 죽기를 각오한 사람입니다. 그런데 더 두려운 사람이 있습니다. 기도하는 사람입니다. 우리가 기도하면 마귀가 두려워 떨고, 세상이 우리를 함부로 하지 못합니다. 기도하는 사람은 어떤 두려움도 이기게 됩니다.

진리를 말하는 담대함은 깨끗한 양심에서 나온다

이사야는 소명을 받을 때 자신이 부정한 사람이라는 것을 알게 됩니다. "화로다 나여 망하게 되었도다. 나는 입술이 부정한 백성 중에 거주하면서 만군의 여호와이신 왕을 뵈었음이로다"(사 6:5). 그때 스랍 중 하나가 제단의 숯불을 가져와 이사야의 입술에 대고 "보라 이것이 네 입에 닿았으니 네 악이 제하여졌고 네 죄가 사하여졌느니라"라고 선언합니다. 그때 비로소 이사야는 담대히 "주님 내가 여기 있나이다 나를 보내소서"라고 자원합니다. 진리를 말하기 위해서는 항상 깨끗한 양심을 지켜야 합니다. 바울은 후임 목회자 디모데에게 "청결한 마음과 선한 양심과 거짓이 없는 믿음에서 나오는 사랑"의 목회를 당부했습니다(딤전 1:5). 우리의 양심과 생활이 깨끗하지 않으면 우리의 입이 자유로울 수 없습니다. 당연히 복음의 능력 또한 잃어버립니다. 그래서 우리는 신앙과 삶의 순결을 지키기 위해 늘 싸워야 합니다. 성령께서 여러분 안에 깨끗한 양심, 정결한 마음을 창조하여 주시기를 바랍니다. 그래서 진리를 담대히 말하는 사람들이 되기를 소망합니다.

하나님의 소명을 이루라

우리가 담대히 진리를 말할 때, 우리를 통해 하나님은 놀라운 역사를 이루십니다. "오직 자기의 하나님을 아는 백성은 강하여 용맹을 떨치리라"(단 11:32). 성도는 하나님을 아는 만큼 강해집니다. 어떻게 하나님을 알 수 있을까요? 두 가지 방법이 있습니다. 하나는 자연 세계이고, 또 다른 하나는 성경입니다. 하나님은 자연 세계를 통해 자신을 알리십니다. "그의 영원하신 능력과 신성이 그가 만드신 만물에 분명히 보여 알려졌나니 그러므로 그들이 핑계하지 못할지니라"(롬 1:20). 자연은 하나님의 신성과 능력을 나타내는 계시의 통로입니다. 그래서 인간은 자연 세계를 관찰하고 탐구하고 연구할 때 하나님의 신성과 능력을 발견하게 됩니다. 신자는 수학과 과학, 사람의 인체 등을 공부할 때 그 안에서 하나님이 디자인하신 세밀한 질서와 아름다움을 발견하며 하나님의 성품을 깨닫습니다. 그러나 이 자연의 계시가 하나님의 구원의 계시를 전달하지는 못합니다. 독생자 예수 그리스도를 보내신 그 사랑과 구속의 은혜는 '오직 성경'을 통해서만 알 수 있습니다. 그러므로 우리는 성경의 빛을 개인과 가정과 삶의 모든 영역에 비추어 하나님의 뜻과 진리를 선명하게 드러내야 합니다. 그래서 하나님은 여호수아에게 "이 율법책을 네 입에서 떠나지 말게 하며 주야로 그것을 묵상하여 그 안에 기록된 대로 다 지켜 행하라 그리하면 네 길이 평탄하게 될 것이며 네가 형통하리라"라고 말씀하셨습니다(수 1:8).

아침마다 말씀을 묵상하는 것은 복 받기 위해서가 아닙니다. 복은 따라오는 것일 뿐, 중요한 것은 하나님의 성품과 뜻을 발견하는 것입니다. 저녁마다 말씀을 공부하는 것은 숙면이나 심리적인 안정을 위해서가 아닙니다. 나의 영혼에 하나님의 말씀을 접붙여서 매일의 선택과 결정에 그 말씀이 영향을 미치고 하나님이 나에게 주신 소명을 이루어 가기 위해서입니다. 하나님은 여호수아에게 약속의 땅을 정복하라는 소명을 주셨습니다. 그 소명을 이루는 길은 무엇입니까? 주야로 하나님의 말씀을 묵상하는 것이며 그 말씀을 지키는 것입니다. 우리도 마찬가지입니다. 나에게 주신 소명을 이루는 길은 하나님의 말씀을 주야로 묵상하는 것입니다. 호세아 선지자는 하나님을 떠난 이스라엘 백성들을 향해 피를 토하는 심정으로 "우리가 여호와를 알자 힘써 여호와를 알자"라고 외쳤습니다

(호 6:3). 하나님을 배우고 알아 갑시다. 하나님을 아는 지식이 우리를 강하고 담대한 마음의 사람으로 만들어 줄 것입니다.

두려움(Fearfulness)은 두려움으로

다윗은 "여호와는 나의 빛이요 나의 구원이시니 내가 누구를 두려워하리요 여호와는 내 생명의 능력이시니 내가 누구를 무서워하리요"라고 찬양했습니다(시 27:1). 그런데 뒤집어 보면 다윗도 두려움이 많은 사람이었습니다. 그런 그가 어떻게 두려움을 물리치고 담대할 수 있었을까요? 다른 무엇보다 하나님을 두려워했기 때문입니다. 하나님을 경외하니 다른 것이 두렵지 않았던 것입니다. 그래서 윌리엄 거널은 '두려움은 두려움으로 치료된다'고 말했습니다. 하나님을 두려워하면, 하나님이 우리의 피난처와 안전한 요새가 되어 주시고, 모든 두려움에서 우리를 자유케 하실 것입니다.

담대함은 중요한 덕목입니다. 하나님께서는 우리에게 죽음, 진리, 그리고 큰 일을 이루는 데 담대하라고 명령하십니다. 담대함은 단순한 용기나 힘이 아닌, 하나님에 대한 깊은 신뢰와 믿음에서 나옵니다. 우리가 죽음을 두려워하지 않는 것은 예수님이 죽음의 권세를 이기셨기 때문이며, 진리를 말할 때 담대할 수 있는 이유는 우리가 기도하며 성령의 도우심에 의존

할 수 있기 때문입니다. 또한, 하나님의 소명을 이루기 위해서 우리는 담대하게 하나님을 알고 그의 말씀을 따라 살아가야 합니다. 그러므로 담대함은 하나님을 경외하고 그분의 뜻을 따르려는 마음에서 나오며, 우리는 하나님을 아는 만큼 강하고 담대할 수 있습니다. 모든 두려움을 이기고 담대함으로 오직 하나님을 기쁘시게 하는 삶을 살아가기를 소망합니다.

나의 결심

해야 할 말이나 행동이 하나님의 시각에서
참되고 옳고 바른 것임을 확신하겠다.

- 진실을 말하기를 두려워하지 않겠다.
- 깨끗한 양심을 지키겠다.
- 옳은 사람을 지지하겠다.
- 기꺼이 홀로 서겠다.
- 겸손하게 말하겠다.

'담대한 사람은 모든 일에서 단연 앞선다'

- 호메로스 -

생각하고 나눌 질문

1. 죽음 앞에서 담대함을 가지려면, 우리는 예수님이 죽음의 권세를 이기신 사실을 어떻게 믿고 적용해야 할까요?

2. 진리를 말할 때 담대함을 얻기 위해, 기도는 우리의 삶에서 어떤 역할을 해야 할까요?

3. 하나님을 아는 만큼 강해진다는 말처럼, 나의 신앙을 더욱 깊이 있게 성장시키기 위해 하나님을 알아가는 어떠한 구체적인 방법들이 있을까요?

4. 하나님께서 여호수아에게 말씀하신 대로, 하나님의 말씀을 주야로 묵상하는 것이 왜 그렇게 중요한지, 그것을 우리의 삶에 어떻게 적용할 수 있을까요?

5. 두려움을 극복하는 담대함을 얻기 위해, 하나님을 두려워하는 마음을 어떻게 키우고 실천할 수 있을까요?

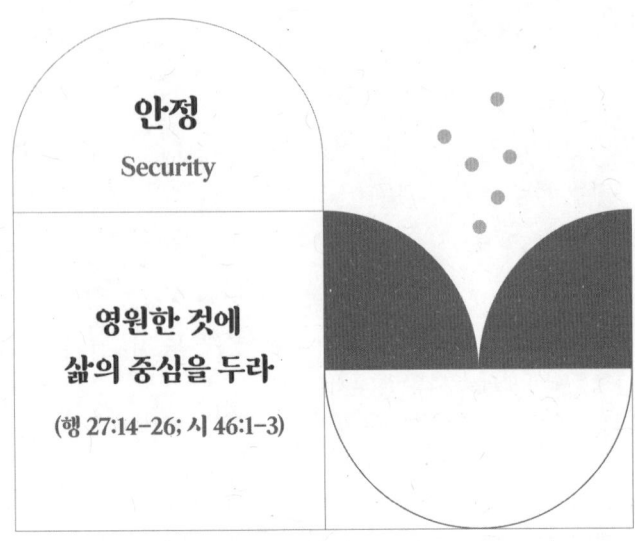

안정
Security

영원한 것에 삶의 중심을 두라
(행 27:14-26; 시 46:1-3)

사람은 누구나 안정된 삶을 원합니다. 어떻게 하면 안정된 삶을 누릴 수 있을까요? 안정된 삶의 비결은, 사라지거나 무너지지 않는 영원한 것에 삶의 중심을 두는 것입니다. 이 세상에는 안정된 것도, 영원한 것도 없습니다. 하지만 성경은 영원한 것이 있다고 말합니다. 그것은 삼위 하나님, 하나님의 말씀, 그리고 하나님의 백성입니다. 이 세 가지만이 영원합니다. 안정된 삶을 원한다면 이 세 가지를 삶의 중심축으로 삼아야 합니다.

영원하신 하나님

바울은 세 번의 선교여행을 통해 아시아와 헬라 세계 전역에 복음을 전했습니다. 그리고 그로 인해 유대인들의 미움을 얻고 고소를 당해 이제 죄수의 신분으로 로마로 향하는 중이었는데, 그때 갑자기 큰 광풍을 만났습니다(행 27). 선원들은 위험을 감지하고 자신들의 짐을 하나씩 버리기 시작했고 급기야 모든 것을 버려야 하는 처지가 되었습니다. 누구도 생사를 장담할 수 없었습니다. 사람들은 거의 2주 이상, 해도 달도 별도 없이 어두움 속에서 아무것도 먹지 못한 채 소망을 잃어버리고 절망에 빠졌습니다. 그때 하나님의 천사가 바울에게 나타나, 비록 배는 파선하겠지만 배에 타고 있던 사람들의 생명은 무사할 것이라고 말해줍니다. 이후 바울은 절망에 빠진 사람들에게 이렇게 확신에 찬 말씀을 전합니다.

"내가 너희를 권하노니 이제는 안심하라 너희 중 아무도 생명에는 손상이 없겠고 오직 배뿐이리라 내가 속한 바 곧 내가 섬기는 하나님의 사자가 어제 밤에 내 곁에 서서 말하되 바울아 두려워하지 말라 네가 가이사 앞에 서야 하겠고 또 하나님께서 너와 함께 항해하는 자를 다 네게 주셨다 하였으니 그러므로 여러분이여 안심하라 나는 내게 말씀하신 그대로 되리라고 하나님을 믿노라"(행 27:22-25)

여기서 '안심하라'(take heart, 22절, 25절)는 사람의 눈에는 가망이 없어 보이지만 희망을 가지라는 말입니다. 하나님이 함께 하시면 불가능이 없으니 하나님을 신뢰하라는 것입니다. 이렇게 **하나님을 신뢰할 때 우리의 마음에 부어 주시는 평강의 마음이 바로 안정입니다.** "주께서 심지가 견고한 자를 평강하고 평강하도록 지키시리니 이는 그가 주를 신뢰함이니이다"(사 26:3). 하지만 사람들은 대개 다른 것에서 안정을 찾습니다. 예를 들면 집을 소유하거나, 정년이 보장된 직장에 다니거나, '일과 삶의 균형'(Work and Life Balance, 워라벨) 같은 것들에서 말이죠. 이런 것들을 얻기 위한 노력이 그 자체로 잘못은 아닙니다. 하나님이 주시는 은혜와 선물이기에 감사함으로 받아 누려야 합니다. 하지만 우리가 세상에서 누리는 그 어떤 것도 영원하지 않습니다. 언젠가는 무너지고 사라집니다. 이 땅에 있는 것은 결코 참된 안정을 줄 수 없습니다.

또한 결혼을 통해 배우자에게서 안정을 찾으려고도 합니다. 요한복음 4장에 나오는 사마리아 여인은 남편이 다섯이나 있었지만, 예수님을 만나기 전에는 만족이 없는 목마른 삶을 살았습니다. 그 어떤 남편의 사랑도 그녀의 공허한 마음을 채워주고 갈증을 해결해 주지 못했습니다. 사회생활을 하는 경우도 마찬가지입니다. 일과 돈벌이에서 안정을 찾으려 합니다. 그러나 그 어떤 일도, 보상도, 성취도 참된 만족을 주지 못합니다. 폭풍을 만난 선원들은 살기 위해 모든 것을 버렸습니다. 인생에 폭풍이 몰아칠 땐 쌓아놓은 재물도 아무런 도움이 되지 못합니다. "네가 어찌 허무한 것에 주목하겠느냐 재물은 스스로 날개를 내어 하늘을 나는 독수리처럼 날아가리라"(잠 23:5). "보이는 것은 잠깐이요 보이지 않는 것은 영원함이라"(고후 4:18). 우리는 이 땅에 있는 것들, 물질이나 사람이나 그 어떤 정신적인 것들(종교, 사상, 신념, 이데올로기)에서도 참된 만족을 찾을 수 없습니다. 삼위 하나님만이 영원하시며, 우리의 영혼을 소생시키시고, 그 마음에 참된 만족을 주실 수 있습니다. 그러므로 우리는 영원하신 하나님을 찾아야 합니다. 사슴이 시냇물을 찾기에 갈급하듯이 우리 영혼은 주를 찾아야 합니다. 시편 기자는 "내 영혼아 네가 어찌하여 낙심하며 어찌하여 내 속에서 불안해하는가 너는 하나님께 소망을 두라"라고 말했습니다(시 42:5,11; 43:5).

우리 마음에 있는 불안은 오직 하나님께 소망을 둠으로 해결할 수 있습니다. 여러분은 하나님께만 소망을 두고 있습니까? 여러분의 삶의 중심은 어디에 있습니까? 이것을 알 수 있는 리트머스 시험지가 있습니다. 주로 어디에 돈을 쓰는지를 보면 됩니다. 돈은 그 사람의 진심이 어디에 있는지, 그가 사랑하는 것이 무엇인지를 보여줍니다. 부디 사라지는 것이 아닌 영원하신 하나님께 소망을 두고 살아가길 바랍니다.

영원한 하나님의 말씀

우리는 영원한 하나님의 말씀을 삶의 중심에 두어야 합니다. "너희가 거듭난 것은 … 살아 있고 항상 있는 하나님의 말씀으로 된 것으로 … 모든 육체는 풀과 같고 그 모든 영광은 풀의 꽃과 같으니 풀은 마르고 꽃은 떨어지되 오직 주의 말씀은 세세토록 있도다"(벧전 1:23-25). 바울는 천사를 통해 주시는 하나님의 말씀을 들었습니다. "내가 섬기는 하나님의 사자가 어제 밤에 내 곁에 서서 말하되 바울아 두려워하지 말라 네가 가이사 앞에 서야 하겠고 또 하나님께서 너와 함께 항해하는 자를 다 네게 주셨다 하였으니"(행 27:23-24). 바울은 천사를 통해서 하신 말씀이 이루어질 것을 믿었습니다 (25절, 눅 1:38 참조). 그 믿음이 바울에게 참된 안정과 평안을 주었습니다. 우리도 그래야 합니다. 하나님의 말씀을 중심에 둔다는 것이 무슨 뜻일까요? 그것은 신구약 성경을 나의 믿음과 생활의 유일한 표준으로 삼는 것을 의미합니다. 그러므로 성경에 대한 올바른 확신이 있어야 합니다.

- 성경을 성령의 감동으로 기록된 정확무오한 하나님의 말씀으로 믿습니다.
- 성경을 우리의 구원과 거룩한 삶을 위해 기록된 진리의 말씀으로 믿습니다.

- 성경의 권위가 인간의 어떤 주장이나 세상의 법이나 권위보다 더 높은 권위를 가지고 있음을 믿습니다.
- 신구약 성경 외에 다른 하나님의 말씀은 없음을 믿습니다.

성도는 성경이 인도하는 곳으로 가고, 멈추는 곳에 멈추는 사람입니다. 바울은 디모데에게 성경을 삶의 중심에 두라고 강조했습니다. "또 어려서부터 성경을 알았나니 성경은 능히 너로 하여금 그리스도 예수 안에 있는 믿음으로 말미암아 구원에 이르는 지혜가 있게 하느니라 모든 성경은 하나님의 감동으로 된 것으로 교훈과 책망과 바르게 함과 의로 교육하기에 유익하니 이는 하나님의 사람으로 온전하게 하며 모든 선한 일을 행할 능력을 갖추게 하려 함이라"(딤후 3:15-17).

여기에서 '교훈'과 '책망'과 '바르게 함'과 '의로 교육함'이라는 성경의 네 가지 용법을 살펴볼 수 있습니다. 하나님을 뜻을 가르쳐 주고(교훈), 그 뜻을 저버리고 살아가는 우리 영혼의 상태를 보여주며(책망), 우리가 하나님의 뜻대로, 올바른 방향으로 돌아오도록 교정하고(바르게 함) 하나님의 뜻대로 살아가도록 합니다(의로 교육함). 목표는 우리를 하나님의 사람으로 온전하게 만들어 모든 선한 일을 행할 능력을 갖추게 하는 것입니다. 성경을 삶의 중심에 두는 사람은 흔들리지 않는 온전하고 굳건하며 강하고 견고한 인생을 살 수 있습니다.

영원한 하나님의 백성들(교회)

우리는 또한 하나님의 백성들(교회)을 삶의 중심에 두어야 합니다. 이들은 하나님나라를 함께 유업으로 받은 사람들입니다. 이들을 내 삶의 중심에 둔다는 것은 다름 아닌, 교회를 내 삶의 중심에 둔다는 말입니다. 여러분은 시간과 물질을 어디에 사용하나요?

바울이 탄 배에는 모두 276명의 사람들이 있었습니다(37절). 그 사람들은 풍랑으로 고초를 겪었고 19일 동안 먹지를 못했습니다. 그래서 바울은 그들에게 음식을 권합니다. "날이 새어 가매 바울이 여러 사람에게 음식 먹기를 권하여 이르되 너희가 기다리고 기다리며 먹지 못하고 주린 지가 오늘까지 열나흘인즉 음식 먹기를 권하노니 이것이 너희의 구원을 위한 것이요 너희 중 머리카락 하나도 잃을 자가 없으리라 하고 떡을 가져다가 모든 사람 앞에서 하나님께 축사하고 떼어 먹기를 시작하매 그들도 다 안심하고 받아먹으니"(33-36절).

바울은 이방인들에게 복음을 전하도록 부름을 받았습니다. 지금 현재 죄수의 몸으로 로마로 압송되어 가고 있지만 이것도 복음 전파를 위한 것이었습니다. 복음 전파는 사람을 돌보는 일과 결코 분리되지 않습니다. 그래서 바울은 복음과 함께 음식을 나누었습니다. 선상에서 바울이 한 행위는, 예수 그리스도께서 오천 명을 먹이신 일을 기억나게 합니다. 예수님은 그 기적 이후에 "썩을 양식을 위하여 일하지 말고 영생하도록 있는 양식을 위하여 하라"(요 6:27상)고 말씀하셨습니다. 그리고 마지막 만찬에서 성찬을 제정하시고, 자신의 살과 피를 먹는 자는 영원히 살 것이라고 말씀하셨습니다.

선상에서 바울은 예수님처럼, 떡을 가져다가 모든 사람 앞에서 하나님께 축사하고 떼어주기 시작합니다. 사람들은 '안심하고 받아먹었습니다'(36절). 배 위에서 바울이 한 일은, 썩을 양식을 위한 것이 아닌 영생하도록 있는 그 양식, 곧 예수 그리스도와 그분의 은혜를 먹이는 것이었습니다. 이러한 바울의 섬김으로 절망에 빠진 사람들은 살 소망을 가지게 되었습니다. '안심하고 먹었다'는 말은, 희망을 가지기 시작했다는 말입니다. 그들은 바울을 통해 주시는 하나님의 구원 약속을 비로소 믿게 됩니다. 바울의 중심에 그들이 있었습니다. 바쁜 일상 속에서도 우리는 하나님의 백성을 삶의 중심에 두어야 합니다. 우리는 이를 위해 시간과 물질을 사용해야 합니다. 하나님의 백성들(교회)은 영원하기 때문입니다. 내 옆에 있는 형제와 자매, 성도들은 영원히 만날 존재들입니다. 우리는 영생하도록 있는 생명의 양식, 예수 그리스도를 소유한 사람들입니다. 그러니 여러분의 것을 아낌없이 줘도 됩니다. 가장 안전하고 손해 보지 않는 투자입니다. 주님께서 우리에게 하늘에 보물을 쌓아두라고 하지 않으셨습니까!

신약교회는 하나님의 백성들의 모임입니다. 일주일에 한 번 시간을 소비하는 곳이 아닙니다. 내게 가장 중요한 사람들이 있고, 나의 삶을 영원으로 이어주는 거룩한 곳입니다. 주님과 우리의 관계가 영원하듯이, 성도의 교제 역시 영원히 지속됩니다. 옆에 있는 성도들을 귀히 여기고 진심으로 사랑하고 용납해 주길 바랍니다. 그 어떤 것도 이 관계를 끊지 못할 것입니다. 무너지거나 사라지지 않는 세 가지 영원한 것들을 배웠습니다. 우리의 생활의 원리이며 영원한 삶의 기초인 삼위 하나님, 하나님의 말씀, 하나님의 백성입니다. 우리는 이것들을 다음과 같이 표현합니다.

하나님 중심(God-centered)
성경 중심(Bible-centered)
교회 중심(Church-centered)

진정한 안정은 세상에서 찾을 수 없습니다. 우리는 돈, 직장, 관계, 물질 등 외적인 것에서 안정감을 찾으려 하지만, 그것들은 결국 변하고 사라집니다. 불안정한 세상 속에서 진정한 평안을 찾으려면, 우리의 삶의 중심을 영원한 것에 두어야 합니다. 바로 영원하신 하나님, 그분의 말씀, 그리고 하나님의 백성입니다. 우리는 스마트폰과 빠르게 변화하는 정보,

끊임없는 경쟁 속에서 불안함을 느낄 때가 많습니다. 그러나 진정한 안정은 그런 외부의 것들에서 오는 것이 아닙니다. 하나님은 우리와 함께 하시고, 그분의 말씀은 우리 삶을 인도하는 영원한 기준이 됩니다. 또한 교회는 함께 나아갈 영원한 공동체입니다. 따라서 세상이 무엇을 제공하든, 하나님을 중심에 두고, 그분의 말씀을 믿고, 하나님의 백성과 함께 살아간다면, 우리는 어떤 어려움 속에서도 흔들리지 않는 진정한 평안을 누릴 수 있을 것입니다. 하나님 중심, 성경 중심, 교회 중심의 삶을 통해 혼란스러운 이 시대 속에서도 참된 안정과 평화를 경험할 수 있을 것입니다.

나의 결심

사라지거나 무너지지 않는 영원한 것에 삶의 중심을 두겠다.

- 오래도록 남을 가치 있는 일에 시간을 쓰겠다.
- 기술과 성품을 갈고닦겠다.
- 돈에서 행복을 찾지 않겠다.
- 불안전한 상황을 개선하겠다.
- 다른 사람의 걱정거리를 가지고 염려하지 않겠다.

생각하고 나눌 질문

1. 하나님을 삶의 중심에 두는 것이 실제로 어떤 변화를 가져오게 될까요? 하나님을 중심에 두고 살아갈 때 우리의 삶에 어떤 실제적인 변화가 결과가 일어날지를 함께 나눠봅시다.

2. 세상에 의존하지 않고 하나님께 의지하는 삶의 중요성은 무엇인가요? 물질적 관계, 사람과의 관계적 안정 외에 하나님을 의지하는 것이 왜 중요하고, 그것이 어떻게 우리의 삶에 영향을 미치는지를 나눠봅시다.

3. 하나님의 말씀을 신뢰하며 그것을 삶의 기준으로 삼는 것이 어떻게 실천될 수 있을까요? 성경을 실생활에 어떻게 적용하고, 믿음의 기준으로 삼는지에 대해 구체적으로 나눠봅시다.

4. 교회 공동체가 우리의 신앙에 어떻게 중요한 역할을 하나요? 교회와 그 안의 공동체가 신앙생활에 있어 어떤 의미와 역할을 하는지, 왜 이를 우리 삶의 중심에 두어야 하는지를 나눠봅시다.

5. 하나님 중심의 삶을 살기 위해 우리가 직면하고 있는 도전은 무엇이며, 그것을 어떻게 극복할 수 있을까요? 하나님 중심의 삶을 살아가려 할 때 나타날 수 있는 현실적인 어려움과 그 도전을 어떻게 극복할 수 있을지를 나눠봅시다.

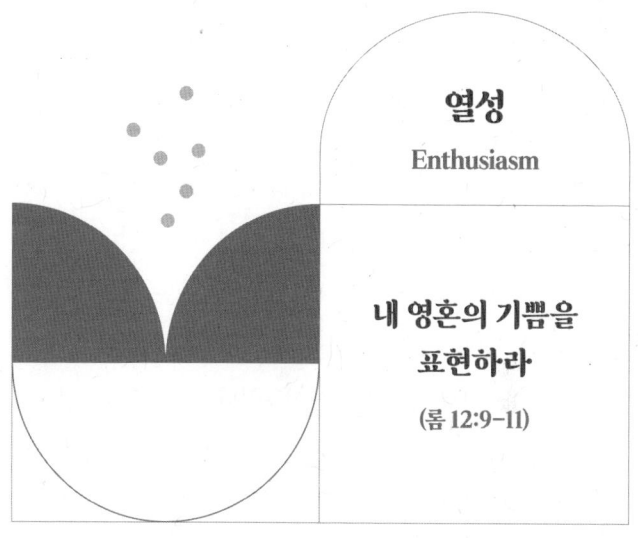

기쁨의 또 다른 표현은 열정 혹은 열심입니다. 열성은 위대한 일을 이룹니다. 열성은 전쟁터에서 군인들이 자신을 희생하며 나라를 지킬 수 있게 하고, 운동선수로 하여금 신기록을 갱신하게 하는 힘을 줍니다. 열정이 없이는 어떤 위대한 작품도 만들 수 없습니다. 실로, 열정은 불가능한 것을 가능하게 하고, 삶을 활기차고 새롭게 만듭니다. 반대로 열정이 식으면 삶이 따분해지고 피곤하고 무료해집니다. 이는 신자나 불신자나 똑같습니다. 하지만 신자의 열성은 근본적으로 차원이 다릅니다.

열성, 영혼의 기쁨

열성이란, '지성, 감성, 의지로 내 영혼의 기쁨'을 표현하는 것'입니다. 이는 영혼의 기쁨입니다. '항상 기뻐하라'(살전 5:16)는 명령의 또 다른 표현입니다. 우리 영혼의 기쁨은 하나님과 깊은 친밀감 가운데 있을 때, 주변에 드러납니다. 열성은 영어로 'Enthusiasm'이며 '하나님 안에 있다'는 뜻입니다. **열성은 하나님 안에 있을 때, 하나님과 관계를 맺을 때에 내 영혼에서 자연스럽게 흘러넘치는 기쁨입니다.** 성경에는 열성의 많은 예들이 나옵니다. 성전 건축에 참여했을 때의 큰 기쁨(대상 29:9), 무너진 예루살렘 성벽이 재건되었을 때의 기쁨(느 12:27,40-43), 악한 이로부터(하만) 구원받았을 때의 기쁨과 즐거움을 얻는 모습들이 그것입니다(에 8:11,15-16). 이는 사람들이 하나님을 알고 그의 행하신 일을 본 결과였습니다.

반대말, 무관심(Apathy)

무관심한 사람들은 사람들의 필요를 무시합니다. 가정에 무관심한 사람들은 나이 드신 부모님의 필요에 냉담하고, 자녀들의 필요에도 무관심합니다. 자신이 원하지 않는 일이 부여될 때 시선을 피하고 모른 척합니다. 또한 교회에서 무관심한 사람은, 교회에 어떤 일이 일어나는지 관심이 없고 어떤 일에든 쉽게 지루해합니다. 만약 여러분이 냉담하고 무관심한 상태에 있다면 그것은 하나님과 여러분 사이를 가로막는 무엇이 있기 때문입니다. 다윗도 그런 적이 있었습니다. 하지만 나단을 통해 그 원인을 깨닫고 기도했습니다. "하나님이여 내 속에 정한 마음을 창조하시고 내 안에 정직한 영을 새롭게 하소서 나를 주 앞에서 쫓아내지 마시며 주의 성령을 내게서 거두지 마소서 주의 구원의 즐거움을 내게 회복시켜 주시고 자원하는 심령을 주사 나를 붙드소서"(시 51:10-12).

여러분의 삶에 기쁨이 없고 열정이 식어 있다면 하나님과의 친밀함을 회복해야 합니다. 다윗처럼 '구원의 즐거움과 자원하는 심령을 주시기를' 간구하십시오. 열심을 품고 주를 섬기는 길은 과연 무엇일까요?

올바른 지식의 길

바울은 그리스도인이 되기 전에도 하나님에 대하여 열심이 있었습니다(행 22:3). 바울은 자신이 누구보다 "조상의 전통에 대하여 더욱 열심이 있었다"라고 말합니다(갈 1:14). 그런데 그 열심을 가지고 교회를 핍박했습니다(빌 3:6). 스데반 집사 같은 하나님의 사람을 죽이는 일에 가담하기도 했고, 남자든 여자든 상관없이 그리스도인이라면 무조건 잡아 옥에 넘겨주었습니다. 이것은 "하나님께 열심이 있으나 올바른 지식을 따르지 않았기 때문이었습니다"(롬 10:2).

우리 주변에도 이런 사람들이 있습니다. 신천지, 구원파와 같은 이단들은 종교적 열심이 대단합니다. 하지만 올바른 지식을 따르지 않기 때문에 자신들은 물론이고 다른 사람들도 지옥으로 끌고 갑니다. 그래서 우리는 믿는 바에 대한 올바른 지식(교리)이 필요합니다. 알아야 이단에 넘어가지 않습니다. 교회 현관에 출입 금지라는 경고용 스티커를 붙인다고 신천지가 안 들어오지 않습니다. 교인들이 진리 위에 굳건히 서서 주를 위해 살아갈 때 이단이 들어오지 못합니다. 단순히 지식을 쌓는 것에만 몰두해선 안 됩니다. 실제로 진리 안에서 주님을 만나고 주님과 함께 살아가야 합니다. 바울은 다메섹으로 가는 길에 부활하신 예수님을 만났고 그 후에 변화되어 일평생 주께 헌신했습니다. 우리 역시 그리스도 안에서 성령의 능력으로 하나님을 인격적으로 만나는 은혜가 있어야 참된 열성, 영혼의 기쁨을 회복할 수 있습니다.

사랑의 길

로마서에서 바울은 주를 섬기라고 말하기 전에 사랑에 대해 여러 번 언급합니다. "사랑에는 거짓이 없나니 악을 미워하고 선에 속하라 형제를 사랑하여 서로 우애하고 존경하기를 먼저 하며 부지런하여 게으르지 말고 열심을 품고 주를 섬기라"(롬 12:9-11). 우애와 존경은 사랑의 또 다른 표현입니다.

올바른 지식이 없는 열심이 위험하듯이, 사랑이 없는 지식과 열정은 사람들을 아프게 합니다. 그러므로 무엇보다 사랑을 앞세워야 합니다. 베드로는 "무엇보다도 뜨겁게 서로 사랑할지니 사랑은 허다한 죄를 덮느니라"라고 했습니다(벧전 4:8). '뜨겁게'는 진실하거나 순수하게, 혹은 깨끗함을 뜻합니다. 인간의 사랑은 오염되기 쉽습니다. 잘못된 동기와 욕망과 복잡한 계산, 편견과 오해가 우리를 수시로 탁하게 합니다. 어떻게 하면 우리의 사랑이 순수해질 수 있을까요? "너희가 진리를 순종함으로 너희 영혼을 깨끗하게 하여 거짓이 없이 형제를 사랑하기에 이르렀으니 마음으로 뜨겁게 서로 사랑하라"(벧전 1:22). 말씀에 순종할 때, 우리의 영혼이 정결해지고, 생활이 정돈되어 타인을 향한 거짓 없는 사랑에 이를 수 있습니다.

교회 봉사를 맡기고 직분자를 세울 때, 우리는 열심히 일하는 사람을 세우려 합니다. 하지만 하나님은 당신의 말씀에 순종하는 사람을 세우기 원하십니다. 그래야 거짓 없이 사랑할 수 있고, 참된 열심을 기대할 수 있습니다. 종교적인 열심은 마치 모래 위에 지은 집과 같습니다. 비바람이 몰아치고 홍수가 나면 금방 무너지고 맙니다. 하지만 말씀에 순종하는 사람은 반석 위에 집을 세우는 사람과 같습니다. 고난의 비바람이 불고, 시험의 물이 넘쳐도 무너지지 않습니다(마 7:25). 우리는 교회가 하나님의 말씀에 순종하는 사람들로 가득 차기를 소망하며, 내가 그러한 사람이 되기를 기도해야 합니다.

그럼 구체적으로 무엇에 열성을 내어야 할까요? 닥치는 대로 모든 일에 열심을 내어야 할 것이 아니라, 우선순위를 정하고 지혜롭게 에너지를 분배해야 합니다.

(1) 하나님과 교제하는 일에 열성을 내야 합니다

'성령을 소멸하지 말라'(살전 5:19). '오직 성령의 충만함을 받으라'(엡 5:18). '그리스도의 말씀이 너희 속에 풍성히 거하게 하라'(골 3:16). 이상의 구절들은 말씀과 성령으로 끊임없이 하나님과 교제하라는 의미입니다. 핸드폰의 배터리가 방전되면 콘센트에 꽂아 충전을 합니다. 우리 역시 힘과 능력을 공급받기 위해서는 생명의 근원이신 하나님께 접속해야 합니다. 이것이 영생입니다. 성도는 하나님과 끊임없이 교제해야 삽니다. 그 교제는 바로 기도 생활입니다. 우리는 열심히 기도해야 합니다. 의인의 간구는 역사하는 힘이 큽니다(약 5:16).

무엇보다 회개에 열심을 내야 합니다. 예수님은 라오디게아 교회를 향해 "네가 열심을 내라, 회개하라"고 하셨습니다. 그들은 차지도 뜨겁지도 아니하고 미지근했습니다. 열성이 없었습니다. 냉담하고 무관심했습니다. 그래서 예수님은 "내 입에서 너를 토하여 버리리라"라고 말씀하셨습니다(계 3:15-16,19). 냉담하고 무관심한 상태가 지속되면 하나님은 회복을 위해 사랑으로 징계하십니다(히 12:6). 그래서 기도의 자리로 돌아오도록, 사랑을 회복하도록 하십니다. 냉담함과 무관심이 오래 지속되는 데도 별다른 징계가 없다면 이것이야말로 두려운 일입니다. 비록 징계 가운데 있다 할지라도 우리가 기도하는 일과 회개를 통해 주님과 교제에 열심을 낸다면, 주님께선 더 풍성하고 놀라운 삶으로 우리를 인도해 주실 것입니다.

(2) 다른 사람을 사랑하는 일에 열심을 내야 합니다

자신을 진단해 보십시오. '나는 사람들에게 힘을 주는가, 아니면 그들의 힘을 빼는가?', '나는 사람들에게 따뜻하고, 항상 미소를 지으며 그들을 환영하는가? 아니면 나와 친한 사람들, 내가 아는 사람들에게만 미소 짓는가?', '나는 먼저 찾아가 인사하는가? 아니면 나에게 먼저 찾아오기를 기다리는가?', '나는 자주 무기력하거나 우울증에 빠져 있는가? 아니면 기뻐하고 즐거워하며 감사하고 있는가?' 이것은 성격이 아닌 성품의 문제입니다. 사람에게 관심을 갖고, 사랑하는 일에 열심을 품지 못하면 (부부관계, 자녀관계, 동료와의 관계, 친구관계 등) 모든 관계에 어려움이 생깁니다. 그리고 시간이 지날수록 외톨이가 될 것입니다. 관점의 변화, 삶의 변화가 필요합니다. 다른 사람을 위하는 일이 결국 자신을 위한 일이라는 것을 깨닫는다면, 우리의 남은 인생은 달라질 것입니다. 디도서

2:14은 하나님이 우리를 자기 백성으로 삼으신 이유를, 선한 일을 열심히 하도록 하기 위함이라고 말합니다. 우리가 구원받은 하나님의 자녀라면 마땅히 그리고 열심히 이웃에게 선을 행해야 합니다. 선행은 평생의 과제입니다. 어떻게 착한 일을 행할지 더 많이 기도하고 연구하며 노력해야 합니다.

(3) 실패와 고난, 욕을 먹을 때라도 열성을 다해야 합니다

주님은 우리가 박해를 받을 때도 '기뻐하고 즐거워하라'고 말씀하셨습니다. "나로 말미암아 너희를 욕하고 박해하고 거짓으로 너희를 거슬러 모든 악한 말을 할 때에는 너희에게 복이 있나니"(마 5:12). 바울은 "그리스도를 위해 약한 것들과 능욕과 궁핍과 박해와 곤고를 기뻐"했습니다(고후 12:10). 또한 성도를 가리켜 "근심하는 자 같으나 항상 기뻐하는 사람들"이라고 했습니다(고후 6:10). 실패와 고난 중에 있을 때도, 욕을 먹을 때도 우리는 주를 위해 열심을 내야 합니다. 이는 스스로에게서 나오지 않습니다. 하나님의 말씀을 읽고 듣고 배우고, 하나님과 교제하고, 성령으로 기도하며, 늘 감사하고 찬송하는 삶에서 성령의 열매로 주어지는 것입니다.

(4) 가정에서 열심을 내야 합니다

우리 가족이 집에서 열심을 내는지, 아니면 무관심한지를 알 수 있는 한 가지 중요한 척도가 있는데, 바로 청소입니다. 서로에게 무관심한 집은 대체로 너저분합니다. 자녀들이 청소를 잘하고 정리 정돈을 잘하도록 도와줍시다. 또한 자기의 물건을 소중히 여기는 것이 부모님을 존중하고, 부모님의 사랑에 보답하는 방법임을 일깨워 줍시다. 어른들이 먼저 집안을 청소하고 물건들을 정리정돈하며 먼지를 닦아 깨끗하게 유지해야 합니다. 이런 열심은 가족을 기뻐하는 데서 나옵니다.

어른들의 사회생활은 늘 분주합니다. 주로 돈을 버는 일에 열정을 냅니다. 하지만 가족과 함께 하고, 함께 시간을 보내는 일에도 더 노력해야 합니다. 이런 관심과 노력이 열성입니다. 부모가 진심으로 가족들에게 관심을 보이면 가정 안에 새로운 변화와 회복이 일어날 것입니다. 이런 원리는 교회에도 그대로 적용됩니다. 하나님을 향한 사랑과 기쁨이 넘치는 교회는 늘 정리정돈이 잘 되어 있습니다. 언제나 깨끗합니다. 교회를 사랑하는 성도들이 언제나 닦고 치우고 정돈합니다. 또한 질서가 잘 잡혀 있습니다. 그렇지 않은 교회는 무질서합니다. 물건을 함부로 다루고, 휴지가 떨어져 있어도 줍지 않습니다. 무관심하기 때문입니다. 하나님께서 우리 모든 교회와 가정에 은혜와 복을 주셔서, 영혼의 기쁨, 곧 열성이 생겨나고, 그로 인해 건강가 삶이 회복되기를 소망해 봅니다.

열성은 하나님과의 깊은 관계에서 흘러나오는 영혼의 기쁨입니다. 진정한 열성은 하나님과의 교제를 통해 회복될 수 있습니다. 열성이 없다면 무관심과 냉담에 빠질 위험이 있고, 이는 신앙과 삶에 심각한 영향을 미칩니다. 바울은 그리스도 안에서 올바른 지식과 사랑을 바탕으로 열심을 품고 주를 섬기라고 권면합니다. 우리의 삶과 교회, 가정에서 열성을 다해 주님을 사랑하고 섬기며, 어려움 속에서도 그리스도의 열심을 잃지 맙시다. 그럴 때 우리는 결국 하나님과의 관계를 회복하고, 그 사랑을 실천하는 데 열성을 다하게 될 것입니다. 그제야 비로소 진정한 기쁨과 성숙을 경험하게 될 것입니다.

나의 결심

지성, 감성, 의지로 내 영혼의 기쁨을 표현하겠다.

- 다른 사람에게 힘을 주는 자가 되겠다.
- 미소를 짓겠다.
- 맡겨진 모든 일을 중요하게 다루겠다.
- 내가 하는 일에 전심을 다하겠다.
- 실패에도 낙심하지 않겠다.

생각하고 나눌 질문

1. 나는 하나님과의 관계에서 영혼의 기쁨을 경험하고 있나요? 그 기쁨이 내 삶에 어떻게 드러나고 있나요?

2. 내가 교회나 가정에서 무관심하거나 냉담하게 행동하고 있지 않나요? 이러한 상태를 극복하기 위해 우리는 무엇을 해야 할까요?

3. 열정이 없을 때, 내 삶에서 어떤 부분이 따분하고 피곤하게 느껴졌나요? 이를 변화시키기 위한 방법은 무엇일까요?

4. 올바른 지식 없이 열심을 내게 되면, 자신이나 주변 사람들에게 어떤 부정적인 영향을 미치게 될까요? 나는 어떤 방식으로 진리를 깊이 이해하고 있나요?

5. 내가 사랑으로 행동하지 않고 열심을 낸 경험이 있다면, 그 경험이 사람들에게 어떤 상처를 주었을까요? 사랑이 결여된 열정은 어떻게 바꿔가야 할까요?

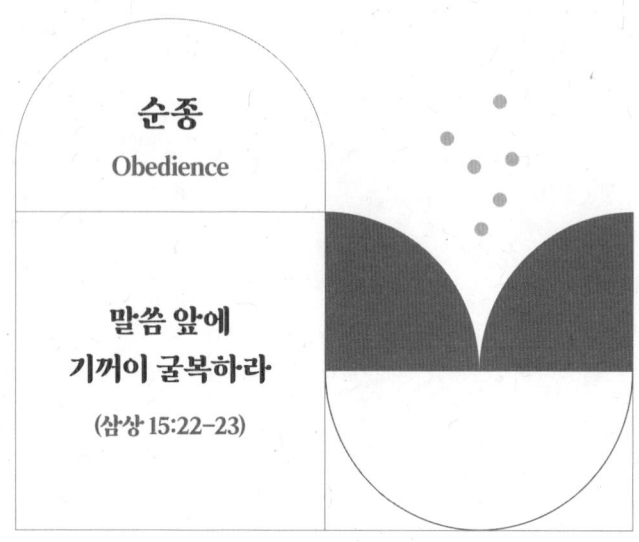

순종은 나의 뜻이 아니라, 하나님의 말씀을 기꺼이 따르는 것입니다. 우린 내 생각과 계획, 내 뜻대로 하는 것이 좋다고 여길지 모르나, 그것은 결국 불행한 길이요 멸망의 길입니다. 하나님은 우리가 하나님의 뜻대로 살아가기를 원하십니다. 행복과 성공의 길로 우리를 인도하는 것은 오직 순종입니다.

듣는 마음

사울은 하나님의 말씀에 순종하지 않고 불행한 삶을 살았던 대표적인 사람입니다. 하나님은 이스라엘의 첫 번째 왕 사울에게 "아말렉 족속을 쳐서 멸하라"고 명하셨습니다. 그들이 출애굽 당시에 이스라엘을 공격했기 때문이었습니다. 그때 하나님은 "아멜렉과 더불어 대대로 싸우리라"(출 17:16)고 하셨습니다. 이제 하나님은 사울의 손을 통해 아말렉을 완전하게 멸하기로 작정하셨습니다. 그 명령은 준엄했습니다. "남자든 여자든 아이든 가축이든 아말렉의 소유를 남기지 말고 완전히 멸하라"(삼상 15:3)고 하셨습니다. 하나님은 사울에게 큰 승리를 주셨습니다. 그러나 사울은 하나님의 말씀에 순종하지 않고, 아말렉의 왕 아각을 살려두었을 뿐 아니라 아각의 소유물 중 가장 좋은 것들은 남겨두고 가치 없고 하찮은 것만을 없애 버렸습니다(9절). 사울이 아각을 살려둔 이유는 무엇이었을까요? 아마도 자신이 거둔 승리에 대해 우쭐거리고 싶었을 것입니다. 또한 포로로 잡힌 아말렉 왕을 이용하려는 정치적 판단을 했을 것입니다. 전리품들 중에 가장 좋은 것들을 남겨둔 것은 폐기 처분하기가 아까웠기 때문이었을 겁니다. 전염병이 돌아서 가축들을 어쩔 수 없이 살처분하는 경우가 있지만 병든 것도 아닌, 그것도 건강하고 살찌고 기름진 좋은 것들을 살처분하긴 쉽지 않았을 겁니다. 사울은 이렇게 생각했을 것입니다. '만일 그대로 남겨둔다면 그 자체로 좋은 일이 아닐까?', '이 좋은 것들을 가지고 돌아간다면 백성들이 얼마나 좋아할까?'

어린 시절에는 하나님의 말씀에 순종하지 않는 사울이 잘 이해되지 않았습니다. 그런데 나이가 들어서 보니 사울의 마음이 조금 이해가 되는 것은 왜일까요? 우리도 우리의 생각이 하나님의 분명한 뜻보다 더 합리적이고 타당하게 보일 때가 있습니다. 그래서 내 뜻대로 행하고 나서 내가 왜 그랬는지 변명을 준비합니다. 사울도 그랬습니다. 그의 변명은 아주 경건하게 들립니다. 가장 좋은 것들을 남겨둔 것은, 하나님께 제사하기 위해서라고 합니다(21절). 하나님을 위해 하나님의 명령을 어겼다는 것입니다. 자신을 위하여 한 것인데, 하나님을 위했다고 속인 것입니다. 심지어 죄를 거짓 경건으로 위장하고 은폐합니다. 우리도 늘 이런 종류의 유혹을 받습니다. 마치 하나님을 위하여 한 것처럼 꾸미는 것이죠. 죄를 경건으로 덮습니다. 그때 하나님은 사무엘을 통해 이렇게 말씀하셨습니다. "여호와께서 번제와 다른 제사를 그 목소리 청종하는 것을 좋아하심 같이 좋아하시겠나이까 순종이 제사보다 낫고 듣는 것이 숫양의 기름보다 나으니"(22,23절 상). 기독교는 큰 제사를 드리는 종교가 아닙니다. 하나님은 우리가 어떤 큰일을 하기 원치 않으십니다. 우리가 하나님을 믿고, 하나님의 말씀에 귀를 기울이고, 그 말씀을 따라 살기를 원하십니다. 때문에 솔로몬은 기도할 때, 듣는 마음을 달라고 기도했습니다. "누가 주의 이 많은 백성을 재판할 수 있사오리이까 듣는 마음을 종에게 주사 주의 백성을 재판하여 선악을 분별하게 하옵소서"(왕상 3:9). 여기서 '듣는'으로 번역된 히브리어(shama, 샤마)는 다른 곳에서 '청종하다, 순종하다'로도 번역됩니다. 여기서 듣는다는 것은, 단순히 육체로 듣는 것이 아닌, '이해하는 마음'(understanding heart)입니다. 하나님의 뜻을 묵상하고, 헤아리며, 그 뜻을 이해하고 살아가는 마음입니다. 성경은 이것을 '지혜'라고 부릅니다.

고집(Willfulness)의 본질

듣지 않는 사울의 죄는 가볍지 않습니다. 사무엘은 "거역하는 것은 점치는 죄와 같고"(삼상 15:23)라고 말합니다. 사울은 이전에 이스라엘 안에 점치는 자들을 쫓아내었습니다. 그런데 이제는 자신이 점치는 자와 다름이 없어집니다. 점치는 자는 자기 나름의 규칙을 가지고 '이렇게 행하는 것이 옳다, 저렇게 하는 것이 옳다'고 말합니다. 사울도 다르지 않았습니다. 하나님의 말씀을 무시하고 자기 생각대로 했습니다. 그래서 사무엘은 사울의 불순종이 점치는 자의 죄와 다름이 없다고 했습니다. 또 "완고한 것은 사신 우상에게 절하는 죄와 같음이라"(23절)고도 했습니다. 여기서 우상은, 문자대로 하면, '드라빔'인데, 집안에 모셔두는 '신주단지' 같은 가정 우상입니다. 사람들은 드라빔에 묻기도 하고 절하기도 했습니다. 여러

분들 중에는 이렇게 우상 앞에 머리를 조아리고 절하고 기도하는 분은 없을 것입니다. 하지만 하나님은 완고한 것, 곧 순종하기를 거역하며 고집부리는 것을 우상 숭배로 보십니다.

이스라엘은 광야에서 하나님께 대해 고집을 부리다가 망하고 말았습니다. 우리는 이 고집의 본질이 죄라는 것을 항상 기억해야 합니다. 부모는 어린 자녀들이 부모의 말씀을 거역하고 고집을 부릴 때, 그것을 개성의 문제로 취급해서는 안 됩니다. 고집을 꺾는 것은 아이의 기를 죽이는 것이 아닙니다. 고집의 본질은 죄입니다. 이는 계속 자라납니다. 그래서 나중에는 통제 불능이 됩니다. 기독교인 부모는 고집을 죄로 다루고, 그 죄의 잡초가 자녀들의 마음에서 자라지 못하도록 부지런히 그 정원을 관리해 주어야 합니다. 자녀들만 아니라 부모도 마찬가지입니다. 하나님의 뜻에 저항하며 고집을 부리는 사람은 점쟁이나 우상숭배자와 같습니다. 성도는 하나님의 말씀에 순종하기 위해 사력을 다해야 합니다. 우리의 삶에 불순종이 지속되면 어떤 일이 일어날까요?

순종, 그리스도께 나아가는 길

사무엘은 "왕이 여호와의 말씀을 버렸으므로, 여호와께서도 왕을 버려 왕이 되지 못하게 하셨나이다"(23절)라고 말합니다. 이것은 영원히 버렸다는 말씀은 아닙니다. 사울이 자신의 죄를 고백하고 회개하며 하나님께로 돌아온다면 하나님은 그를 용서해 주시고 받아 주실 것입니다. 그를 버리셨다는 의미는, 왕의 직분을 면직하겠다는 뜻입니다. 사울은 이스라엘의 공식적인 첫 번째 왕이었습니다. 목자와 같이 백성들을 순종의 길로 인도해야 했습니다. 누구보다도 모범이 되어야 했습니다. 그는 장래에 오실 그리스도에게로 백성들을 인도해야 했습니다. 그런데도 왕은 하나님을 거역하고, 고집을 부리고, 자기 생각대로 했습니다. 왕이 이렇게 한다면 백성들은 어떻게 되겠습니까? 하나님이 그런 태도를 용납하지 않는다는 것을 보여 주시기 위해 그를 폐위하셨습니다.

사울의 이야기는 우리가 예수 그리스도께로 나아가는 길이 순종하는 믿음으로만 된다는 것을 보여줍니다. 예수님은 참된 믿음에는 반드시 순종이 따라야 한다고 하셨습니다. 초대교회의 경건 서적 중에 하나인 『디다케』를 보면 거짓 선지자와 참된 선지자를 구별하는 법이 나옵니다. 거짓 선지자는 '말만 하고 실천하지 않는 자, 가르치기만 하고 행하지 않는 자'입니다. 바울은 자신이 하나님의 은혜로 말미암아 사도가 된 것은, 이방인들이 믿어 순종하게 하도록 하기 위해서였다(롬 1:5)고 말합니다. 우리는 신앙을 고백하고 정답을 말하며 시자라고 하지만, 성경의 진리는 삶에 적용되어야 합니다. 믿음에 있어 순종은 생명과 같은 것입니다. 야고보 사도는

"행함이 없는 믿음은 죽은 것이라"고 했습니다(약 2:10). 순교자 본회퍼 목사님은 "믿는 자만이 순종하며 순종하는 자만이 믿는다"라고 했습니다. 우리의 삶이 행복할 것인가, 불행할 것인가는 순종에 달려 있습니다. 옛 이스라엘과 같이 새 이스라엘인 우리 앞에도 순종의 길과 불순종의 길이 놓여 있습니다. 어떤 길로 가겠습니까? 순종의 길은 행복의 길이며, 성공의 길이며, 영생의 길입니다. 부디 여러분의 모든 생각을 사로잡아 예수 그리스도에게 복종하여 "내 뜻을 따르는 대신에 하나님의 말씀에 기꺼이 굴복하기" 바랍니다(고후 10:5).

우리의 신앙은 단순한 지식이나 입술의 고백에만 머물러서는 안 됩니다. 믿음은 반드시 순종을 통해 증명되어야 합니다. 하나님께서는 우리가 제사를 드리거나 많은 일을 하는 것보다, 그분의 말씀을 듣고 따르는 것을 더 기뻐하십니다. 하나님은 사울을 버리셨지만, 오늘 우리에게는 은혜의 기회가 남아 있습니다. 우리는 사울처럼 자신의 뜻을 고집하며 변명할 수도 있고, 하나님의 뜻 앞에 겸손히 엎드려 순종할 수도 있습니다. 순종은 단순히 규칙을 따르는 것이 아닙니다. 하나님을 신뢰하는 행위이며, 사랑의 표현입니다. 우리의 삶에 크고 작은 선택의 순간들이 다가올 때마다, 내 뜻이 아니라 하나님의 뜻을 구하는 사람이 됩시다. 내 계산과 감정이 아닌 하나님의 말씀에 따라 결단합시다. 우리의 삶을 온전히 맡길 때, 하나님은 우리를 가장 좋은 길로 인도하실 것입니다.

하나님께서는 순종하는 자를 통해 일하십니다. 그리고 그에게 놀라운 은혜를 부어 주십니다. 우리의 마음을 하나님 앞에 겸손히 내려놓읍시다. 고집을 버리고, 나의 뜻을 내려놓고, 오직 말씀에 굴복합시다. 그 길이 곧 생명의 길이며, 축복의 길이며, 영원한 하나님 나라로 향하는 길입니다.

'주여, 내 뜻을 꺾으시고, 오직 하나님의 뜻에 순종하는 자가 되게 하소서'

나의 결심

내 뜻을 따르는 대신 하나님의 말씀에 기꺼이 굴복하겠다.

- 권위자에게 즉시 순종하겠다.
- 밝은 태도를 보이겠다.
- 맡은 일을 끝마치겠다.
- 기대 이상으로 하겠다.
- 그릇된 명령에 순종하지 않겠다.

생각하고 나눌 질문

1. 사울은 자신의 생각이 더 합리적이라고 여겨 하나님의 명령을 온전히 따르지 않았습니다. 나도 하나님의 말씀을 들을 때, 내 생각이 더 맞다고 여기며 순종하지 않은 적이 있지는 않은가요?

2. 하나님은 "순종이 제사보다 낫다"라고 하셨습니다(삼상 15:22). 나는 하나님께 순종하기보다 종교적인 행위(예배 참석, 봉사, 헌금 등)에만 집중한 적은 없었나요?

3. 사울은 불순종으로 인해 왕의 자리에서 쫓겨났습니다. 내가 하나님의 말씀에 불순종할 때, 그것이 내 삶에 어떤 영향을 미쳤나요?

4. 사무엘은 '완고한 것이 우상 숭배와 같다'고 말했습니다(삼상 15:23). 나는 하나님의 말씀보다 내 고집을 더 앞세운 적이 있나요? 그렇다면 그것이 신앙생활에 어떤 영향을 미쳤나요?

5. 예수님은 십자가에 이르기까지 온전히 하나님께 순종하셨습니다. 나는 어떤 부분에서 순종의 어려움을 느끼나요? 하나님께 온전히 순종하기 위해 오늘부터 실천할 수 있는 작은 결단은 무엇인가요?

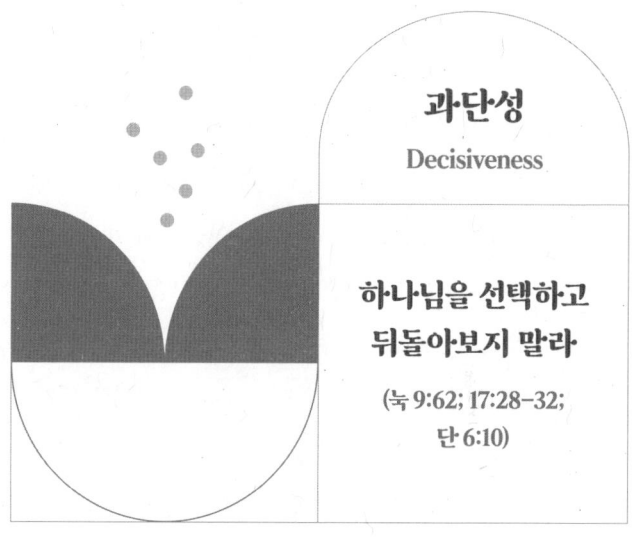

과단성
Decisiveness

하나님을 선택하고 뒤돌아보지 말라

(눅 9:62; 17:28-32; 단 6:10)

미국에 찰스 스윈돌이라는 목사님이 한 번은 주일 설교에서 교통질서를 잘 지켜야 한다고 강조했습니다. 그런데 집으로 돌아가는 중에 그만 신호 위반을 하고 말았습니다. 자신이 법을 어겼다는 사실을 깨닫고 나서 옆을 보니, 아니나 다를까 몇몇 성도들이 자신을 지켜보고 있었습니다. 찰스 목사님은 너무 부끄러워 황급히 차를 몰아 집으로 도망을 갔습니다. 그런데 집에 도착한 후 한통의 전화를 받았습니다. 까칠하기로 소문난 성도였습니다. 그 성도는 다짜고짜 '목사님, 아까 빨간 불일 때 지나가셨죠? 내일 교인들이 목사님을 만나고 싶어 합니다'고 말했습니다. '네, 점심 같이 해요'라고 답하며 전화를 끊었지만 매우 걱정스러웠습니다. 다음 날 약속 장소로 나갈 때, 목사님은 뭔가를 목에 메고 있었습니다. 성도들이 보니 거기에는 '나는 죄인이다'(I am guilty)라는 글귀가 쓰여 있었습니다. 등에도 글귀가 쓰여 있었는데, "너희 중에 죄 없는 자가 먼저 돌로 치라"였습니다. 그 모습을 보고 성도들은 배꼽을 잡고 웃었고 박수를 치며 목사님을 환영했습니다. 찰스 목사님은 딱딱한 변명 대신 유머와 지혜로 대처했고 그 후 성도들은 목사님을 더욱 지지하는 사람들이 되었다고 합니다.[11] 인생의 위기가 닥쳤을 때 그것을 어떻게 극복하느냐가 참 중요합니다. 기회는 위기라는 가면을 쓰고 오기 때문입니다.

위기를 기회로

위기를 기회로 승화시킨 한 인물이 있습니다. 바로 다니엘입니다. 다니엘은 십 대에 바벨론에 포로로 끌려와서 제국의 총리가 되어 하나님의 쓰임을 받았습니다. 또한 바벨론 제국이 멸망한 후에는 바사(페르시아) 제국의 총리가 되어 쓰임을 받았습니다. 다니엘서 6장은 바사(페르시아)의 다리오 왕 시대의 일을 기록하고 있습니다. 다니엘은 뛰어난 왕의 참모였

---

11   찰스 스윈돌, 『잘 사는 인생에서』(가치창조)에서 가져온 것이다.

습니다. 탁월한 사람들 곁에는 시기하는 사람들이 있게 마련이죠. 유대인 포로 출신이 왕의 총애를 입게 되자, 고관들은 다니엘을 시기했고 그를 죽이기 위해 음모를 꾸몄습니다.

당시에 다니엘은 하루에 세 번 예루살렘을 향해 기도하고 있었습니다. 이것은 하나님을 향한 신앙의 실천이었습니다. 하지만 다니엘을 시기하는 사람들은 그 사실을 이용해 그를 제거하려고 했습니다. '30일 동안 바사 왕 외에 어떤 신이나 사람에게 기도하면 사자 굴에 던져 넣을 것이라'는 법령을 만들고(7절) 왕의 제가를 받았습니다. 그럼에도 불구하고 다니엘은 항상 하는 대로 예루살렘을 향해 창문을 열고 하루 세 번 무릎을 꿇고 기도하며 하나님께 기도했습니다(10절). 그렇게 뜻을 정했기 때문입니다. 이 일로 다니엘은 큰 위기를 만납니다. 우리는 이 이야기의 끝을 알고 있습니다. 다니엘은 왕의 명령을 어긴 형벌로 사자 굴에 던져졌습니다. 그러나 하나님께서 모든 사자의 입을 막아 주셨고, 다니엘은 사자 굴에서 무사히 나오게 되었습니다. 오히려 다니엘을 음해하던 자들이 사자 밥이 되고 말죠. 이처럼 다니엘은 죽음의 위협 앞에서도 하나님을 향한 뜻을 버리지 않았는데, 이러한 다니엘의 성품을 한 마디로 말하면 '과단성'이라 할 수 있습니다. 과단성이란, '하나님의 뜻과 방법에 근거하여 어려운 결정을 내리는 능력'입니다. 영어로는, 'Decisiveness'이니, 결단력이라고 번역할 수 있겠습니다. 다니엘은 '과단성, 결단력 있는 사람'이었습니다. 우리도 인생에서 중요한 선택의 순간을 만납니다. 그때가 위기의 순간일 수도 있습니다. 그때 하나님은 우리가 '과단성' 있는 사람, 즉 신앙의 결단을 내리는 성도가 되기를 원하십니다. 그러면 과단성 있는 사람은 어떤 사람인지 좀 더 살펴봅시다.

즐거이 그리고 신속히

다니엘은 자신이 어떤 어려움을 당할 것인지 알고 있었습니다. 왕의 법을 어기게 될 때 벌어질 일을 예상하고 있었습니다. 그럼에도 불구하고 기도를 멈추지 않았습니다. 오래전에 다니엘은 이와 비슷한 일을 경험했습니다. 바벨론 왕 느부갓네살이 이스라엘의 재능 있는 젊은이들을 잡아 바벨론의 인재로 등용하려고 했을 때 왕은 젊은이들에게 왕이 먹는 좋은 음식을 제공했습니다. 다니엘은 이를 거절했고, 그때도 하나님을 향한 믿음의 뜻을 세웠는데 역시 하루 세 번 기도하는 것이었습니다.

일반적으로 사람들은 뜻을 세웠다가도 어려움을 만나면 뜻을 접곤 합니다. 교회 역사를 보면, 핍박의 상황 속에서 신앙을 버린 경우가 있었습니다. 로마제국이 기독교를 박해할 때, 기독교인들을 굴복시키기 위해 한 가지 꾀를 내었습니다.

성경을 버리면 누구든 안전과 생명을 보장하겠다는 것이었습니다. 로마제국의 회유 앞에 다수의 기독교인은 성경을 내어 주면서 그것은 신앙을 버리는 일이 아니라고 자신을 정당화했습니다. 하지만 다니엘은 죽음의 위협 앞에 기도를 포기하지 않았습니다. 다니엘은 조서에 왕의 도장이 찍힌 것을 알고도 자기 집에 돌아가서 전에 하던 대로 기도했습니다. 다니엘은 무엇이 중요한지 알고 있었습니다. 그래서 하나님을 선택하기로 결심했고 기도했던 것입니다. 과단성은 무엇이 중요한지를 파악해서 어려운 결정을 과감히 내리는 능력입니다.

예수님은 제자들에게 "손에 쟁기를 잡고 뒤로 돌아보는 자는 하나님 나라에 합당하지 아니하니라"(눅 9:62)고 하셨습니다. 다니엘은 하나님을 선택하고 나서 뒤돌아보지 않았습니다. 다니엘의 행동에는 머뭇거리거나 주저함이 없었습니다. "알고도 자기 집에 돌아가서는 윗방에 올라가 예루살렘으로 창문을 열고 … 무릎을 꿇고 기도하며 그의 하나님께 감사하였더라"(단 6:10). 다니엘은 하나님을 섬기는 것이 중요하다고 판단한 다음에는 과감하고 신속하게 행동했습니다. 때마다 우리는 '어떤 뜻'을 세우고 있나요? 그 뜻이 하나님의 뜻 가운데 있습니까? 그리고 하나님의 방법으로 그 뜻을 이루어 가려고 합니까? 우물쭈물하거나 고집부리거나 주위의 압력에 굴하지 말고 하나님의 말씀과 뜻을 따라 모든 결정을 내리고, 결정한 후에는 다니엘처럼 즐겁게 신속하게(과감하게) 살아가기를 바랍니다. "사람을 두려워하면 올무에 걸리게 되거니와 여호와를 의지하는 자는 안전하리라"(잠 29:25).

과단성의 반대말 '두 마음', 우유부단(Procrastination)

야고보 사도는 '두 마음'을 품는 자는 요동하는 바다 물결같이 … 모든 일에 안정되지 못하다고 했습니다(약 1:6,8). '두 마음'은 그리스어로 '딥시코스'인데, 이 말은 '두 마음 혹은 우유부단한 마음'을 가리킵니다. 목회자로서 제일 안타까울 때가 두 마음을 가진 성도를 대할 때입니다. 지난주는 하나님을 믿는다고 했는데, 이번 주에는 보이지 않는 것입니다. 두 마음은 마음에 정함이 없는 것입니다.

창세기에는 우물쭈물 고민쟁이 가족의 이야기가 나옵니다. 하나님께서 아브라함에게 고향 땅을 떠나라고 하시자 아브라함은 과단성 있게 조카 롯을 데리고 하나님이 지시한 땅으로 갔습니다. 그런데 시간이 좀 지난 후에 아브라함과 조카 롯 사이에 문제가 생깁니다. 머물고 있는 땅이 좁았고 거기에 비해 소유는 점점 많아지고 있었기 때문입니다. 급기야 아브라함의 종들과 롯의 종들 사이에서 다툼이 일어났습니다. 결국 아브라함은 중요한 결정을 내렸습니다. 롯을 불러서 따로 떨어져 사는 것이 좋겠다고, 그리고 "네가 좌하면 나는 우하고 네가 우하면 나는 좌하리라"(창 13:9)고 말했습니다. 그때 롯은 고민했습니다. 지금의 결정이 앞으로의 삶을 결정한다고 생각했기 때문입니다. 롯은 요단 강 동쪽이 좋아 보였고, 그래서 거기를 선택하자 아브라함은 요단 강 서쪽으로 갔습니다. 그곳은 기름지고 좋은 땅은 아니었지만 아브라함은 하나님께 감사하며 그곳에 단을 쌓고 예배를 드렸습니다. 한편 롯은 요단 강 동쪽에 있던 소돔 성에 들어가 멋진 옷과 기름진 음식을 먹으며 하나님을 점점 잊어버렸습니다. 하나님께서 소돔과 고모라의 악한 모습을 보시고 그곳을 멸하시기로 결정하셨을 때, 그곳에 사는 롯의 가족에게 두 천사를 보내어 경고하셨습니다. "내일 새벽에 하나님께서 이곳을 멸하시리니 너는 어서 딸과 사위들을 데리고 이곳을 떠나라"(창 19:14). 하지만 롯과 그의 가족들은 지체하고 머뭇거렸습니다. 롯과 그의 가족들이 지체하자, 천사들은 롯과 그의 아내, 그리고 두 딸의 손을 잡아 강제로 인도하여 성 밖으로 끌고 나갔습니다. 성경은 이 일을, 여호와의 자비하심이라고 말합니다(16절). 천사들의 경고를 듣고 그들은 소돔과 고모라 성의 반대편으로 달리기 시작했습니다. 그리고 하나님의 심판이 그 도시들에 임했습니다. 그때 롯의 아내는 천사의 경고를 무시하고 뒤를 돌아보다가 소금 기둥이 되고 맙니다(26절). 그녀가 두 마음을 가지고 있었기 때문입니다. 그녀는 여전히 멸망하는 세상에 미련을 버리지 못했습니다.

우리는 성품이 다른 두 가족의 이야기를 통해서 중요한 영적인 교훈을 배웁니다. 아브라함은 하나님이 기뻐하시는 일을 위해 중요한 결정을 과단성 있게 실행했습니다. 그리고 뒤를 돌아보지 않고 감사했습니다. 반면에 롯의 가족은 하나님의 명령에 고민하고, 우물쭈물거리고, 지체했습니다. 우유부단했던 롯의 가족은 하나님의 자비하심으로 간신히 멸망의 성에서 빠져나오지만 롯의 아내는 두 마음을 가지고 있다가 결국 소금 기둥이 되고 말았습니다.

예수님은 제자들에게 세상의 마지막 때가 '롯의 때와 같다'고, 그리고 '롯의 처를 기억하라'(눅 17:32)고 말씀하셨습니다. 우리는 롯의 아내가 두 마음으로 살다가 어떻게 멸망했는지를 기억해야 합니다. 우리는 하나님이 기뻐하시는 일에는 가장 먼저 달려가고, 하나님이 기뻐하시지 않는 일에는 가장 먼저 피하는 사람이 되어야 합니다. 하나님의 말씀 앞에 우물쭈물하지 맙시다. 두 마음으로 뒤돌아보지도 맙시다. 옳은 결정을 내렸다면 그것을 끝까지 따르는 사람이 되기를 바랍니다.

과단성에 대한 오해

과단성에 대한 오해가 있습니다. 마초 성향의 남자들이 그런

경향을 보이는데, 자기 혼자힘으로 결정하는 것을 과단성이라고 생각하는 것입니다. 이것은 오해입니다. 아브라함은 중요한 결정을 내리기 전에 롯과 의논했습니다. 현명한 결정은 현명한 조언을 구하는 데서 시작됩니다. 부부는 서로 조언을 구하고 함께 지혜를 모아야 합니다. 자녀와 부모 역시 마찬가지입니다. 성도들은 목사의 조언을 구하는 것이 지혜입니다. "미련한 자는 자기 행위를 바른 줄로 여기나 지혜로운 자는 권고를 듣느니라"(잠 12:15).

하나님 앞에 결단하는 과단성 있는 성품으로 살아갈 때 다니엘처럼 어려움을 만나기도 합니다. 다니엘은 방해하는 사람들에게 집중하지 않았습니다. 반대로 자신이 섬기는 하나님께 집중했습니다. 과단성은 방해물에 집중하지 않고 목적지에 집중하는 것입니다. 사도 바울은 "형제들아 나는 아직 내가 잡은 줄로 여기지 아니하고 오직 한 일 즉 뒤에 있는 것을 잊어버리고 앞에 있는 것을 잡으려고 푯대를 향해 그리스도 예수 안에서 하나님이 위에서 부르신 부름의 상을 위하여 달려가노라"(빌 3:13-14)고 했습니다. 지난 일들은 잘했든 못했든 뒤돌아보지 말고, 또 롯의 처와 같이 세상에 미련을 두지 말고, 지금부터라도 부름의 상을 얻기 위해 푯대를 향해 과단성 있게 달려가는 믿음의 사람이 되기를 간구합시다.

앞선 이야기들을 통해 우리는 과단성, 즉 결단력 있는 성품의 중요성을 다시 한번 깨닫게 됩니다. 다니엘은 위기의 순간에서도 하나님을 향한 결단을 흔들림 없이 지켜냈습니다. 그의 과단성은 단순히 어려운 상황에서 신속하게 결정을 내리는 능력이 아니라, 그 결정을 끝까지 지켜나가는 일관된 믿음이었습니다. 그는 뜻을 세운 후 그 뜻을 변경하지 않았고, 그 어떤 외적 압박에도 불구하고 하나님을 향한 믿음을 실천하며 하나님께 영광을 돌렸습니다. 과단성 있는 사람은 우유부단하지 않고, 무엇이 중요한지 명확하게 알고 그것을 위해 신속하게 결단하며, 그 결정을 실행에 옮깁니다. 다니엘이 그랬던 것처럼, 우리 역시 신앙의 결단을 내렸다면 그것을 두고 흔들리지 말고, 과감하게 나아가야 합니다. 아무리 어려운 상황이 닥쳐도 하나님을 향한 우리의 믿음은 결코 뒤로 물러서지 않아야 합니다.

과단성은 '뒤돌아보지 않음'을 의미합니다. 예수님은 제자들에게 "손에 쟁기를 잡고 뒤로 돌아보는 자는 하나님나라에 합당하지 않다"(눅 9:62)고 말씀하셨습니다. 다니엘은 뒤돌아보지 않았습니다. 하나님을 선택하고, 그 결정을 신속하게 실천했으며, 그 후에는 두 마음을 품지 않고 끝까지 하나님만을 따랐습니다. 우리도 마찬가지입니다. 어떤 결정을 내렸다면 그 결정에 대한 확신을 가지고, 그 결정을 끝까지 따라야 합니다. 과단성은 단지 결정을 내리는 것만이 아니라, 그 결정을 내린 후에도 꾸준히 실행하는 성품입니다. 우리가 하나님을 온전히 신뢰하고 그 뜻을 따를 때, 과단성 있는 삶은 우리에게 놀라운 열매를 맺게 할 것입니다. 그러므로 과단성 있는 사람으로 살아가기를 결단합시다. 주저하지 말고, 하나님이 기뻐하시는 길을 과감히 선택하고, 그 길을 끝까지 따르며 하나님께서 주시는 믿음의 상을 향해 나아가는 사람들이 되기를 바랍니다.

나의 결심

하나님의 뜻과 방법에 근거하여
어려운 결정을 내리는 능력을 기르겠다.

- 뒤돌아보지 않겠다.
- 말한 대로 하겠다.
- 옳은 결정을 하고 그것을 고수하겠다.
- 마음을 정하기 전에 다양한 관점으로 살펴보겠다.
- 주위의 압력에 굴복하지 않겠다.

생각하고 나눌 질문

1. 나의 삶에서 과단성이 필요한 순간은 언제였으며, 그때 나는 어떤 결정을 내렸나요? 자신이 경험한 과단성의 순간을 돌아보며, 그때의 결정이 어떻게 신앙과 일상에 영향을 미쳤는지 나눠봅시다.

2. 과단성이 부족했을 때, 그로 인해 어떤 결과가 있었고, 그 경험에서 무엇을 배웠습니까?

3. 하나님을 선택하고 뒤돌아보지 않는다는 말이 나에게 어떤 의미인가요? 신앙의 결단을 내릴 때, 그것을 지키는 것이 왜 중요한지, 그리고 그 의미가 개인적으로 어떻게 다가오는지에 대해 서로 나눠봅시다.

4. '두 마음'을 가진 사람으로 나의 신앙이 흔들릴 때, 어떻게 그 상태에서 벗어나 결단을 내릴 수 있었나요? 신앙이 흔들렸을 때 그 상태에서 벗어난 자신의 경험을 서로 나눠봅시다.

5. 다니엘의 과단성에서 나의 삶에 적용할 수 있는 구체적인 부분은 무엇입니까?

용서
Forgiveness

서로 사랑의 통로가 돼라
(잠 20:8; 엡 4:31-32)

용서는 나에게 잘못한 사람들에 관한 기억을 삭제하는 것입니다. 하나님이 그리스도 안에서 내 죄와 허물을 삭제하셨듯이 나도 그렇게 행하는 것입니다. 나아가 하나님의 사랑과 축복의 통로가 되는 것입니다.

마지막까지 어려운 일

성경은 용서를 말할 때 하나님의 용서를 전제합니다. 성도는 하나님의 용서를 받은 사람이기에 다른 사람의 허물을 용서해 주는 것이 마땅합니다. 용서는 은혜의 증거입니다. 그러나 은혜를 받았음에도 우리는 다른 사람을 잘 용서하지 못합니다. 아직 용서하지 못한 사람, 만나고 싶지 않은 사람, 생각하면 분노하고, 복수해 주고 싶은 사람을 하나쯤 품고 살지는 않나요? 임종을 앞둔 어떤 목사님이 계셨습니다. 그가 목회하는 동안 자신을 힘들게 했던 장로님이 임종을 앞둔 목사님께 용서를 빌기 위해 찾아왔습니다. 하지만 그 목사님은 끝내 그를 만나 주지 않았습니다. 용서는 누구에게나 어려운 일입니다. 어떻게 해야 다른 사람을 용서할 수 있을까요?

기록의 삭제

용서는 지우는 일입니다. 내게 잘못한 사람들의 기억을 보관하지 않고 없애야 합니다. 용서는 '아피에이미'(헬, aphieimi)인데 도말하고, 없애고, 놓아준다는 뜻입니다. 예수님은 이렇게 기도하라 하셨습니다. "우리가 우리에게 죄지은 자를 사하여 준 것 같이 우리 죄를 사하여 주시옵고"(마 6:12). 이렇게 고쳐 읽어봅시다. '우리에게 잘못한 사람들의 기록을 지워버렸으니, 주님 우리의 죄도 지워 주십시오'. 고쳐보니 더 마음에 와 닿습니다. 이 말이 '우리가 용서한 만큼 우리 죄를 용서해 달라'는 의미는 아닙니다. 용서의 양이나 질에 비례하여 하나님이 용서하신다면 우리 중 누구도 용서받지 못합니다. 우리는 값없이 주신 사랑으로 용서받았고 하나님과 화목을 누리게 되었습니다. 성도의 또 다른 이름은 '용서받은 죄인'입니다. 우리는 이 용서의 감격 속에 살고 있습니까? 하나님과 화목을 누리고 있는 은혜의 증거가 나타나고 있습니까? 내가 용서받은 증거, 하나님과 화목을 누리는 증거는 무엇입니까? 다른 사람을 용서하는 것입니다. 바울도 "서로 용서하기를 하나님이 그리스도 안에서 너희를 용서하심과 같이 하라"(엡 4:32)고 말했습니다. 나에게 잘못한 기록을 지워 버리는 것입니다.

영적 침체

하나님의 용서와 사람의 용서는 깊은 관련이 있습니다. 예수님 안에서 용서하시는 하나님의 사랑을 진심으로 경험한 사람은 타인을 향한 긍휼과 연민을 가지게 됩니다. 우리가 용서하지 못하는 이유는, 아직 하나님의 용서와 사랑을 체험하지 못했거나, 아니면 하나님이 주신 은혜를 누렸으나 현재 그것을 상실해 버렸기 때문입니다. 이런 상태가 바로 '영적 침체'입니다. 하나님의 사랑에 대한 감사와 기쁨을 상실하면 누구나 영적 침체를 겪을 수 있습니다. 그리고 한 번 사라진 그 감각은 다시 회복하기가 참 쉽지 않습니다.

용서의 반대, 거절(Rejection)

용서의 반대말은 '거절'입니다. 용서하기를 거절하는 사람에게는 무슨 일이 일어날까요?

먼저는 하나님께서 여러분을 거절하십니다. 예수님은 "너희가 사람의 과실을 용서하면 너희 천부께서도 너희 과실을 용서하시려니와 너희가 사람의 과실을 용서하지 아니하면 너희 아버지께서도 너희 과실을 용서하지 아니하시리라"라고 말씀하셨습니다(마 6:14-15). 타인을 용서하지 못하면 하나님의 용서를 받기 어렵습니다. 토마스 풀러는 '다른 이를 용서하지 않는 사람은, 자신이 건너가야 할 다리를 부수고 있는 것이다'고 말했습니다. 즉, 용서하지 않는 것은 자기 파괴적인 행위입니다. 비유 중에, 은혜를 저버린 불행한 한 사람의 이야기가 있습니다. '만 달란트'(약 20억×10,000에 해당)라는 갚을 수 없는 엄청난 빚을 진 사람이 있었습니다. 그는 임금 앞에 엎드려 자비를 구했고, 자비로운 임금은 그를 불쌍히 여겨 빚 전부를 탕감해 주었습니다. 그는 이렇게 은혜를 입었지만, 자신이 탕감받은 것보다 훨씬 적은 백 데나리온(약 세 달치 품삯에 해당) 빚진 친구에게 빚을 갚으라고 독촉했습니다. 심지어 갚을 때까지 친구를 감옥에 가두어 버렸습니다. 그 소식을 들은 임금은 그를 불러 진노하며 말했습니다. "악한 종아 네가 빌기에 내가 네 빚을 전부 탕감하여 주었거늘 내가 너를 불쌍히 여김과 같이 너도 네 동료를 불쌍히 여김이 마땅치 아니하냐"(마 18:32-33). 임금은 그를 감옥에 가두고 탕감해 주었던 빚을 다 갚을 때까지 나오지 못하게 했습니다. 예수님은 비유의 교훈을 말씀하셨습니다. "너희가 각각 중심으로 형제를 용서하지 아니하면 내 천부께서도 너희에게 이와 같이 하시리라"(마 18:32-35). '이와 같이'란 무엇입니까? 우리가 다른 이를 용서하지 않는다면 하나님께서도 그렇게 하시겠다는 말씀입니다. 사실, 용서를 거절한 사람은 이미 감옥에 갇혀 고통을 받고 있는 것입니다.

또한 가해자가 됩니다. 용서하지 못하는 이유는 자신을 피해자라고 생각하기 때문입니다. 하지만 용서하지 않으면 처지가 뒤바뀝니다. 즉, 피해자가 아니라 가해자가 됩니다. "모든 사람으로 더불어 화평함과 거룩함을 따르라 이것이 없이는 아무도 주를 보지 못하리라 너희는 돌아보아 하나님 은혜에 이르지 못하는 자가 없도록 하고 또 쓴 뿌리가 나서 괴롭게 하여 많은 사람이 이로 말미암아 더럽게 되지 않게 하며"(히 12:14-15). 쓴 뿌리란, 잡초를 말합니다. 우리 마음은 정원과 같습니다. 늘 돌보고 가꾸어야 합니다. 그리스도의 빛을 비추고, 하나님의 사랑을 충분히 공급해 주어야 합니다. 또한 정원을 해치는 잡초를 시시로 뽑아야 합니다. 그래야 때마다 아름다운 꽃이 피고 열매를 맺고 나비와 새가 찾는 멋진 정원이 될 수 있습니다. 하지만 우리가 다른 사람을 용서하지 못하고 오래 방치하면 잡초는 물론이고, 가시와 엉겅퀴가 생겨나서 마음이란 정원을 망치게 됩니다. 쓴 뿌리는 자신만 아니라 다른 사람도 오염시킵니다. 히브리서 12:15은 "쓴 뿌리가 나서 괴롭게 하여 많은 사람이 이로 말미암아 더럽게" 된다고 말합니다. 즉, 타인을 용서하지 못하는 사람은 가까운 사람들(배우자와 자녀들)에게도 그 상처를 돌려주게 된다는 것입니다. 아우구스티누스는 충고하기를, '악인의 행위로 인해 고통당하고 있다면, 악인이 둘이 되기 전에 용서하라'고 말했습니다. 용서하지 못하면 나도 누군가에게 가해자가 될 수 있습니다. 그리스도의 말씀대로 모든 사람으로 더불어 화평함과 거룩함을 따르지 않는다면 누구도 주님을 볼 수 없을 것입니다.

최고의 선물

물론 내가 누군가의 잘못을 용서해 주었다고 해서 하나님이 그 사람을 용서해 주는 것은 아닙니다. 하지만 우리는 용서해야 합니다. 용서는 자기 자신에게 주는 최고의 선물이기 때문입니다. 우리가 다른 사람을 진심으로 용서할 때, 하나님과의 친밀함, 사랑의 감각과 정서가 다시 회복됩니다. 용서는 결코 버리는 일이 아닙니다. 내 삶을 채우며 흘러넘치는 은혜를 경험하게 하는 놀라운 일입니다. 어린 시절 친구 집 마당에 손으로 작동하는 수동 물펌프가 있었는데, 그 집에 갈 때마다 물을 붓고 신나게 펌프질을 하곤 했습니다. 수압

차에 의해 지하에서 물이 나오는 것이 재밌고 신기했습니다. 나중에 펌프에 넣는 물을 '마중물'이라고 부른다는 것을 알게 되었습니다. 용서는 이 마중물과 같습니다. 하나님의 사랑을 한 바가지 떠서 마음에 붓고 펌핑을 하면, 희한하게도 그 사랑이 넘쳐흐르고 타인에게도 흘러가게 됩니다. 무엇보다 용서는 자신에게 주는 최고의 선물입니다. "노하기를 더디 하는 것이 사람의 슬기요 허물을 용서하는 것이 자기의 영광이니라"(잠 19:11). 성경에는 용서에 대한 말씀이 많습니다.

"서로 인자하게 하며 불쌍히 여기며 서로 용서하기를 하나님이 그리스도 안에서 너희를 용서하심과 같이 하라"(엡 4:32)

"누가 누구에게 불만이 있거든 서로 용납하여 피차 용서하되 주께서 너희를 용서하신 것과 같이 너희도 그리하고"(골 3:13)

"비판치 말라 그리하면 너희가 비판을 받지 않을 것이요 정죄하지 말라 그리하면 너희가 정죄를 받지 않을 것이요 용서하라 그리하면 너희가 용서를 받을 것이요"(눅 6:37)

"너희는 스스로 조심하라 만일 네 형제가 죄를 범하거든 경계하고 회개하거든 용서하라"(누가복음 17:3)

성경의 주제가 용서입니다. 말씀을 묵상하며 용서의 근력을 키워봅시다. 이를 위해 다음 세 가지를 제안해 봅니다. 첫째, 나를 괴롭히는 사람이 있다면 나를 위한 '하나님의 도구'로 여깁시다. 그를 통해 내 성품을 연단하실 것이기 때문입니다. 둘째, 누군가로부터 아픔과 상처가 있다면 그것을 통해 주어진 유익을 생각해 봅시다. 그것을 붙들고 하나님께 감사합시다. 또한 그 아픔과 상처를 통해 하나님께서 내 안에 어떤 자질과 성품을 키우길 원하시는지 깨닫고 따르기로 결심합시다. 셋째, 고난은 그리스도인의 삶에서 아주 자연스럽고 당연한 부분임을 인식합시다. 부커 워싱턴은 매일 이런 결심을 했다고 합니다. '나는 절대로 누군가를 싫어함으로써 내 영혼의 품위를 잃지 않겠다'. 용서는 성도의 품위입니다.

용서의 실천

용서의 한계는 어디일까요? 어디까지 용서해야 할까요? 베드로는 예수님께 몇 번이나 용서해야 하는지 물었고, 그때 예수님은 일흔 번씩 일곱 번이라도 용서해 주라고 하셨습니다. 한계를 정하지 말고 용서해 주라는 뜻입니다(마 18:21-22). 그렇습니다. 우리의 목표는 예수님처럼 무한히 용서하는 사람이 되는 것입니다. 당장 어렵다면 할 수 있을 만큼만 해봅시다. 하다 보면 실력이 늘어날 것입니다. 용서는 결코 쉬운 일이 아닙니다. 혹 누군가에게는 불가능한 일인지도 모릅니다. 하지만 "내게 능력 주시는 자 안에서 내가 모든 것을 (용서도) 할 수 있다"는 말씀(빌 4:13)을 믿음으로 받아서 실천해봅시다. 나에게 잘못한 사람들에 대한 기억과 기록을 삭제하고 오히려 축복의 통로가 되어 봅시다. 나를 향한 하나님의 놀라운 계획을 발견하게 될 것입니다.

마침내 자유

용서는 쉽지 않습니다. 너무나도 고통스러운 과정입니다. 하지만 우리가 용서를 선택할 때, 그것은 단순한 결심이 아닌, 하나님의 은혜를 의지하는 믿음의 행동인 것입니다. 용서는 내 힘으로 하는 것이 아니라, 하나님께서 우리 안에서 이루어 가시는 역사입니다. 우리가 진심으로 용서를 실천할 때, 비로소 진정한 자유를 경험하게 됩니다. 원망과 미움의 무거운 짐을 내려놓을 때, 하나님의 평강이 우리 마음을 다스리기 시작합니다. 우리는 용서를 통해 다시 사랑할 수 있는 사람이 되고, 하나님의 축복이 흘러가는 통로가 될 것입니다. 아직 용서하지 못한 사람이 있습니까? 그 이름을 하나님 앞에 올려드립시다. 하나님께서 우리를 어떻게 사랑하시고 용서하셨는지 깊이 묵상해 봅시다. 그리고 그분께서 주시는 힘으로 용서를 결단해 봅시다.

용서는 단순히 과거를 지우는 것이 아닙니다. 용서는 새로운 시작입니다. 하나님께서 우리에게 허락하신 놀라운 자유와 기쁨을 누리는 첫걸음입니다. 오늘, 그 첫걸음을 내디뎌봅시다. 하나님께서 우리의 상한 마음을 치유하시고, 우리 삶을 새롭게 하실 것입니다.

나의 결심

나에게 잘못한 사람들의 기록을 없애고
하나님께서 나를 통해 그들을 사랑하시도록 허락하겠다.

- 빨리 용서하겠다.
- 내 잘못을 감추지 않고 빨리 용서를 빌겠다.
- 앙갚음하려 하지 않겠다.
- 내게 상처를 준 사람에게 친절하게 반응하겠다.
- 남의 일로 성내지 않겠다.

생각하고 나눌 질문

1. 나는 진정으로 하나님께 용서받은 감격 속에서 살고 있습니까? 하나님의 용서가 내 삶을 어떻게 변화시켰는지 돌아봅시다.

2. 아직 용서하지 못한 사람이 있습니까? 그 사람을 생각할 때 내 마음속에서 어떤 감정이 올라오나요?

3. 여러분은 용서하지 않음으로써 어떤 영적 침체를 경험하고 있나요? 용서하지 못한 상태가 하나님과의 관계나 내 삶에 어떤 영향을 주고 있는지 점검해 봅시다.

4. 용서는 나에게 어떤 의미입니까? 나는 용서를 단순한 선택으로 생각하나요, 아니면 하나님께서 주신 은혜의 통로로 여기고 있습니까?

5. 오늘 내가 실천할 수 있는 작은 용서의 행동은 무엇입니까? 작은 것부터 실천해 봅시다. 용서해야 할 사람을 위해 기도하는 것부터 시작할 수 있습니다.

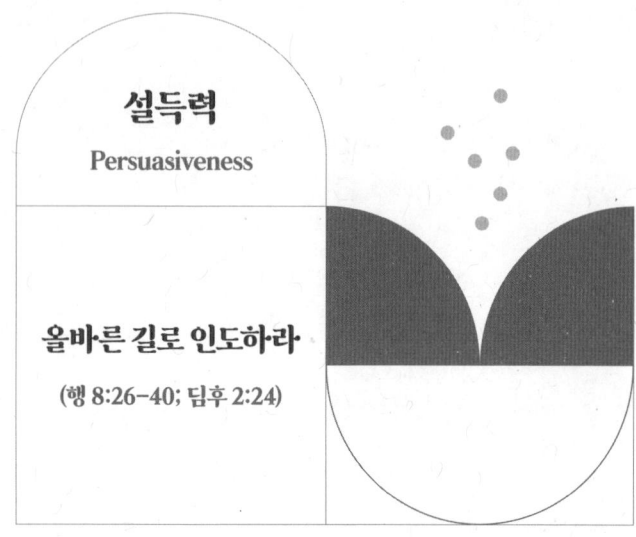

설득력
Persuasiveness

올바른 길로 인도하라
(행 8:26-40; 딤후 2:24)

설득력은 누구에게나 필요한 중요한 능력입니다. 설득력이 부족하면 상대와 의견 차이를 좁히지 못하고 다툼으로 이어질 가능성이 큽니다. 사람은 누구나 사고의 한계를 가지고 있으며, 이러한 한계가 충돌할 때 갈등이 발생하기 쉽습니다. 그러나 **설득력은 상대가 보지 못하는 결정적인 사실을 보여주어, 올바른 길로 이끄는 힘이 됩니다.** 설득력은 단순한 논리적 주장이나 강요가 아닌, 타인의 마음을 움직이고 공감하게 만드는 매력적인 성품입니다.

길을 가르쳐 주는 사람

얼마 전 아마존에서 실종된 볼리비아 남성이 기적적으로 생환했습니다. 그는 벌레와 곤충을 잡아먹으며, 신발에 고인 빗물을 마시면서 한 달을 버텼습니다. 극한 상황이 아니더라도 사람은 누구나 삶에서 길을 잃는 순간을 경험합니다. 요즘엔 길을 잃으면 내비게이션의 도움을 받을 수 있습니다. 하지만 인생이라는 여정에서 길을 잃었을 때는 어떻게 해야 할까요? 도덕적으로, 영적으로 방황하는 사람들은 어떻게 다시 올바른 길을 찾을 수 있을까요? 하나님은 우리를 길 잃은 자들을 인도하는 사람으로 부르셨습니다. 사도행전 8장에서 우리는 그리스도께로 사람들을 인도한 한 사람, 빌립의 이야기를 봅니다. 그는 설득력 있는 자였고, 하나님이 원하시는 삶을 살았습니다. 오늘 우리는 그런 사람으로 살아가고 있습니까?

빌립의 설득

스데반과 빌립은 예루살렘 교회가 세운 집사들이었습니다. 하나님은 이 두 사람을 복음 전파에 사용하셨습니다. 스데반은 예루살렘에서 복음을 전하다가 불신 유대인들에 의해 죽임을 당한 신약교회의 첫 번째 순교자였습니다. 스데반의 죽음이 신호탄이 되어 예루살렘교회에 큰 박해가 있었는데, 사도들을 제외한 성도들이 유다와 사마리아 모든 땅으로 흩어지게 되었습니다(행 8:2). 역설적으로 박해는 복음이 확장되는 계기가 되었습니다. 이로써 "예루살렘과 온 유대와 사마리아와 땅끝까지 이르러 내 증인이 되리라"고 하신 부활하신 예수님의 말씀이 실현되기 시작했습니다(행 1:8).

흩어진 사람들은 복음을 전했습니다. 특히 빌립은 사마리아 성으로 가서 복음을 전파했습니다. 빌립이 복음을 전파할 때 표적이 나타났고 더러운 귀신들이 떠나갔고, 또 중풍 병자와 못 걷는 사람이 낫게 되었습니다(행 8장 참조). 사마리아 성은 기쁨으로 가득 찼고 다수의 남녀가 믿고 세례를 받았습니다(행 8:6-8,12). 주님의 말씀대로, 예루살렘에서 시작된 복음은 유다와 사마리아를 거쳐 세상으로 뻗어 나가고 있었습니다.

빌립이 사마리아에서 복음을 전할 때, 갑자기 주의 사자가 빌립에게 "일어나 남쪽을 향해 예루살렘에서 가사로 내려가는 길까지 가라"고 하셨습니다. 그 길은 광야였습니다. 빌립이 가보니, 누군가가 예루살렘에서 고향으로 돌아가는 중이었습니다. 그는 에디오피아 여왕 간다게의 모든 국고를 맡은 '내시'였습니다. 그는 예루살렘에 예배하러 왔다가 돌아가는 길이었습니다. 율법에 따르면, 거세당한 남자는 언약 공동체에 들어올 수 없었습니다(신 23:1). 그는 예배하기 위해 예루살렘에 왔지만 그가 가진 결함으로 인해 성전에 들어가지 못했습니다.

그는 고향으로 돌아가는 길에 이사야 56장을 읽고 있었는데, 거기에 자신과 같은 고자와 이방인들이 여호와의 집에서 예배할 것이라는 말씀이 있었습니다(사 56:5). 아마도 그는 이 말씀을 통해 소망을 가졌을지도 모릅니다. 그 길에 성령께서 빌립에게 지시하셨고 빌립은 그가 탄 수레로 달려갔습니다. 내시는 이사야의 그 글을 읽고 있었습니다. "그가 도살자에게로 가는 양과 같이 끌려갔고 털 깎는 자 앞에 있는 어린 양이 조용함과 같이 그의 입을 열지 아니하였도다. 그가 굴욕을 당했을 때 공정한 재판도 받지 못하였으니 누가 그의 세대를 말하리요 그의 생명이 땅에서 빼앗김이로다"(사 53:7-8).

그는 이것을 이해할 수 없었습니다. 그래서 거듭 소리 내어 읽었습니다. 고대인들은 보통 소리 내어 책을 읽었습니다. 빌립은 그에게 "네가 읽는 것을 깨닫느냐"라고 물었고, 내시는 "지도해 주는 사람이 없으니 어찌 깨달을 수 있느냐"라고 답했습니다. 그는 빌립을 청하여 수레에 오르게 했습니다. 내시는 성경에 기록된 고난 받는 여호와의 종이 누구인지 물었고, 빌립은 고난 받는 여호와의 종이 십자가에 달리신 예수라 가르치며 '예수의 복음'을 전했습니다(행 8:35). 그날 내시는 세례를 받았고, 오랜 갈망 끝에 하나님의 은혜 안에서 참된 소속을 얻게 되었습니다. 그는 이제 더 이상 거절당한 자가 아닌, 하나님의 사랑받는 자녀로서 새로운 삶을 시작하게 되었습니다.

마음의 장벽

그 내시는 성전으로 입장이 거절당했을 때 깊은 상실감과 의문을 가졌을 것입니다. 서운한 감정, 언약의 말씀에 대한 의심, 언약 공동체에 대한 편견 같은 것들이었을 겁니다. 본문에는 내시의 심리적 상태를 보여주는 장치가 있는데, 바로 광야입니다. 그들이 광야에서 만난 것은 우연이 아니었습니다. 거칠고 메마른 광야는 내시의 마음과 영적 상태를 보여줍니다. 그는 하나님을 경외하는 이방인이었지만 길을 잃고 그 옛날 이스라엘 백성들처럼 광야에 있었습니다. 하지만 성령의 도우심으로 다시 언약의 말씀을 붙들었습니다. 그때 하나님은 빌립에게 말씀하셨고 그 내시에게 빌립을 보내주셨습니다. 빌립은 내시가 자신의 한계로 보지 못하고 있던 결정적인 사실을 알려줍니다. 바로 구약에 기록된 고난 받는 여호와의 종, 약속된 메시아가 바로 예수님이라는 것입니다. 빌립은 그리스도를 가리키는 또 하나의 손가락이었습니다. 예수님은 "내가 곧 길이요 진리요 생명이니 나로 말미암지 않고는 아버지께로 올 자가 없느니라"(요 14:6)고 하셨습니다. 진리와 생명으로 인도하는 유일한 방법은 진리와 생명이신 예수님을 가리키는 것입니다. 빌립은 바로 그 일을 했습니다.

우리 주변에는 인생의 길을 잃고 방황하는 사람들이 있습니다. 그들은 부모, 자녀, 친구, 이웃 등 우리와 가까이 있는 사람들입니다. 그들에게는 어쩌면 목회자에 대한 불신과 교회에 대한 편견, 개인적인 상처 등과 같은 심리적이고 감정적인 장벽이 있을 수 있습니다. 우리가 그들을 만나는 곳은 메마르고 거친 광야와 같습니다. 그곳에서도 그리스도를 가리키는 손가락이 필요합니다. 하나님은 오늘도 우리를 그 손가락으로 부르십니다. 우리의 주변을 돌아봅시다. 길을 잃고 방황하는 누군가가 우리를 기다리고 있습니다.

설득, 성령의 사역

사람들을 인도하는 성품이 설득입니다. 설득은 단순한 기술이 아닙니다. 그렇다면 빌립이 가진 설득력은 어디에서 온 것일까요? 예루살렘교회가 일곱 집사를 세울 때 성령과 지혜가 충만하여 칭찬받는 사람들을 택했습니다(행 6장 참조). 빌립은 성령과 지혜가 충만한 사람이었습니다. 빌립의 설득력은 빌립 안에 계신 성령의 능력이었습니다. 성경에는 하나님의 설득으로 가득합니다. 가인이 동생 아벨을 죽이려고 할 때 하나님은 가인을 설득하셨습니다. "선을 행하지 아니하면 죄가 문에 엎드려 있느니라 죄가 너를 원하나 너는 죄를 다스릴지니라"(창 4:6-7). 하나님은 가인을 사랑하셨고, 죄에서 돌아서도록 타일렀습니다. 그러나 가인은 끝내 형제를 살인하고 말았습니다. 히브리서 1:1은 하나님의 설득을 이렇게 요약합니다.

"옛적에 선지자들을 통하여 여러 부분과 여러 모양으로 우리 조상들에게 말씀하신 하나님이 이 모든 날 마지막에는 아들을 통하여 우리에게 말씀하셨으니"(히 1:1-2). 하나님은 선지자를 통해 설득하시고, 최종적으로 예수님을 통해 설득하셨습니다. 성경의 역사는 죄인들을 향한 하나님의 설득의 역사입니다. 예수 그리스도는 하나님의 모든 설득의 절정이었으며, 최후의 설득이었습니다. 동시에 모든 설득의 최종 목적지였습니다. 또한 하나님은 창조 세계를 통해서도 우리를 설득하십니다. "이는 하나님을 알만한 것이 그들 속에 보임이라 하나님께서 이를 그들에게 보이셨느니라 창세로부터 그의 보이지 아니하는 것들 곧 그의 영원하신 능력과 신성이 그가 만드신 만물에 분명히 보여 알려졌나니 그러므로 그들이 핑계하지 못할지니라"(롬 1:19-20). 광활한 우주와 경이로운 자연은 창조자의 능력과 신성이 가득하며, 그의 영광을 선포합니다. 하나님은 성경과 자연을 통해 우리를 계속 설득하십니다.

장애물

죄는 하나님과 우리를 가로막는 깊은 심연과도 같습니다. 대체로 죄인들에게는 하나님의 설득이 잘 먹히지 않습니다. 가인은 하나님의 설득에도 불구하고 자신의 죄를 다스리지 못하고 동생 아벨을 죽였습니다. 또한 이스라엘 백성들은 하나님이 파송한 선지자들을 죽였고 마지막에는 하나님의 아들을 십자가에 못 박아 죽였습니다. 십자가는 우리를 향한 하나님의 강력한 사랑의 설득이자, 동시에 인간이 얼마나 완고하고 극악한 죄인인지를 역설적으로 보여줍니다. 우리는 하나님의 관심이나 설득을 원하지 않습니다. 예수님은 예루살렘을 향해, "예루살렘아 예루살렘아 선지자들을 죽이고 네게 파송된 자들을 돌로 치는 자여 암탉이 제 새끼를 날개 아래에 모음 같이 내가 너희 자녀를 모으려 한 일이 몇 번이냐 그러나 너희가 원하지 아니하였도다"(눅 13:34; 마 23:37 참조)고 말씀하셨습니다. 우리는 본성상 하나님도, 하나님의 설득도 원하지 않습니다. 이것이 죄로 말미암은 비참한 상태입니다. 이를 '하이델베르크 요리문답'은 이렇게 요약합니다. '본성상 하나님과 이웃을 미워하는 성향이 있다'(5문항). 이런 우리가 하나님의 은혜로 죄와 비참한 상태에서 벗어나 예수 그리스도 안에서 하나님의 구원을 찾게 하셨는데 이렇게 복음으로 설득된 상태가 바로 구원이요 영생입니다. 우리가 그리스도를 믿고 구원의 은혜를 입게 된 것은 하나님의 포기하지 않는 사랑의 설득 때문입니다. 에디오피아 내시도 그중에 한 사람이었습니다.

실득의 반대, 다툼(Contentlousness)

하나님은 우리가 하나님 당신의 성품을 닮기를 원하십니다.

또한 이처럼 우리도 다른 사람을 포기하지 않고 사랑으로 설득하기를 원하십니다. 그렇다면 어떻게 다른 사람을 설득해야 할까요? 우리가 기억해야 할 중요한 말씀이 있습니다. "주의 종은 마땅히 다투지 아니하고 모든 사람에 대하여 온유하며 가르치기를 잘하며 참으며"(딤후 2:24).

설득의 반대는 다툼입니다. 말싸움이나 논쟁은 사람들을 진리로 인도하지 못합니다. 오히려 진리에서 멀어지게 합니다. 타인을 설득하려고 한다면 다투면 안 됩니다. 교회에서 주의 일을 하다 보면 원치 않게 다툼이 일어날 때가 있습니다. 자기주장이 강한 사람들이 맞서면 다툼을 피할 수 없습니다. 우리는 논쟁하지 않기를 마음에 결심해야 합니다. 다툼은 진리로 사람들을 인도하지 못하게 할 뿐 아니라, 교회를 세울 수도 없게 합니다. 교회가 잘 되는 비결은 평강입니다. 예루살렘 교회는 평안히 든든히 세워져 갔습니다.

바울은 다툼을 피하는 중요한 성품을 제시합니다. 그것은 '온유와 인내'입니다. 거듭 강조하지만 설득은 기술이 아니라 성품입니다. 바울은 후임 사역자인 디모데에게 온유하며 참아야 한다고 말했습니다. 사람들이 가지고 있는 마음의 장벽을 해체하고, 생각의 한계로 보지 못하는 결정적인 사실로 인도하기 위해서는 온유하고 오래 참아야 합니다.

온유와 인내의 협업

온유란 내 권리를 하나님께 내어드리는 것입니다. 온유의 반대는 '화'(성냄)입니다. 예수님처럼 화를 내어야 할 때가 있습니다. 하지만 우리가 내는 화는 대부분 내 권리를 내세울 때 생깁니다. 나의 경우, 부모와 남편으로서 권리를 내세우면 일이 잘 풀릴 것 같았지만 실제로는 그렇지 않았습니다. 내 권리를 내세울수록 더 성이 납니다. 온유한 남편은 자신의 권리와 기대를 하나님 앞에 내려놓습니다. 말하기보다 많이 듣고, 나보다 타인을 먼저 생각합니다. 타인과의 관계 속에서도 자신의 권리를 포기하고 논쟁을 그칩니다. 그래서 토마스 브라운은 '온유는 알약처럼 씹지 않고, 삼켜서 상처를 치유한다'고 했습니다. 예수님은 "나는 마음이 온유하고 겸손하니 나의 멍에를 메고 내게 와서 배우라"고 하셨습니다(마 11:29; 5:5 참조). 우리는 주님을 통해 참된 온유를 배웁니다. 예수님은 자기를 비우시고 우리와 같은 인간이 되셨습니다. 우리를 대신해서 십자가에서 자신을 희생 제물로 드리셨습니다. 주 예수님이 자신의 모든 권리를 버리심으로 우리가 구원받은 것입니다. 주님을 닮아갈 때 우리는 이해심이 많아지고 자제력과 인내심 있는 사람으로 변화되고 성장해 갈 것입니다. 이처럼 설득력은 온유와 참는 성품의 협업으로 만들어집니다.

본이 돼라

성경은 감독이 바른 교훈으로 성도를 권면하고 거슬러 말하는 자들을 책망하려면 먼저 말씀의 가르침을 자신이 그대로 지켜야 한다고 말합니다(딛 1:9). 교회에서만 아니라, 가정에서 부모가 자녀들을 하나님의 말씀으로 잘 설득하려면 부모가 먼저 하나님의 말씀에 순종하는 본을 보여야 합니다. 설득은 말과 혀로 하는 것이 아닙니다. 삶으로 보여 주어야 합니다. 예수 그리스도의 말씀이 권위가 있고 설득력이 있었던 이유는 가르침과 삶이 일치했기 때문입니다(막 1:22). 십자가는 가장 강력한 설득이었습니다. 예수님은 말로만 하는 사랑이 아닌, 행함과 진실함의 사랑을 몸소 보여주셨습니다. 우리도 주님처럼 행함과 진실함으로 본이 될 때 설득력이 생깁니다. 그래서 바울은, "내 말과 내 전도함이 설득력 있는 지혜의 말로 하지 아니하고 다만 성령의 나타나심과 능력으로 하여 너희 믿음이 사람의 지혜에 있지 않고 다만 하나님의 능력에 있게 하려 하였노라"(고전 2:4-5)고 했습니다. 예수님의 본을 따라 온유와 오래 참음으로 말하고 살아갈 때, 사람들은 우리 안에 능력으로 일하고 계시는 성령님을 보게 될 것입니다.

설득의 사람

설득력 있는 사람이 되기 위해 다음에 유의합시다. 먼저 하나님에 의해 설득되어야 합니다. 주님께 '설득된' 사람만이 진정으로 타인을 설득할 수 있습니다. 또한 하나님의 설득을 가로막는 장애물이 무엇인지를 늘 성찰해야 합니다. 마음의 문을 열고 죄를 고백하고 그리스도의 사랑을 받아들입시다. 그래야 하나님께 쓰임을 받을 수 있습니다. 영화 〈불의 전차〉의 실제 주인공인 에릭 리들은 '우리 모두는 선교사입니다 … 우리는 어디에 있든지 사람들을 그리스도께로 데려오거나, 아니면 그들을 그리스도로부터 멀리 쫓아버리거나 둘 중 하나입니다'라고 말했습니다. 하나님은 설득의 사람으로 우리를 부르셨습니다. '설득된 사람'으로, 그리고 '설득하는 사람'으로 말이죠. 그 부르심에 응답하지 않으면, 또 원하지 않으면 둘 다 불가능합니다. 하나님의 크신 사랑에 설복되어 뭇사람들을 그리스도께로 인도할 수 있는 사람이 되길 바랍니다.

설득력 있는 사람은 단순히 말로 사람을 이끄는 사람이 아닙니다. 그는 온유와 인내로 상대의 마음을 여는 사람이며, 자신의 삶으로 진리를 증거하는 사람입니다. 무엇보다 자신이 먼저 하나님의 사랑과 복음에 설득된 사람만이 설득력 있는 사람이 될 수 있습니다.

우리는 하나님께서 우리를 포기하지 않고 사랑으로 설득하셨기에 여기까지 왔습니다. 이제는 우리가 그 사랑을 받은 자로서, 길을 잃고 방황하는 이들에게 다가가야 합니다. 다툼이 아닌 사랑으로, 강요가 아닌 온유함으로, 논쟁이 아닌 삶의 본으로 그리스도를 가리키는 손가락이 되어야 합니다.

오늘도 누군가는 우리가 전하는 복음의 말 한마디에, 우리가 보여 주는 작은 섬김에 마음의 문을 열게 될 것입니다. 하나님께서 우리를 통해 역사하시도록, 성령의 인도하심을 따라 설득력 있는 삶을 살아가길 소망합니다.

나의 결심

상대방이 사고의 한계로 보지 못하는
결정적인 사실로 인도하겠다.

- 다른 사람에게 올바른 방향을 제시하겠다.
- 솔깃하게 하려고 사실을 과장하지 않겠다.
- 성품으로 양심에 호소하겠다.
- 가장 좋은 때를 기다리겠다.
- 논쟁하지 않겠다.

생각하고 나눌 질문

1. 여러분은 하나님의 사랑을 실제로 어떻게 경험했습니까? 하나님께서 베푸신 은혜와 자비를 떠올려 봅시다. 나를 어떻게 인도하시고 보호하셨는지, 어려움 속에서 어떻게 역사하셨는지 나눠봅시다.

2. 나는 하나님의 사랑에 어떻게 반응하고 있습니까? 그 사랑에 감사하며 충성과 헌신으로 응답하고 있나요? 아니면 당연하게 여기고 소홀히 하고 있습니까?

3. 신앙의 여정은 혼자 가는 것이 아닙니다. 가족과 이웃에게도 그 사랑을 전하고 그들과 함께 가야 합니다. 나는 그들을 하나님의 사랑으로 이끌고 있습니까? 혹시 그들을 설득할 때 강요나 비판적인 태도를 보였나요? 아니면 인내하며 사랑으로 이끌었나요? 내가 그들에게 올바른 통로가 되고 있는지 돌아보고 이를 함께 나눠봅시다.

4. 나는 하나님의 사랑에 합당하게 살기 위해 내 삶에서 어떤 부분을 변화시켜야 합니까? 습관, 태도, 관계, 시간 사용, 물질 관리 등에서 하나님께 더욱 충성하고 헌신하기 위해 개선해야 할 점은 무엇인지 점검하고 함께 나눠봅시다.

5. 이번 한 주 동안, 하나님께 대한 충성과 헌신을 어떻게 구체적으로 실천할 것인지 계획을 세워보고 이를 함께 나눠봅시다.

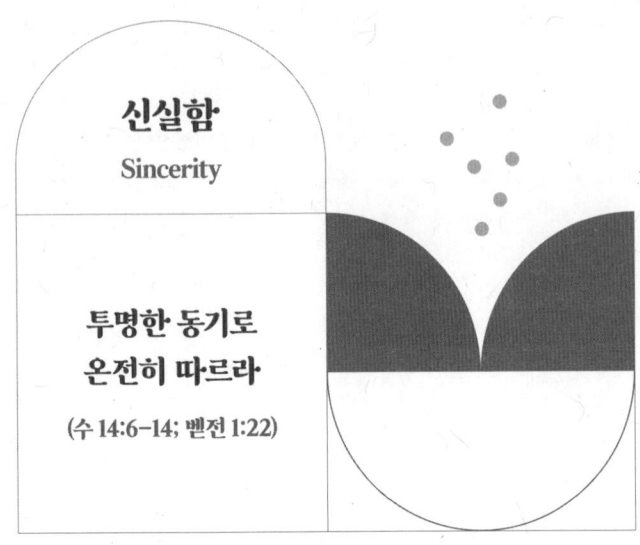

신실함은 투명한 동기로 옳은 일을 행하려는 열망입니다. 이는 겉과 속이 다르지 않으며, 위선이 없는 온전한 태도입니다. 하나님은 우리가 이러한 성품을 간절히 사모하며 살아가기를 원하십니다.

갈렙의 신실함

이스라엘 백성이 이집트를 탈출한 후 2년 만에 약속의 땅 입구 '가데스'(Kadesh, 거룩한 곳) 바네아에 도착했습니다. 그곳에서 모세는 각 지파에서 한 명씩 모두 열두 명을 선발하여 사십 일 동안 그 땅을 정찰하게 했습니다. 정탐을 마치고 돌아온 사람들은 모세의 요구대로 그 땅에서 난 소출을 가져왔습니다. 그것은 하나님이 약속하신 땅이 젖과 꿀이 흐르는 기름지고 풍요로운 곳이라는 증거였습니다. 그러나 이어진 부정적인 보고에 백성들의 마음이 요동했습니다. 그 땅의 주민이 강하며 그곳에는 거인들이 살고 있고, 도시들은 견고하며 심히 커서 그 땅을 정복하는 것은 사실상 불가능하다는 보고였습니다. 성경은 백성들의 '간담이 녹았다'고 기록합니다(수 14:8). 그때 정탐꾼 중의 한 사람인 갈렙이 백성을 진정시키면서 우리가 그 땅을 차지하려고 한다면 능히 그들을 이길 것이라고 설득했습니다. 그러나 이스라엘 백성들은 부정적인 열 명의 보고를 받아들였고, 밤새 울며 모세와 아론을 원망했습니다. 그들은 이집트로 다시 돌아가자고 반역했습니다. 갈렙과 여호수아가 하나님의 약속을 믿을 것을 강청 했지만, 반역자들은 그들을 돌로 치려고 했습니다. 그럼에도 불구하고 하나님은 믿음 없는 이스라엘 백성들을 그 자리에서 심판하시지 않으시고, 그들이 가나안 땅을 정찰한 사십(40) 일의 각 날을 일 년으로 계수하여 사십(40) 년 동안 광야를 방황하게 하는 형벌을 주셨습니다. 특히 하나님이 주신 땅을 악평하여 백성들로 원망하게 했던 열 명의 정탐꾼에게 즉각적인 재앙을 내려 죽게 하셨습니다. 이런 큰 소동 가운데 하나님은 갈렙의 믿음을 눈여겨보셨고 가나안 땅의 일부를 그에게 주시기로 약속하셨습니다(민 14:24).

갈렙은 사십 년간 광야 세월 동안 하나님이 이스라엘 백성들을 어떻게 먹이시고 인도하셨는지를 목격하고 체험했습니다. 이제 광야 생활이 끝나고 여호수아의 지도력 아래 가나안 땅에 도착하게 되었습니다. 그때 갈렙의 나이가 85세였습니다. 갈렙은 사십 년 전 하나님이 약속하신 그 산지를 자신에게 달라고 요구했습니다. "그날에 여호와께서 말씀하신 이 산지를 지금 내게 주소서 당신도 그날에 들으셨거니와 그곳에는 아낙 사람이 있고 그 성읍들은 견고할지라도 여호와께서 나와 함께 하시면 내가 여호와께서 말씀하신 대로 그들을 쫓아내리이다"(수 14:12). 여호수아는 갈렙을 축복했고 헤브론 산지를 그에게 주어 기업으로 삼게 했습니다. "이는 그가 이스라엘 하나님 여호와를 온전히 좇았음이라"(수 14:14).

온전히 따르다

갈렙은 그리스도인들이 닮고 싶은 구약의 영웅 중 한 사람입니다. 성경은 갈렙을 어떤 믿음의 사람으로 소개할까요? 여호수아 14장은 갈렙을 "하나님 여호와께 충성하였다"(수 14:8)고 소개합니다. 한 번은 갈렙의 입을 통해, 또 한 번은 모세의 입을 통해서 이 사실이 강조됩니다(8-9절). 영어 성경은 이 구절을 'I wholly followed the Lord my God', 곧 '나는 온전히 하나님을 따랐다'고 번역합니다. 성경은 갈렙이 온전히 하나님을 따랐다는 사실을 반복적으로 언급합니다(민 14:24; 32:12; 신 1:36). 갈렙의 신앙은 '온전히'(전적으로) 하나님을 따르는 신앙이었습니다.

갈렙은 유다 지파에서 선출된 정탐꾼이었습니다. "유다 지파에서는 여분네의 아들 갈렙이요"(민 13:6). 여기서 갈렙에 대한 두 가지 사실을 알 수 있습니다. 하나는 그가 유다 지파 사람이며, 또 하나는 그의 아버지가 '여분네'였다는 사실입니다. 하지만 민수기를 조금만 더 읽어보면 그에 대한 새로운 사실을 알 수 있습니다. 민수기 32:12은 "그나스 사람 여분네의 아들 갈렙"이라고 말합니다. 사실 '그나스'(그니스)는 가나안 족속 중 하나였습니다. 그러니까 갈렙은 혈통적으로 유대인이 아니라 가나안 족속이었다는 말입니다. 이런 사실을 생각하면 그의 이름이 왜 '갈렙'인지를 알 수 있습니다. 갈렙은 히브리어로 '개'입니다. 이스라엘 사람들은 이방인들을 개에 비유하곤 했습니다. 갈렙은 이방의 개였습니다. 그런데 하나님의 은혜로 유다 지파의 일원으로 받아들여지고, 하나님의 기업에 참여하게 되었습니다. 본래 갈렙의 아버지 여분네나 갈렙도 가나안의 신, 바알을 섬기는 우상 숭배자였습니다. 하지만 하나님께서 그를 하나님의 백성들 가운데 속하게 하셨습니다. 갈렙은 팔십오 세나 되었지만 여전히 하나님을 의지하는 용맹한 군사로 남아 있었습니다. "모세가 나를 보내던 날과 같이 오늘도 내가 여전히 강건하니 내 힘이 그 때나 지금이나 같아서 싸움에나 출입에 감당할 수 있으니 … 하나님이 나와 함께 하시면 내가 … 그들을 쫓아내리이다"(수 14:11-12).

출애굽 첫 세대 중에서 가나안 땅에 들어간 사람은 오직 여호수아와 갈렙 두 사람뿐이었습니다. 출애굽 첫 세대 중에 약속의 땅으로 들어간 유일한 두 사람이 '유대인'(여호수아)과 '이방인'(갈렙)이라면, 약속의 땅에 유대인과 이방인이 '나란히' 들어갔다고 할 수 있습니다.[12] 이방인들의 구원은 아브라함에게 주신 약속이었습니다. "땅의 모든 족속이 너로 말미암아 복을 얻을 것이라"(창 12:3) 성경에는 이방인들이 이스라엘 안으로 들어와 언약의 백성이 되는 경우가 많았습니다(수 2장, 9장 등). 이스라엘은 출애굽 때부터 혈통적인 사회가 아니라 언약으로 맺어진 사회였습니다(출 12:38). 이사야 선지자는 종말에 이방인들이 하나님을 예배할 것을 예언했습니다(사 66:18-23). 예수님의 족보에도 이방 여인들이 있었습니다(마 1:5). 이방인의 구원은 예수 그리스도 안에서 절정을 맞고 성취되었습니다. 사도 요한은 영접하는 자, 곧 예수의 이

---

12 마이클 리브스, 『그리스도 우리의 생명』(복있는사람, 2016), 144.

름을 믿는 자에게는 하나님의 자녀가 되는 권세를 주셨다고 선언합니다(요 1:12). 예수님은 십자가로 유대인과 이방인의 막힌 담을 허시고(엡 1:14), 한 몸, 새로운 가족, 새로운 사회, 새로운 인간 성전을 만드셨습니다(엡 1:16,21; 갈 3:28). "너희는 유대인이나 헬라인이나 종이나 자유인이나 남자나 여자나 다 그리스도 예수 안에서 하나이니라"(갈 3:28). 이처럼 갈렙은 오실 그리스도 안에 있는 신실한 사람이었습니다. '온전히'(wholly, 전적으로) 하나님을 따르는 성품이 '신실함'(sincerity, 온전함, 순수함)입니다. 신실함은 다른 사람을 속일 의도로 '복제'(copy)하지 않습니다. 사탄의 특징은 거짓과 속임을 위해 하나님을 복제하는 것입니다. 사탄은 광명의 천사로 자신을 위장합니다(고후 11:14). 성도를 미혹하려고 노리는 이단과 사이비들을 보면 언어나 외형이 진품이 아닌 복제품에 불과합니다. 그들은 양의 탈을 쓴 이리들입니다. 하지만 하나님의 사람은 신실합니다. 속이지 않으며 투명합니다.

신실함과 투명한 동기

신실함과 유사한 성품이 있는데 근면, 충성, 신뢰성입니다. 이 성품들의 공통점은 일과 사명을 이루는 것에 초점이 있다는 것입니다. 하지만 신실함의 초점은 그 사명을 이루는 마음의 동기에 있습니다. 신실은 투명한 동기로 옳은 일을 하려는 열정입니다. 우리가 누군가에게 신실하다고 평가할 때 그것은 말과 행동 이면에 있는 마음의 태도에 대한 것입니다. 신실함(헬, '아일리크리네스')은 '빛 가운데서 판정됨'을 뜻합니다. 물컵에 빛을 비추면 보이지 않던 얼룩이 드러납니다. 말씀의 빛도 우리 내면의 얼룩을 드러나게 합니다. 하나님의 말씀은 마음의 실제 의도와 동기가 무엇인지를 드러냅니다. 히브리서 4:12은 "하나님의 말씀은 살아 있고 활력이 있어 좌우에 날선 어떤 검보다도 예리하여 혼과 영과 및 관절과 골수를 찔러 쪼개기까지 하며 또 마음의 생각과 뜻을 판단하나니"라고 말합니다. 하나님은 외모가 아니라 우리의 중심, 곧 마음과 동기를 살피십니다. 우리가 투명한 동기로 옳은 일을 하려고 하는지 아니면 숨은 의도가 있는지를 살피십니다. 그러므로 언제나 하나님 앞에 숨김없이 낱낱이 고하는 것이 상책입니다.

신실함의 반대, 위선(Hypocrisy)

'위선'(헬, '휘포크리테스')은 배우나 연기자, 혹은 척하는 사람을 가리킵니다. 부목사 시절, 교회 근처에 있는 전통 시장을 아내와 간 적이 있습니다. 노상에 과일을 파는 아주머니께서 딸기를 보여 주며 '신선하고 좋다'고 해서 한 상자를 사 왔습니다. 그런데 돌아와 살펴보니 잘 보이는 상단에는 좋은 상태의 딸기를 놓고, 그 밑으로는 좋지 않은 것을 놓았음을 알게 되었습니다. 그분이 가끔 교회도 오는 분이었기에 기분이 썩 좋지는 않았습니다. 위선이란 다른 게 아닙니다. 겉과 속이 다른 것입니다. 신실한 사람은 숨은 의도를 품지 않습니다.

여호수아 14:7은 갈렙이 "내가 성실한 마음으로 보고했다"라고 말합니다. 이는 꾸미지 않는 있는 그대로의 마음입니다. 여호수아와 갈렙을 제외한 나머지 정탐꾼들은 그렇지 못했습니다. 약속의 땅을 악평했고 다시 돌아가자고 선동했습니다. 하나님을 온전히 믿고 따르지 않았기 때문입니다. 이것이 위선입니다. 예수님은 외식하는 자들에게 "입술로는 하나님을 공경하지만 마음이 하나님으로부터 멀리 있다"라고 하셨습니다(마 15:7-8). 적당히 믿으면 위선이라는 열매를 맺습니다. 여호수아와 갈렙은 하나님을 온전히 믿고 따랐습니다. 하나님은 갈렙이 "투명한 동기로 옳은 일을 할 수 있는 열망"(신실함)을 팔십오 세까지 허락하셨습니다. 신실함은 하나님을 온전히 따르는 자의 보상입니다. 우리가 하나님을 온전히 믿고 따른다면 하나님은 그 열망을 계속 주실 것입니다.

신실함을 실천하기

잘못된 동기로 교회를 찾는 분들이 있습니다. 사업을 위해서, 결혼할 배우자를 만나기 위해서 교회를 찾습니다. 이것은 순수한 동기가 아닙니다. 성경은 자기 이익을 위해 경건으로 위장하는 사람들에게 경고합니다. "마음이 부패하여지고 진리를 잃어버려 경건을 이익의 방도로 생각하는 자들의 다툼이 일어나느니라"(딤전 6:5). 그들은 경건의 모양은 있으나 경건의 능력을 부인합니다(딤후 3:5). 우리는 그들에게서 돌아서야 하고, 우리의 유일한 청중이신 하나님 앞에서만 모든 일을 행해야 합니다(눅 12:1-3; 렘 17:10). 다음 도표를 보면서 내 마음의 동기를 점검해 봅시다.[13]

나의 목표	잘못된 동기	올바른 동기
1. 하나님을 찾기	결혼 생활을 개선하기 위해	하나님이 기뻐하는 길을 찾기 위해
2. 성숙한 그리스도인이 되기	결혼 상대를 평가하기 위해	영적 성장을 위해 서로에게 권면하기 위해
3. 매일 성경 읽기	복 받기 위해	하나님의 성품과 뜻을 찾기 위해
4. 밤마다 말씀을 묵상하기	더 빨리 잠들고 잘 자기 위해	성경을 나의 영혼에 접붙여 매일의 선택에 말씀이 영향을 미치도록 하기 위해
5. 내 경험을 말씀에 연관 짓기	타인의 잘못을 판단하기 위해	내가 잘못한 것과 변화되어야 할 것을 알기 위해
6. 금식 기도하기	살을 빼고 건강을 회복하기 위해	성령과 말씀에 민감성을 높이기 위해

---

13 Rebuilder's Guide(2005)에서 가져왔다.

나의 목표	잘못된 동기	올바른 동기
7. 유혹을 이기기	영적 갈등에서 해방되기 위해	주 안에서 강하고 하나님의 영광을 위한 열매를 맺기 위해
8. 기독교인의 전기를 읽기	성공과 실패를 거울삼기 위해	하나님이 사용하신 훈육을 발견하기 위해
9. 성경의 장절을 기억하기	인용하기 위해	마음, 정서, 의지에 말씀을 접붙이기 위해
10. 하나님이 정하신 권위 아래 거하기	탓을 돌리거나 책임 전가를 위해	하나님의 교훈을 굳건하게 하고, 파괴적인 유혹을 피하기 위해
11. 소득의 십일조를 드리기	재정적인 복을 받기 위해	믿음의 성장과 하나님의 일에 대한 필요를 채우기 위해
12. 구원의 확신을 가지기	하나님의 심판을 두려워하지 않기 위해	더 깊은 차원의 그리스도인의 삶을 누리기 위해
13. 전적으로 하나님의 뜻에 헌신하기	과거의 실패를 보완하기 위해	성령의 능력이 내 삶을 통해 나타나도록
14. 책임 있는 사람이 되기	긴장을 유지하기 위해	하나님을 향한 나의 책임을 일깨워 기억하기 위해
15. 성경 말씀을 벽에 붙이기	내가 하나님을 찾고 있다는 것을 다른 사람이 알도록	내가 해야 할 바를 매일 기억하기 위해
16. 하나님이 나의 생각, 말, 행위를 살피시고 판단하고 계신다는 것을 계속 인식하기	모든 대화를 '영적인' 것으로 바꾸기 위해	지혜를 성장시키고 진리에 대한 주리고 목마름을 타인에게 주기 위해

사람은 전적으로 부패하고 타락했기에 위선의 죄에 빠지기 쉽습니다. "만물보다 거짓되고 심히 부패한 것은 마음이라"(렘 17:9). 이 죄로 얼룩진 우리 영혼을 깨끗하게 하는 길이 있습니다. 그것은 오직 '성령으로'(in the Spirit) 그리스도의 말씀에 복종하는 길입니다. "너희가 진리를 순종함으로 너희 영혼을 깨끗하게 하여 거짓이 없이 형제를 사랑하기에 이르렀으니 마음으로 뜨겁게 서로 사랑하라"(벧전 1:22). 성령과 말씀으로만 우리는 진실된 열심으로 주를 섬기며 서로 사랑할 수 있습니다.

오 신실하신 주

미국의 감리교 목사인 토마스 오바댜 키숌(T. O. Chisholm, 1866-1960)은 찬송가 452장 〈내 모든 소원 기도의 제목〉을 지은 작곡가입니다. 그는 1866년에 작은 시골 통나무집에서 태어났습니다. 시골의 작은 학교에서 교육을 받았으며, 16세에 그 학교의 교사가 되었고, 몇 년 후에는 교편을 접고 고향의 신문사에서 일을 하게 되었습니다. 그러던 중 27세 때 한 부흥 집회에 참석했다가 복음을 듣고 예수님을 구주로 영접하게 되었습니다. 그 후 자신의 남은 삶을 복음에 헌신하기로 결심했고 목사가 되기로 마음을 먹었습니다. 결국 목사가 되었지만, 건강에 문제가 생겨서 목회를 중단하게 되었습니다.

그는 투병 중에 보험을 팔면서 겨우 생계를 이어가는 중에도 약 1,200편에 달하는 수많은 찬송시를 썼습니다. 그는 단 한 번도 부나 명성을 목표로 시를 쓰지 않았습니다.

토마스 키숌은 투명한 동기로 옳은 일을 하기 원했던 사람이었습니다. 건강의 문제로 어려움이 많았지만 하나님의 은혜로 85세까지 살았습니다. 그가 지은 찬송가가 우리 찬송가에 두 개나 실려 있습니다. 452장과 393장 〈오 신실하신 주〉입니다. 키숌은 병들고 가난했지만 신실하신 하나님을 온전히 믿고 의지했습니다.[14]

> 오 신실하신 주 내 아버지여 늘 함께 하시니 두려움 없네
> 그 사랑 변찮고 날 지키시며 어제나 오늘이 한결같네
> 오 신실하신 주 오 신실하신 주 날마다 자비를 베푸시며
> 일용할 모든 것 내려 주시니 오 신실하신 주 나의 구주

신실함은 하나님의 거룩한 성품입니다. 하나님을 온전히 믿고 따르기 원하는 사람에게, 하나님은 투명한 동기로 옳은 일을 하려는 그 신실함을 보상으로 주실 것입니다.

---

14 물항아리, 새찬송가 393장(통447장) 〈오 신실하신 주〉, 질그릇에 담긴 보배, 2021.06.14, https://blog.naver.com/PostView.nhn?blogId=vessels20&logNo=222397576733

사람은 전적으로 부패하고 타락한 존재이기에 위선의 죄에 쉽게 빠집니다(렘 17:9). 그러나 우리의 영혼을 깨끗하게 하는 길이 있습니다. 성령을 따라 그리스도의 말씀에 순종하는 것입니다. "너희가 진리를 순종함으로 너희 영혼을 깨끗하게 하여 거짓이 없이 형제를 사랑하기에 이르렀으니 마음으로 뜨겁게 서로 사랑하라"(벧전 1:22).

우리도 온전히 하나님을 따르며 신실함을 실천해 봅시다. 하나님은 신실한 자를 끝까지 지키시며, 그들에게 영원한 기업을 보상해 주실 것입니다. 갈렙처럼 신실한 믿음으로 나아갈 때, 하나님의 약속이 우리의 삶 가운데 이루어질 것입니다.

나의 결심

투명한 동기로 옳은 일을 하려는 열망을 품겠다.

- 모든 영역에서 내 역량을 다 발휘하겠다.
- 내 행동에 책임을 지겠다.
- 다른 사람의 의견을 존중하겠다.
- 항상 진심으로 말하겠다.
- 다른 사람을 이용하지 않겠다.

생각하고 나눌 질문

1. 갈렙은 다른 정탐꾼들과 달리 믿음을 갖고 긍정적으로 보고했습니다. 만약 내가 갈렙의 입장이었다면 어떤 반응을 보였을까요? 내 삶에서 믿음으로 도전해야 할 영역은 무엇인가요?

2. 신실함은 '투명한 동기로 옳은 일을 행하려는 열망'이라고 했습니다. 나는 내 삶에서 어떤 동기로 신앙생활을 하고 있습니까? 혹시 그간 겉과 속이 다른 모습은 없었는지 생각해 봅시다.

3. 갈렙은 약속의 성취를 기다리며 85세가 될 때까지 신실하게 하나님을 따랐습니다. 나의 신앙 여정에서도 오래 참고 기다려야 할 하나님의 약속이 있습니까? 그렇다면 어떻게 신실함을 유지할 수 있을까요?

4. 신실함의 반대는 위선이라고 했습니다. 예수님은 외식하는 자들을 강하게 책망하셨습니다(마 15:7-8). 나는 신앙 공동체 안에서 진실한 모습으로 살아가고 있습니까? 혹시 사람들의 평가를 의식하여 위선적인 태도를 보인 적은 없습니까?

5. 하나님은 신실한 자에게 끝까지 함께하시고 영원한 기업을 주실 것을 약속하셨습니다. 내가 끝까지 신실함을 지키기 위해 실천해야 할 구체적인 행동은 무엇일까요?

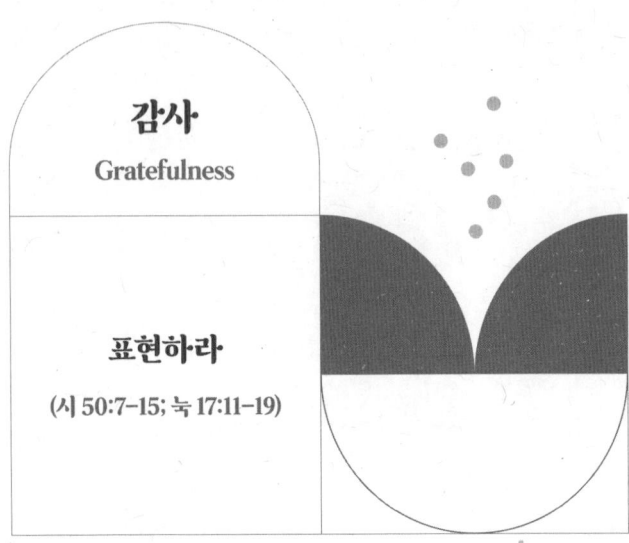

감사는 은혜에 보답하려는 마음이며, 그에 따른 행위입니다. 하나님과 사람들이 내 삶에 어떤 유익과 혜택을 주었는지를 돌아볼 때, 우리는 감사의 마음을 갖게 됩니다. **감사는 마음으로도 충분히 할 수 있지만, 성숙하고 깊이 있는 감사는 반드시 표현으로 나타납니다.**

어려운 일

예수님의 지상 사역의 목적지는 예루살렘이었습니다. 베드로가 신앙을 고백한 후로 예수님과 제자들은 예루살렘을 향한 여정에 오르셨습니다. 누가복음 17장은 그 길에서 일어난 한 에피소드를 소개합니다.

나병환자 열 명이 멀찍이서 예수님을 보고 외쳤습니다. "예수 선생님이여 우리를 불쌍히 여기소서"(13절). '나병'은 나균이 침입하여 일으키는 전염병을 가리킵니다. 이 병에 걸리면 손과 발의 관절이 녹아서 손가락 발가락이 떨어져 나가고, 얼굴도 일그러지는 무서운 병입니다. 레위기 13:46에 따르면, 이스라엘은 나병환자를 공동체에서 추방해야 했습니다. 나병에 걸린 사람은 공동체에 들어오지 못하고 격리된 삶을 살았습니다. 구약성경에는 나병에 걸린 사람들에 대한 언급이 종종 나옵니다. 미리암은 모세를 비방하다 나병에 걸렸고(민 12:10,15), 엘리사의 사환 게하시는 탐욕에 눈이 멀어 나병에 걸렸습니다(왕상 5:27). 웃시야 왕은 하나님의 법을 어기고 제사장만 할 수 있었던 분향을 하다가 죽는 날까지 나병환자가 되었습니다(대하 26:21). 그들은 하나님의 형벌로서 나병을 겪었고, 미리암과 게하시는 후에 고침을 받았습니다(민 12:15; 왕하 8:4). 고침을 받은 사람 중에 가장 유명한 사람은 아람 장군 나아만일 것입니다(눅 4:27). 그는 요단강에서 일곱 번 씻으라는 엘리사 선지자의 지시를 따른 후 어린아이와 같은 피부로 회복되었습니다(왕하 5:15). 누가복음 17장에서 예수님은 새로운 엘리사로 등장하십니다. 예수님은 나병환자들에게 "제사장에게 가서 보이라"라고 말씀하셨고 순종하여 가는 길에 고침을 받았습니다(14절). 순종은 위대합니다. 성경에 기록된 모든 기적은 '사람 편'에서 볼 때는 기적이지만, '하나님 편'에서 보면 당연한 일입니다. 천지를 창조하신 전능자가 만물을 다스리고 계십니다. 나병환자들에게 말씀하신 분은 누구입니까? 전능하신 하나님이십니다. 그분의 말씀을 믿는 사람은 새로운 창조, 부활의 생명에 동참하게 됩니다. 그 나병환자들이 그랬습니다. 그들은 새 창조의 생명을 온몸으로 경험했습니다. 그들은 순종하여 '가는 길에' 일그러진 얼굴이 회복되었고 녹아 없어졌던 뼈와 살이 돋아났습니다. 순식간에 일어난 치유에 모두가 환호성을 지르며 뜨거운 감격의 눈물을 흘렸습니다. 이제는 헤어졌던 가족의 품으로 돌아갈 수 있게 되었고, 다시 성전에 가서 하나님을 예배할 수 있게 되었습니다. 이 사건은 우리에게 일어난 영적 변화가 무엇인지를 보여줍니다.

예수님을 알기 전 우리는 나병보다 더 지독하고 치명적인 질병에 걸려있었습니다. 죄라는 질병입니다. 성경은 이 질병에 사망선고를 내립니다. "죄의 삯은 사망이요"(롬 6:23). 그러나 하나님의 사랑과 주 예수님의 은혜로 우리는 속량, 곧 죄사함을 받았습니다(골 1:14). 전에는 하나님으로부터 멀리 격리된 자들이었지만 이제는 예수 안에서 화목하게 되었습니다. 바울은 이렇게 말합니다. "그의 십자가의 피로 화평을 이루사 … 전에 악한 행실로 멀리 떠나 마음으로 원수가 되었던 너희를 이제는 그의 육체의 죽음으로 말미암아 화목하게 하사"(골 1:20-22). 예수님은 우리 모두를 위해 이 일을 이루시려고 지금 예루살렘으로 가고 계셨습니다. 그 도상에서 나병환자를 고쳐주셨습니다. 이 사건은 주님이 갈보리에서 이루실 영원한 회복과 화해를 미리 보여주는 사건이었습니다.

그런데 치유의 기적이 일어난 후, 열 명 중에 한 사람만이 주님께 돌아와 감사했습니다. "그 중의 한 사람이 자기가 나은 것을 보고 큰 소리로 하나님께 영광을 돌리며 돌아와 예수의 발 아래에 엎드리어 감사하니 그는 사마리아 사람이라"(15-16절). 나머지 9명이 유대인이라고 단정할 수 없으나 유대인들의 거절과 이방인들의 영접은 신약 성경의 중요한 주제입니다. 유대인들은 자기 땅에 오신 임금을 영접하지 않았습니다. 그래서 하나님은 자기 아들을 영접하고 믿는 자들에게는 누구든지 하나님의 자녀가 되는 권세를 주신다(요 1:11-12)고 하셨습니다. 그 사마리아인의 감사는 구원을 주신 그리스도를 향한 경배였습니다. 예수님은 그에게 물으셨습니다. "열 사람이 다 깨끗함을 받지 아니하였느냐 그 아홉은 어디에 있느냐 이 이방인 외에는 하나님께 영광을 돌리러 돌아온 자가 없느냐"(17-18절). 감사는 우리가 생각하는 것보다 어려운 일인지도 모르겠습니다.

감사의 반대말, 감사하지 않음(Unthankfulness)

바울은 말세의 특징 중의 하나가 '감사하지 않는 것'(딤후 3:1)이라고 했습니다. 감사의 반대는, '감사하지 않는 것'입니다. 에덴동산에서 아담이 범한 죄의 본질이 '감사하지 않는 것'이었습니다. 아담은, "하나님을 알지만 하나님으로 영화롭게 하지 아니하고 감사하지 아니"했습니다(롬 1:21). 아담의 후손인 우리도 마찬가지입니다. 진정으로 하나님께 감사하면서 동시에 죄를 지을 수는 없는 노릇입니다.

감사하는 마음은 중요합니다. 그러나 표현하지 않으면 알 수 없습니다. 나병에서 치유를 받은 아홉도 속으론 감사했을 것입니다. 그러나 돌아와 감사하지 않았습니다. 마음으로 감사하고 있다면 어떤 식으로든 표현해야 합니다. 그렇지 않으면 진정한 감사가 아닙니다. 나에게 혜택을 준 분들에게 '내가 당신을 통해 어떤 유익과 은혜를 받았습니다'하고 알려주어야 합니다. 말로 어려우면 편지를 써보길 권합니다. 감사 노트를 만들고 받은 은혜를 잊어버리지 않도록 기록하십시오. 무엇보다 하나님께 감사의 기도를 드리십시오. 감사 중에 으뜸이 기도이기 때문입니다. 하이델베르크요리문답 116문은 기도의 필요성을 이렇게 가르칩니다. '기도는 하나님께서 우리에게 요구하시는 감사의 가장 중요한 부분이며 또한 하나님께서는 그의 은혜와 성령을 오직 탄식하는 마음으로 쉬지 않고 구하고 그것에 대해 감사하는 사람에게만 주시기 때문입니다' 하나님은 기도하는 사람에게 더 큰 감사의 이유를 주십니다.

감사의 타이밍

언제 감사해야 할까요? 감사해야 할 타이밍을 성경은 구체적으로 알려줍니다.

첫째, 범사에 감사해야 합니다. 우리는 범사에(all the ways, 모든 점에서) 하나님께 감사해야 합니다. "범사에 우리 주 예수 그리스도의 이름으로 항상 아버지 하나님께 감사하며"(엡 5:20). "범사에 감사하라 이것이 그리스도 예수 안에서 너희를 향하신 하나님의 뜻이니라"(살전 5:18).

둘째, 염려 중에 감사해야 합니다. 염려는 신앙 성장을 막는 무서운 쓴 뿌리입니다. 주님은 말씀의 씨앗이 땅에 뿌려져도 세상의 염려 때문에 그 말씀이 결실하지 못한다고 하셨습니다(마 13:22). 염려를 이길 수 있는 비결은 없을까요? "아무 것도 염려하지 말고 다만 모든 일에 기도와 간구로 너희 구할 것을 감사함으로 하나님께 아뢰라"(빌 4:6). 염려기 생길 때마다 기도하며 감사합시다. 감사는 마음이라는 정원에 잡초를 뽑는 행위입니다. 감사는 세상 염려를 물리치고 이길 능력입니다.

셋째, 괴로울 때 감사해야 합니다. 괴롭힘은 사람을 죽일 만큼 독하고 악합니다. 다니엘도 그런 괴롭힘을 당했습니다. 바벨론의 고관들이 그를 시기하고 미워하여 음모를 꾸미고 죽이려 했을 때, 다니엘은 "전에 하던 대로 하루 세 번씩 무릎을 꿇고 기도하며 하나님께 감사했습니다"(단 6:10). 그리고 기도할 때 상황은 역전되었습니다. 기도의 순간은 '별의 순간'입니다. 하나님은 다니엘을 죽이려 했던 자들이 도리어 사자 굴에 던지셨습니다. 하나님께 감사하십시오. 상황을 역전시켜 주실 것입니다.

넷째, 밤중에도 감사해야 합니다. 시편 119편에서 시인은 밤에 일어나 주께 감사했습니다. "내가 주의 의로운 규례들로 말미암아 '밤중에' 일어나 주께 감사하리이다"(62절). 시인은 의지를 가지고 하나님께 감사했습니다. 우리도 잠을 이루지 못하는 불면의 밤이 종종 있습니다. 잠들지 못하는 밤이 오면 일어나 기도하십시오. 기도 중에 감사한 일들을 헤아려 보십시오. 침상은 엎드리기 좋은 곳입니다. 주님께 감사하며 기도하는 자에게 하나님은 평안과 안식을 주실 것입니다. "그러므로 여호와께서 그의 사랑하는 자에게는 잠을 주시는도다"(127:2).

다섯째, 폭풍 속에서도 감사해야 합니다. 바울은 죄수의 몸으로 배를 타고 이탈리아로 가는 중에 '유라굴라'라는 큰 광풍을 만났습니다. 사람들은 거의 19일 동안 먹지도 자지도 못하며 절망에 빠져있었습니다. 하지만 사도 바울은 떡을 가져와 선상에서 하나님께 감사하며 사람들에게 떡을 나누어 주었습니다. "떡을 가져다가 모든 사람 앞에서 하나님께 축사하고(감사하고) 떼어 먹기를 시작하매 그들도 다 안심하고 받아 먹으니"(행 27:35-36). 바울은 삶의 희망을 잃은 사람들에게 양식을 주었고, 힘과 용기를 주었습니다. 마침내 그 배에 승선한 276명 전원이 생명을 건지게 되었습니다. 감사는 위기의 순간에 더더욱 빛을 발합니다. 모두가 죽겠다고 아우성을 칠 때도 신자는 하나님께 감사하며 사람들이 일어나도록 떡을 나누는 사람이 되어야 합니다. 선상에서 감사의 떡을 나누는 바울의 행위는 마가의 다락방에서 주님이 배설하신 최후의 만찬을 생각나게 합니다. 성찬식의 또 다른 이름은 '유카리스트'(Eucharist)인데 '감사'를 뜻합니다. 성찬식에서 주님의 몸과 피에 참여하는 신자는 이 세상으로 나가 폭풍을 만난 사람들을 먹이고 그들에게 용기를 주며 일으켜 세울 선교의 사명을 받습니다. '감사'(성찬식)는 전도와 선교가 시작되는 자리입니다.

여섯째, 예배 중에 감사해야 합니다. "내가 대회(the great

assembly) 중에서 주께 감사하며 많은 백성 중에서 찬송하리이다"(시 35:18). 매 주일 공 예배를 위해 모일 때 불평의 영이 아니라 감사의 영으로 충만해야 합니다. "너희는 평강을 위하여 한 몸으로 부르심을 받았나니 너희는 또한 감사하는 자가 되라 … 감사하는 마음으로 하나님을 찬양하고 … 하나님 아버지께 감사하라"(골 3:15-17). 감사가 곧 예배입니다. 감사함으로 가르치고, 감사함으로 배우고, 감사함으로 찬송하고, 감사함으로 교제하는 교회는 참으로 좋은 교회입니다. 우리는 그리스도 안에서 감사 없이 하나님 아버지께 나아갈 수 없습니다. 감사할 수 없는 상황일지라도 뜻을 다하여 감사합시다. 결핍과 부족 속에도 구원의 감격과 기쁨을 잃지 않았던 선지자의 신앙을 감사함으로 회복하기를 바랍니다(합 3:17-18 참조).

일곱째, 성장할 때 감사해야 합니다. 바울은 디도의 성장을 보며 감사했습니다. "너희를 위하여 같은 간절함을 디도의 마음에도 주시는 하나님께 감사하노니"(고후 8:16). 자녀들의 성장을 볼 때, 새가족의 성장을 볼 때, 성도들의 성장을 볼 때마다 하나님께 감사합시다. 무엇보다 자신의 성장은 크게 감사해야 할 이유입니다.

여덟째, 성도들이 생각날 때 감사해야 합니다. 목회자는 주중에도 성도들을 자주 생각하며 기도합니다. 기도할 때 자주 기억나는 성도들이 있습니다. 바울도 그랬습니다. "우리가 너희 모두로 말미암아 항상 하나님께 감사하며 기도할 때에 너희를 기억함은"(살전 1:2). 바울은 기도할 때, 성도들이 기억날 때, 항상 하나님께 감사했습니다. 우리 다 누군가 생각날 때, 좋은 점만 아니라, 불쾌한 기억, 생각하고 싶지 않은 일도 있습니다. 그때 바울이 했던 것처럼 하나님께 감사하며 그를 위해 기도해 봅시다. 주님께서 우리를 더 깊고 풍성한 기도 생활로 인도해 주실 것입니다.

끝으로, 모든 좋은 것들에 감사합시다. "온갖 좋은 은사와 온전한 선물이 다 위로부터 빛들의 아버지께로부터 내려오나니"(약 1:17). "누가 너를 남달리 구별하였느냐 네게 있는 것 중에 받지 아니한 것이 무엇이냐 네가 받았은즉 어찌 받지 아니한 것 같이 자랑하느냐"(고전 4:7). 우리 손에 있는 모든 것이 주님으로부터 온 것입니다. 받은 것에 감사하는 사람은 그 받은 것을 주님께 돌려 드립니다. 헌금 생활은 감사하는 삶을 보여주는 실천입니다. 나는 마음으로 입으로 감사하면서 헌금 생활에 인색하지 않았나요? "적게 심는 자는 적게 거두고 많이 심는 자는 많이 거둔다"하신 말씀을 마음에 새깁시다. 하나님은 인색하거나 억지로 하지 않고 즐겨 내는 사람을 사랑하십니다(고후 9:6-7).

감사하는 자의 보상

감사에는 보상이 따릅니다. 예수님은 고침을 받고 감사하는 사마리아인에게 "그에게 이르시되 일어나 가라 네 믿음이 너를 구원하였느니라 하시더라"라고 말씀하셨습니다. 여기서 '일어나 가라'는 말은 죽은 자의 부활과 관련된 말씀입니다. 예수님은 지상에서 사역하시는 동안 죽은 사람을 살리신 적이 있었습니다. 한번은 회당장 야이로의 집을 찾아가 그의 죽은 딸에게 말씀하셨습니다. '소녀야 일어나 걸어라'(달리다굼). 그때 죽었던 소녀가 일어나 걸었습니다(막 5:41-42). 또 한 번은 나인 성의 과부의 아들을 살리셨습니다. 그때도 '청년아 내가 내게 말하노니 일어나라'라고 하셨고, 죽었던 청년이 살아났습니다(눅 7:14-15). 이번에 예수님은 나병에서 고침을 받고 감사하러 온 사마리아인을 향해 "일어나 가라 네 믿음이 너를 구원하였느니라"라고 하셨습니다. 그의 일어남은 단순한 일어남이 아니라, 그가 죄 씻음을 받고 영원한 죽음의 형벌에서 구원받았음을 뜻합니다. 요컨대, 사마리아인은 주님의 말씀에 순종하여 육체의 질병에서 놓임을 받았고, 주님께 감사하여 영원한 생명을 선물로 받게 되었습니다. 예수님은 이 사건을 통해 우리에게 중요한 교훈을 주십니다. 그것은 받은 은혜에 대한 감사가 곧 믿음이라는 것입니다. 그 믿음이 그를 구원하였습니다.

나머지 아홉 명은 치유를 선물로 받았습니다. 한편 주님께 감사한 사람은 치유의 하나님을 선물로 받았습니다. 비슷하지만 큰 차이가 있습니다. 아버지가 선물을 들고 오면 어리석은 자녀는 아버지의 손에 들린 선물만 봅니다. 하지만 철든 자녀는 선물이 아니라 아버지의 사랑을 봅니다. 아버지가 가져온 선물보다 아버지를 더 사랑하기 때문이며, 아버지야 말로 비교할 수 없는 선물인 것을 알기 때문입니다. 나병에서 고침을 받은 나머지 아홉은 세월이 지나면 다시 병들고 죽음에 이를 것입니다. 그러나 감사함으로 그리스도를 얻은 사마리아 사람은 '이 세상'뿐 아니라 '다가오는 세상'에서도 영원한 생명을 누리게 될 것입니다.

매튜 헨리는 '감사를 드리는 것(thanksgiving)은 좋은 것이다. 하지만 감사하는 삶(thanks-living)은 더 좋은 것이다'라고 했습니다. 주일 예배에서 감사하는 사람은 일상에서도 감사의 삶을 마땅히 살아내야 합니다. 우리 모두 주일의 예배와 평일의 실천적인 예배가 일치하는 감사의 삶이 되기를 바랍니다.

나의 결심

하나님과 다른 사람들이 내 인생에
어떻게 유익을 끼쳤는지 하나님과 그들에게 알려주겠다.

- 고마움을 표현하겠다.
- 감사 편지를 쓰겠다.
- 물건을 잘 간수하겠다.
- 가진 것에 만족하겠다.
- 부담보다 혜택을 생각하겠다.

생각하고 나눌 질문

1. 감사는 왜 표현되어야 합니까? 감사는 마음으로 충분하지만, 진정한 감사는 반드시 표현되어야 합니다. 표현되지 않은 감사가 왜 불완전한 감사가 되는지에 대해 서로의 생각을 나눠봅시다.

2. 왜 아홉 명의 나병환자는 돌아와 감사하지 않았을까요? 치유를 경험했음에도 예수님께 감사하러 돌아오지 않은 아홉 명의 반응을 볼 때 어떤 생각이 듭니까? 우리 삶에서도 비슷한 모습을 발견할 수 있을까요?

3. 감사의 타이밍 중 '폭풍 속에 감사하라'는 말은 어떤 의미인가요? 고난과 위기의 순간에 감사하는 것이 왜 특별한 믿음의 표현인지, 실제 삶 속에서 그 실천이 가능하려면 어떤 신앙 태도가 필요한지 나눠봅시다.

4. '감사하지 않음'이 죄의 본질이라는 말은 어떻게 이해할 수 있을까요?

5. 감사하는 자의 보상은 '치유'가 아닌 '구원'이라고 했습니다. 이는 무엇을 의미할까요? 하나님께 감사하는 것은 단순한 예의나 태도가 아니라, 믿음의 표현이자 구원의 열매라고 할 때, 우리의 감사 생활은 어떤 변화가 필요할까요?

행복하고 성숙한 삶을 위한 성품기도문

사랑과 은혜가 풍성하신 하나님 아버지,
주님의 거룩한 성품을 배우게 하시니 참 감사합니다. 배우고 익힌 성품이 저의 성공을 위한 수단이 아니라, 타인을 사랑하는 귀한 도구가 되기를 소원합니다. 또한 어쩔 수 없이 하는 강요된 의무가 아니라, 행복한 삶을 위한 특권이 되게 하옵시며, 남에게 잘 보이기 위한 얕은 처세술이 아니라, 죄를 깨닫는 복된 통찰이 되게 하여 주옵소서.

주님, 성경적인 성품으로 잘 훈련된 주님의 제자가 되길 원합니다. 배우고 익힌 성품이 타인을 판단하기 위한 평가의 기준이 되지 않게 하시며, 모두의 행복을 구하는 즐거움이 되게 하여 주옵소서.

그리하여 비록 더딜지라도 우리 구주 예수 그리스도의 복스럽고 영광스러운 성품을 닮아가는 성숙한 삶이 되도록 주의 성령으로 항상 인도하여 주옵소서.

예수님의 이름으로 기도합니다. 아멘.